中宣部文化名家
暨“四个一批”人才
工程项目

医学出版
行思录

杜　贤／编著

人民卫生出版社
·北京·

图书在版编目（CIP）数据

医学出版行思录 / 杜贤编著 . -- 北京 ： 人民卫生出版社，2025. 1. -- ISBN 978-7-117-37574-0
I. G23
中国国家版本馆 CIP 数据核字第 202580U235 号

医学出版行思录
Yixue Chuban Xingsilu

编　　著　杜　贤
出版发行　人民卫生出版社（中继线 010-59780011）
地　　址　北京市朝阳区潘家园南里 19 号
邮　　编　100021
E - mail　pmph @ pmph.com
购书热线　010-59787592　010-59787584　010-65264830
印　　刷　北京华联印刷有限公司
经　　销　新华书店
开　　本　710×1000　1/16　　印张：21
字　　数　242 千字
版　　次　2025 年 1 月第 1 版
印　　次　2025 年 6 月第 1 次印刷
标准书号　ISBN 978-7-117-37574-0
定　　价　128.00 元

打击盗版举报电话　010-59787491　E-mail　WQ @ pmph.com
质量问题联系电话　010-59787234　E-mail　zhiliang @ pmph.com
数字融合服务电话　4001118166　E-mail　zengzhi @ pmph.com

不忘医学初心，

践行出版使命！

铁肩担当道义，

妙手编著文章！

谨以此书，

献给我一生挚爱的事业！

序

一位出色出版家的完美追求[①]

① 本文内容来自线装书局于2021年出版的图书《迈入出版家行列——韬奋出版奖获奖者小传丛书之三》，略有改动。

俄国作家列夫·托尔斯泰说："人类的使命在于自强不息地追求完美。"诚哉斯言！人类正因为以追求完美为使命才创造了无数文明瑰宝。正因为追求完美，才有了明代李时珍因为宋代《经史证类备急本草》注解者谬误亦多，从而考古证今，辨疑订误，广采博收群书，历经27个寒暑，三易其稿，著成192万字的巨著《本草纲目》。正因为追求完美，才有了钟南山院士2003年在抗击非典时立下卓著功绩，又以84岁高龄在2020年抗击新冠疫情中荣获"共和国勋章"。

2019年获得第十三届韬奋出版奖的出版家杜贤，无疑也是在不停地追求着完美。虽然其业绩尚不足以与伟人们相提并论，然而，他37年来不凡的出版经历，同样昭示了以追求完美为使命的人生意义。

他怀揣"不为良相，便为良医"的信条和广施仁术、惠及众生、治病救人的理想和抱负，尊医从文，选择了医学出版事业。他从爱岗敬业、勤奋学习、练就扎实基本功开始，从最基础的编辑工作做起，一步一个脚印，一步一个台阶，很快就拥有了扎实的文稿加工能力、优秀的选题策划能力和卓越的组织统筹能力。

杜贤是幸运的。他从事编辑工作刚两年就以出色的业务能力参与到我国当代医学经典、我国外科学领域代表性巨著《黄家驷外科学》的修订编辑工作中。杜贤更是努力的。在此后的30多年里，他锲而不舍地为《黄家驷外科学》一版又一版的修订出版作出了越来越重要的贡献。

杜贤坚持不懈地追求。

正因为坚持不懈地追求，杜贤在我国医学巨著《实用内科学》的第10~16版修订工作中，不断地发挥着重要作用，以至成为全局谋划、编委遴选、全书策划、审稿把关、出版规划、整体营销和综合宣介等环节的全局主导者。

正因为坚持不懈地追求，杜贤力主及时启动八年制医学教材的工作。历经20年的努力，使得人卫版八年制教材成为我国医学教材的又一个里程碑。

正因为坚持不懈地追求，杜贤才能敏锐发现基层县级医院的需求，组织编写出版《全国县级医院系列实用手册》(28种)；深刻发现罕见病治疗的重大需求，组织编辑出版《中国第一批罕见病目录释义》，进而在人民卫生出版社形成罕见病系列出版工程；独具慧眼地发现一位退休教授来稿——《发热疾病的诊断与病例分析》，而后精心打磨成一部发热疾病防控领域的经典专著。尤其令我们感动的是，在2020年防控新冠疫情的斗争中，杜贤带领人民卫生出版社的同事们及时推出了一大批优秀的战"疫"出版物，有力地服务于抗疫斗争，在我国出版界和卫生健康行业产生很大影响。

正因为坚持不懈地追求，杜贤才能带领人民卫生出版社在新时代出版业高质量发展中表现出色，引领行业标准体系建设，在融合出版中成为我国数字出版转型升级的典范。尤其值得钦佩的是，人民卫生出版社铸就了独特的"两会"品牌——全国高等医药教材建设研究会和人民卫生出版社专家咨询委员会，一年一届，20多年来已经发展成为卫生健康行业的国家级平台，近几年达到千余人会议规模。这就是人民卫生出版社这家国家级一流出版机构长盛不衰的奥秘之所在。

在37年的出版生涯里，杜贤与一大批专家学者结下了深情厚谊，他们中有德高望重的院士、教授，有众多充满锐气的中青年专家、学者。可想而知，一位出版家为此要倾注多少激情和心血！

凡此种种，我们深刻感受到，37年来杜贤在坚持不懈地追求。那么，他究竟不懈地在追求什么呢？在《出版家小传——记杜贤》这篇长文开头的一段话已经作了回答：**追求社会责任与文化情怀完美担当、医学初心与出版使命深度融合、文化繁荣与健康促进有机统一的职业境界**。我想，这就是一位出色出版家的完美追求，而只要坚持不懈地追求、前行，他终将抵达人生事业的辉煌顶峰。

韬奋基金会第四届理事会理事长

聂震宁

 写在前面

我的编辑之路

“路漫漫其修远兮，吾将上下而求索”，回首37年的编辑生涯，思索我走过了一条怎样的路？

1987年7月，结束了在华西医科大学6年临床医学专业的学习生涯，怀揣着为中国卫生健康事业奋斗的梦想，我选择了人民卫生出版社（以下简称“人卫社”），成为一名医学编辑，希望在这个更加广阔的平台上，以健康文化传播的方式，实现自己广施仁术、惠及众生、治病救人的理想和抱负。

2014年，我入选中宣部文化名家暨“四个一批”人才工程。该工程是中宣部国家级专项计划，是《国家中长期人才发展规划纲要（2010—2020年）》确定的12项重点人才工程之一，是国家实施高层次人才队伍建设和宣传思想文化人才队伍建设的重大战略政策，旨在遴选一批造诣高深、成就突出、影响广泛的杰出人才，重点扶持和资助入选者承担重点课题、重点项目，开展创作研究、出版专著等活动。工程拟用5~10年时间，选拔培养1 300名高层次人才，其中理论界200名，新闻界300名，出版界100名，文艺界400名，经营管理和专门技术人才300名。能入选中宣部文化名家暨“四个一批”人才工程，我感到很荣幸，同时感到了更大的责任和使命，更需躬身力行，为出版行业及人才队伍的高质量发展贡献自己最大的力量，因此有了本书的研究出版。

成长之路

1987—2014年，27年的编辑工作生涯，我从一名医学编辑，成长为一名编辑部门的负责人，再到总编辑办公室主任、副总编辑、总编辑，一路坚定前行，立足本职，努力推动人卫社体制改革和创新发展，推动并见证了人卫社教育出版、学术出版、科普出版、考试出版、国际出版和数字出版等多领域的创新实践。

在医学教育出版领域，以“5+3”为主体的临床医学教育综合改革精神为引领，全面推动我国医药学教材建设；全方位启动并完成全科医师规范化培训和住院医师规范化培训教材建设工作，为国家培养合格的医学生、全科医生、住院医生和专科医生提供教材保障。

在医药学术出版领域，实施精品图书战略，构建并完善了国家级医药卫生“一、二、三级学科”选题体系，策划并实施了“中国医药学术原创精品图书出版工程”，以原创精品图书为抓手，繁荣学术出版，推动医学科学和技术创新发展。

在大众健康出版领域，全方位开展大众健康科普出版工作，紧紧围绕人民群众普遍关心的健康问题，组织策划出版了系列大众健康科普图书，为提升全民健康素养作出贡献。

在医学数字出版领域，积极推动中国医学数字出版和国际信息化平台、中国医学教育数字化平台、中国健康教育及健康促进数字化平台建设，组织发起中国医学教育慕课联盟、创建全球首个医学教育慕课平台，启动和出版国内首套国家级医学数字教材。

在国际出版合作领域，务实推动以中国原创和中国中医药文化为重点的“走出去”工程，积极拓展海外业务，推进出版国际化进程，讲好中国故事，传播好中国声音，展现可信、可爱、可敬的中国卫生健康形象。

在医学期刊出版领域，创新推动期刊与其他出版物的互动，实现了书、刊、电子、数字和网络互动融合的立体化全媒体出版格局，持续推动人卫社强社强刊工程建设。

在出版质量管理领域，在传承人卫社历史和经验基础上，创新总结和凝练贯穿人卫社编印发管主业的出版管理流程和质量控制体系，制定了系列规章制度和管理措施，实现全程全员全媒全面质量管理。

创新之路

敢于担当、勇于创新、开拓进取、无私奉献，是我对自己的一贯要求。

2014 年，入选中宣部文化名家暨“四个一批”人才工程后，我的内心更加坚定，那就是——以更高的标准、更创新的思维、更务实的行动，在我挚爱和必将奉献一生的医学出版事业上，在出版理论研究、实践创新、服务行业发展等方面取得新成果，为我国出版事业繁荣发展和健康中国建设作出新贡献。2014—2024 年，十余年间，我以更饱满的热情、更努力的奋斗，投入医学出版事业，开启了推动人卫社出版创新和高质量发展之路。

一是始终坚持正确的政治方向，坚持科学的出版导向，牢记文化名家暨“四个一批”领军人才的初心使命，努力推动科技出版改革发展及人卫社高质量发展。创新建立“九三一”质量控制体系和“三三一一”选题论证体系；创新实施“作者、选题、编辑、审校、印装、营销”六大核心质量品牌建设，在人卫社实现了“全员、全程、全面、全媒”的质量管理；创新提出以选题为源头、以编辑为重点、编印发管联动的出版供给侧结构性改革；创新以书号管理为抓手，坚持优化选题、控制规模、减少品种，实现由高速增长向高质量发展，由数量规模向质量效益的转变，推动人卫社深层次改革创新和全方位高质量发展。

二是始终坚持把社会效益放在首位，服务健康中国、文化强国战略实施，推动人卫社实现社会效益和经济效益有机统一。创建社会效益与经济效益有机结合的考核体系，把社会效益首位的原则融入编辑出版管理实践。人卫社每年社会效益显著、主要经济指标稳步增长，为把人卫社打造成为国内领先、国际上有重要影响力和竞争力的知名强企作出了积极的贡献。这期间，人卫社获得了许多重要荣誉和奖项，如全国文明单位、中国出版政府奖先进出版单位、全国教材建设先进集体等，各类产品获得国家级及省部级奖项 1 000 余项。

三是弘扬科技创新出版主旋律，坚守卫生健康出版主阵地，锐意改革，开拓创新，以科技出版推动健康中国建设。

创新人卫出版主业，促进科技文化深度融合。紧密围绕中心、服务大局，推动医学教育、学术及期刊、科普、考试、国际和数字等六大出版板块的创新发展，推动了人卫社由传统出版社向卫生人才培养、科技创新驱动、全民健康促进、考试准入评估、国际交流合作和数字转型升级的国家级平台的转化，成为全媒体全方位全周期服务人民健康的国家级卫生健康传媒平台。

创新整合各方资源，服务医药卫生专业出版。创新将政府、院校、学会、机构、专家等资源融为一体，持续建设全国高等医药教材建设研究会和人民卫生出版社专家咨询委员会，构建人民卫生出版社“两会”年会的国家级平台，创新具有中国特色的医学出版模式，推动科技文化融合、跨界协同创新，服务出版发展。

创新医学教育出版，服务医药卫生人才培养。创新中国医药学教材建设模式，助力国家医教协同、推进医学教育综合改革，创新构建以“5+3”为主体、“3+2”为补充的，涵盖学校教育、毕业后教育、继续教育 3 个阶段，各门类各层次各专业数千种教材组成的医学教育全周期、全流程、全方位、立体化的医药卫生教材体系，为培养具有胜任力的医药卫生人才作出积极贡献。

创新医药学术出版，推动医学学术创新发展。坚持实施精品图书战略，策划打造了“中华”“实用”“临床”“简明”“图谱”“手册”和“新进展”等系列人卫学术专著品牌，策划实施了“中国医药学术原创精品图书工程”“三名工程”“传承创新工程”“县级医院医师能力提升工程”等系列人卫学术出版工程，推出了一大批医学原创精品著作，获得了良好的社会效益和经济效益，并荣获了首届国家图书奖等荣誉。

创新大众健康出版，服务全民健康素养提升。紧密围绕健康中国建设和《健康中国行动（2019—2030 年）》，坚持以人民健康为中心，策划出版了众多通俗易懂、形式新颖、实惠实用、深受人民群众喜爱的科普精品力作。“图说灾难逃生自救丛书”《人体泌尿科学惊奇》等多种产品，荣获国家科技进步奖二等奖、“中国好书”等奖项。

创新数字出版业态，大力推动人卫社数字出版转型升级，实现传统媒体和新兴媒体深度融合发展。组织成立中国医学教育慕课联盟、搭建全球首个医学专业慕课平台、建设中国首批慕课课程，以人卫慕课开启中国医学慕课元年；大力推动“人卫临床助手”等中国临床决策辅助系统建设；创新探索“数字教材—慕课—开放大学—数字平台—融合出版—AR/VR/MR—5G—大数据—人工智能”的深度融合发展路径，推动形成“互联网＋文化”“互联网＋教育”“互联网＋医疗”的人卫数字化发展新格局，为人卫社数字出版融合发展位居国内前列、发挥引领示范作用作出了应有的贡献。

创新国际出版合作，务实推动中国医学文化走出去。创新拓展国际出版合作模式，积极响应国家“一带一路”倡议，加大中医国粹和医学原创成果“走出去、走进去”力度，讲好中国原创成果故事，宣传中国学术思想和方案，传播中国学术规范和标准，实现了版权“走出去”大于“引进来”。

创新期刊经营出版，提升人卫系列期刊整体影响力。创新实施强社强刊战略，大力提倡扩大办刊规模、创新办刊模式、转变办刊理念、提高办刊质量，提升了人卫系列期刊规模效益和学术影响，为培育一流科技期刊奠定坚实基础。

以质量和效益为抓手，打造优秀杰出的编辑队伍。不断创新编辑培养的模式和方法，创新编辑“三基培训”、编辑“师带徒”、编辑系列业务竞赛等培养模式，搭建形式多样的编辑学习、成长、成才的平台，拓宽优秀编辑人才脱颖而出的渠道，精心建设一支政治过硬、能力突出、业务精良、优秀杰出的人卫编辑队伍。

四是坚持解放思想、实事求是，坚持与时俱进、求真务实，携手全国出版同行为出版强国建设作出了积极贡献。在日常工作之余，我带领团队开展了出版理论研究和实践经验总结，发表30余篇出版专业学术论文，多篇被广泛引用并被评为高影响力论文；编写出版多部学术著作，为出版行业创新发展提供理论思考和实践经验；应邀在全国学术会议、行业论坛及多家出版单位做报告，努力推动文化与科技融合、出版创新发展和人才创新培养。

2022年，我担任了中国编辑学会第四届科技读物编辑专业委员会主任，让我有更多机会和平台把人卫社的医学出版成果及个人思考，与全国科技出版同道进一步分享和链接起来。科编专委会从思想建设、组织建设、制度建设、学术建设和队伍建设抓起，坚持以史为鉴、开创未来、传承创新、履职尽责、服务维权、高质量发展的原则，传承创新科编专委会的品牌活动和经典项目；建立科技出版学术研究、成果展示和经验交流的常态化机制；加强学术研究凝聚编辑思想，形成科技出版共识、规范和标准；持续增强科编专委会的服务力，把科编专委会建设成科技出版工作者之家；增强凝聚力，吸收更多科技出版社加入科编专委会；扩大影响力，加强科编专委会工作与成果的宣传；形成号召力，增强科编专委会权威性和引领作用。两年来，我们精心组织了系列学术论坛、编辑培训、征文活动，策划“中国科技之魂”丛书，谋划“中国科技之光”丛书，希望以“中国科技之路”“中国科技之魂”“中国科技之光”三部曲，努力为科技强国建设凝聚科技出版的力量。

未来之路

文化是一个国家、一个民族的灵魂。出版承担着以文化人、以文化物、以文载道、以文载舟的历史作用；没有文化软实力，就没有科技硬实力；没有高度的文化自信，没有文化的繁荣兴盛，就没有中华民族伟大复兴。

未来已来，一代人有一代人的使命。在新的历史起点上，继续推动文化繁荣、建设文化强国，传承中华民族古代文明，建设中华民族现代文明，这是当代出版人神圣的文化使命。

未来路上，我们要更好地坚持以习近平新时代中国特色社会主义思想为指引，增强“四个意识”、坚定“四个自信”、做到“两个维护”，牢牢把稳前进方向，以人民为中心，以史为鉴、守正创新、稳中求进、勇毅前行，为建设文化强国贡献出版的力量！

未来路上，我们要继续践行“为天地立心，为生民立命，为往圣继绝学，为万世开太平”的文化初心和科技使命，以高水平的出版人才队伍、高质量的出版管理体系、高效能的出版运行机制，凝聚每个出版企业、每一位出版人的智慧，以建设出版强国！

未来路上，我们要勿忘昨天的苦难辉煌，无愧今天的使命担当，不负明天的伟大梦想，心怀“国之大者”，凝聚更大力量，以科学之精神、奉献之情怀、努力之工作，创造更多更高水平的无愧于时代、无愧于人民的精品力作，为中华民族现代文明注入源源不断的创新活力！

未来路上，我们要坚持内容为王、质量为基，更积极拥抱新技术，更主动投身于人工智能时代出版行业的科技创新、模式创新、产品创新、机制体制创新，实现深度融合，以驰而不息的创新，构建“出版 + 人工智能”新生态，人机协同推进人类文明新发展！

基于37年来我撰写的专著和文章，结合对人卫社医学出版工作的历史总结、现状梳理和未来展望，在出版前辈和同事们的帮助下，我完成了《医学出版行思录》。这本书分为五篇，共十五章：

第一篇　以文载道自信。主要介绍人卫社医学出版的起源、发展、初心和使命，希望读者能够更深入地了解人卫社70余载发展历程，从而更好地理解作为国家级大社强社和专业出版社的初心和坚守，进一步坚定做好中国出版的文化自信。

第二篇　以文化人厚德。主要介绍人卫社如何推进主题出版、医药教材、学术专著、健康科普、数字融合出版等领域的创新发展，介绍以满足读者多维度知识和健康需求为最终目标的出版规划、主要举措与实践反思。

第三篇　以文格物致知。主要介绍人卫社出版供给侧结构性改革、质量管理、智库建设、人才培养等方面的探索、举措与思考。

第四篇　以文载舟强国。主要从新时代的新文化使命，分析中华民族现代文明建设对医学出版提出的新要求、新挑战，对医学出版的未来进行展望。

第五篇　铁肩担道义　妙手著文章。此篇列录了出版家小传等内容，剖析了自我成长背景，践行文化初心和使命的心路历程，尊医从文、文化苦旅的坚持坚守，希望能对年轻的出版工作者有所启发。

衷心希望本书能够为出版强国、文化强国建设，为中华民族现代文明建设，为人工智能时代出版业的高质量发展，为医学出版事业的传承创新，为出版人才培养，作出些许贡献！因为个人认识和研究的局限性，书中难免存在偏颇和错漏，恳请广大专家和同道斧正。

衷心感谢中宣部文化名家暨“四个一批”人才工程给予我这样一个宝贵机会，系统梳理总结和汇报分享医学出版理论与实践的研究成果；衷心感谢关心与支持本书研究、撰写、出版工作的专家和同仁。当交出这份37年医学出版事业的答卷，我希望能无愧于党和国家的培养，无愧于人民和时代的重托，无愧于人卫社赋予的职责和使命，无愧于家人、同道与同事们的理解和支持，无愧于我走进医学出版行业的初心和理想！

杜　贤

2024年12月18日

目 录

第一篇

以文载道自信

文，所以载道也。轮辕饰而人弗庸，徒饰也。况虚车乎！

——《通书·文辞》

第一章

人民卫生出版社医学出版的起源

中华人民共和国成立之初，国家建设百废待兴，同时也面临着多种疫病流行和肆虐的严峻考验。面对薄弱的卫生工作基础，在毛泽东等党和国家领导人的部署和领导下，全国上下攻坚克难，建立国家卫生行政组织和基层卫生防疫组织，推动爱国卫生运动委员会和卫生防疫专业机构的建立与发展，形成了国家卫生防疫网络，有力地捍卫了广大人民群众的生命安全与健康。同时，为推动新中国教育事业发展，编写高水平教材，中央多个部委从地方抽调出版人才到北京组建“人民”系列出版社。

为服务新中国卫生健康事业发展和人才培养，人民卫生出版社应运而生，由此正式拉开了新中国医学出版工作的序幕。

1949年9月召开的中国人民政治协商会议第一届全体会议通过了《中华人民共和国中央人民政府组织法》，其中，第18条规定：在政务院下设立卫生部，受文化教育委员会指导。同年11月1日，中央人民政府卫生部正式成立；12月，华东、中南、西北、西南4个大行政区军政委员会和东北、华北人民政府也陆续设立了主管卫生工作的卫生部。

1953年，我国开始实施发展国民经济第一个五年计划。随着大规模经济建设的起步，全国出版中心转移至北京，中央各部委陆续建立专业出版机构。为适应社会主义卫生事业建设和医学科学发展的需要，卫生部决定将华东医务生活社和东北医学图书出版社迁至北京合并，成立人民卫生出版社（以下简称“人卫社”）。

一、人民卫生出版社前身之一——华东医务生活社

（一）出版概况

华东医务生活社成立于1940年，对于老解放区医务干部学习的推动和技术的提高发挥了重要作用。自1951年1月，华东军政委员会卫生部确定了对华东医务生活社的业务领导。

1951年，华东医务生活社出版图书101种，字数总计10 310千字，用纸7 823令，图书包含了基础、临床、药学、公共卫生等多学科教材与学术专著。如围绕基础学科，出版了《人体解剖学实习》《病理学》《药理学》《生理学》《生理解剖学》

《生物化学》等书籍；围绕临床急需和实用需求，出版了《医学概论》《实用急救学》《实用护病学》《临床麻醉学》《现代外科基本问题（增订版）》《临床外科手册》《外科手术学》《外科解剖学图说》《常见疾病手册》《耳鼻咽喉科学》《精简产科学》《小儿科学》等书籍；围绕药学工作需要，出版了《新编药物学》；围绕疾病预防和公共卫生，出版了《初级细菌学》《实用细菌学》《实用人体寄生虫学》《营养常识》《传染病管理》等书籍。

期刊方面，华东医务生活社主要负责《医务生活》《医药汇报》《华东卫生》3本期刊的出版工作。其中，《医务生活》于1940年在苏皖边区抗日根据地创刊，对当时医务干部学习的推动和技术的提高起到了重要作用，1949年暂时停刊。1951年复刊后，在内容方面仍然以中级医务人员为主要对象，并逐渐形成了“在普及的基础上提高，在提高的指导下普及，把理论与实践结合起来，贯彻‘预防为主’的卫生方针”的基本原则。《医药汇报》于1951年创刊，创办宗旨为综合性医药科学评述期刊，内容重点在于文献评述，以满足医学工作者在业务提高上的需求。编委有沈克非、林兆耆、黄家驷等老一辈医学科学家。《华东卫生》由华东军政委员会卫生部教育处编审出版科主编。

1952年，华东医务生活社沿着既定出版方向，出版图书298种，字数总计14 717千字，用纸9 244令，出版了多种重点教材和学术专著，如《实用内科学》《实用传染病学》《实验诊断学》《实用妇幼卫生》《解剖组织学》《诊断学》《内科学》《外科学》《组织学》《细菌学》《眼科学》《耳鼻喉科学及护理法》《牙体牙周组织病理学》《急性传染病学》《公共卫生学（上、下册）》等重点书籍；围绕防疫工作重点，出版《防疫宣传手册》《我们要与痨菌斗争》《妇幼营养》等书籍；还有《医务工作者必须进行思想改造》《巴甫洛夫学说演讲集》等书。

1953年，华东医务生活社出版了《中国预防医学思想史》《临床血液学》《中医进修讲义——诊断学》《中医进修讲义——药理学》《卫生管理学》《调剂学》《苏联区级医务人员手册》《特种传染病临床手册》《简易诊疗手册》《实用肛门直肠外科学》《妇产科学》《泌尿学纲要》《护士学习丛书：解剖学》《眼底病图谱》《我热爱自己医生的职业》《巴甫洛夫高级神经活动学说基本教程》等书籍。

（二）历史贡献

华东医务生活社为人卫社精品力作奠定了坚实的基础，其中《新编药物学》《实用内科学》成为人卫社传世之作，对人卫社树立学术品牌作出了不可磨灭的贡献。

华东医务生活社于1951年6月正式出版了第1版《新编药物学》，历经70余载，已经修订至18版，见证了我国药学事业的发展，对我国药学人才培养作出了卓越的贡献，是我国医药学发展史上的一座丰碑。2018年是第一主编陈新谦教授的百岁大寿之年，第18版《新编药物学》更名为《陈新谦新编药物学》，以纪念为中国药学事业发展和文化传承创新作出突出贡献的老一辈医学科学家。该书作为中华人民共和国成立以来国内影响力大、版次最多的医药学专著，多次荣获全国优秀畅销图书奖，被评为“新中国60年最具影响力的600本书”之一，位居23种科技图书第二位。

《实用内科学》首版于1952年问世，由上海医学院（现复旦大学上海医学院）林兆耆教授主编，是新中国内科学专业构建发展的启蒙和奠基之作。这部涵盖内科临床各专业知识的综合性大型工具书，历经70余载16版传承创新，凝结了原上海医学院、原上海第一医学院、原上海医科大学和复旦大学上海医学院几代医学大家的心血，成为中国医务工作者案头必备的参考书，不仅见证了新中国医务工作者的成长与奋斗，更以其独特的实用性和前瞻性，为我国的卫生事业发展贡献了重要力量。

人卫社之所以成为我国医学出版领域的大社强社，正是因为拥有一批如《新编药物学》《实用内科学》这样历经数十载文脉赓续的学术精品，拥有一代代甘于奉献、精益求精、匠心独运、追求卓越、锤炼经典的大师学者，助力人卫社实现医学人才培养和学术传承发展的初心与使命。

二、人民卫生出版社前身之二——东北医学图书出版社

（一）出版概况

1950年，东北人民政府卫生部成立东北医学图书出版社，旨在印刷卫生宣传书报，提高人民的卫生常识水准。东北医学图书出版社围绕医学教育出版了“大学丛书”之《生理学大纲》；围绕提高国民卫生健康水平出版了“国民卫生常识丛书”之《肠内寄生虫》《饮食卫生》《婴儿卫生》等；围绕临床工作出版了《妇科学》《卫护手册》等书；创办《东北医学杂志》。

1951年，东北医学图书出版社服务抗美援朝医务工作需要，陆

续出版了“抗美援朝医学小丛书”；出版医学教育教材，如“大学丛书”之《内科学》；围绕临床工作和战争救护，出版了《医院》《医务工作者的道路》《实用病理学》《实用解剖学》《简明药理学》《苏联磺胺疗法》《毒气概论》《战伤疗法选集》《胸部战伤》《冻伤防治手册》《细菌战的防御法》等书；出版医学科普图书《人体探险记》等；围绕医学学术交流，出版《东北医学论文选集》，创办《中级医刊》和《儿科学报》。

1952 年，东北医学图书出版社汇集出版大量苏联医学知识与卫生条例、法令，供卫生行政干部及医务工作者参考学习，如“苏联公共卫生学丛书”之《居民区设计卫生》《苏联给水卫生学》《苏联护士学习手册》《苏联睡眠疗法》《苏联保健卫生行政资料汇编》等书籍。同年还出版了大量临床、防疫、中医等类型书籍，如《妇科学》《角膜移植术》《反细菌战常识》《预防霍乱》《防疫常识画本》《怎样消灭毒虫》《母亲怎样看护病儿》《中医诊疗要览》《针灸疗法选集》等。

1953 年，东北医学图书出版社出版了《巴甫洛夫学说之发展》《苏联公共卫生学》《苏联农村助产士手册》《病理学概论》《内科学》《内科诊断要纲》《神经精神病》《卫生工程入门》《结核病防治法》《传染病护理学》《中药研究汇编》《物理诊断学》《实用理疗学》等书；围绕提高国民卫生健康水平，“国民卫生常识丛书”陆续出版了《个人卫生》《怎样预防百日咳》等书籍。

（二）历史贡献

东北医学图书出版社出版的大量医学书籍，包含了教材、专著、科普等多种类型；出版书籍适应当时历史背景和战争救护需要，同时注重引进苏联先进的医学图书，创办了多种期刊，为人卫社的成立奠定了良好的出版基础和人才基础。

在众多出版物中,《中级医刊》是突出代表。

《中级医刊》于1951年由东北医学图书出版社创刊，1998年更名为《中国医刊》，成为人卫社系列期刊板块的重要开端和示范引领刊物，是中国科技核心期刊，被评为原国家新闻出版广电总局“中国百强报刊”，荣获中国期刊协会“中国医药卫生最美期刊奖”和“中国医药卫生媒体最佳实践创新奖”，2019年入选“庆祝中华人民共和国成立70周年精品期刊展”。自创刊以来,《中国医刊》以“提高广大临床医药卫生人员医学理论及业务技术水平，提高对各种疾病的诊疗水平”为宗旨，在历届编委会专家的大力支持下，与新中国卫生健康事业发展相伴相随，为科技创新与学术交流搭建了重要的平台。陈孝平院士、葛均波院士担任了《中国医刊》第十届编委会主任委员。我在《中国医刊》创刊70周年暨第十届编委会会议上提出了“以史为鉴、开创未来，坚持正确出版方向和科学出版导向，瞄准世界科技前沿和国内重大需求，以编委会为主导，坚持顶层设计、时代特征、论文原创、纸数融合，高质量办刊”的具体要求，希望《中国医刊》能够发挥精品期刊示范作用，有效引领人卫社期刊集群化持续发展，为医学科技创新作出更大贡献。

参考文献：

[1] 李洪河. 新中国卫生防疫体系是怎样建立起来的[J]. 档案春秋，2020（05）：10–14.

[2] 周子钦. 新中国医疗卫生体系建设中的苏联因素（1949—1960）[D]. 济南：山东师范大学，2023.

[3] 陈海峰. 陈海峰影文集[C]. 石家庄：《中国医学理论与实践》编辑部，2002：318.

[4] 黄胜白. 一年来的华东医学教育工作[J]. 华东卫生，1951（03）：21–22.

[5] 宋原放，孙颙. 上海出版志[M]. 上海：上海社会科学院出版社，2001.

第二章

人民卫生出版社医学出版的初心与使命

中华文明源远流长、博大精深，是中华民族独特的精神标识，是当代中国文化的根基，是维系全世界华人的精神纽带，也是中国文化创新的宝藏。为实现中华民族的伟大复兴，必须传承中华民族的古代文明，建设中华民族的现代文明，创新中华民族的未来文明，铸牢中华民族共同体意识，建设中华民族共有的精神家园。

一个国家生生不息的历史文脉，如何传承赓续？一个民族绵延不绝的悠久文明，如何发扬光大？那就是文以化之、文以铸之，这是所有出版人的责任。作为卫生健康专业出版社，人卫社自诞生的那一刻起，就承担起了传承中华民族优秀传统文化，建设中华民族现代和未来医学文明的重任。

一、传承创新，构筑中国医学文化自信

著书立说关键在以文化人立德树人，以文载道传承文明，实现人类历史的文脉赓续、传承创新。在中国国家版本馆，典藏了中华五千年 1 600 多万种版本图书。以典为史，以文载道，传承着中华民族古代文明、发展着中华民族现代文明，构筑了历史自信和文化自信。2023 年 7 月 10 日，我们沿着习近平总书记足迹来到中国国家版本馆，向国家版本馆赠送人卫社“中医临床必读丛书重刊”（105 种）。丛书作为历史经典被国家版本馆典藏。截至 2023 年，人卫社建社 70 年来有 37 000 余种图书典藏在国家版本馆。这些图书，记录了中华人民共和国成立后卫生健康事业的发展、中医药优秀传统文化的传承、医学科技的进步，构筑了中国卫生健康领域的文化自信。

中国卫生健康领域的文化自信源自于五千多年中华优秀中医药文化奠定的“医者仁心、大医精诚”的传统医学文化自信，发展于近现代医学传入中国近 200 年来铸就的“尊重生命、患者至上”的现代医学文化自信，熔铸于中国共产党领导下百余年凝练形成的“救死扶伤、革命人道主义”的革命医学文化自信，根植于国际主义精神凝聚而成的“救死扶伤、大爱无疆”的人类卫生健康共同体文化自信，升华于中国特色社会主义伟大医学实践汇聚形成的“敬佑生命、救死扶伤、甘于奉献、大爱无疆”的新时代医学文化自信。

以人卫社书籍为代表的几万种中国医学出版物，伴随着一代又一代卫生健康工作者的成长，影响他们的不仅仅是知识和技

术，更重要的是蕴含其内的中华民族的精神、中国知识分子的家国情怀、大医精诚的职业坚守、“人民至上、生命至上”的职业追求，这是中国医务工作者的文化底蕴，亦是文化自信。

二、坚守初心，承担中国医学出版“六传”使命

一本书可以改变一个人、一个家庭的命运，有时可以改变一个社会、一个民族、一个国家的命运，甚至可以改变世界和人类的命运，如《资本论》《相对论》《论语》《本草纲目》《黄帝内经》等。

书籍是出版工作的成果，是传播思想智慧、推广科学技术的重要阵地，是国家民族文化软实力的重要组成部分，它在生产精神产品的同时，还发挥着夯实经济基础、构建上层建筑、主导意识形态、展示社会核心价值等重要作用。

出版发挥以文化人的作用，首先从影响个人开始。如人卫社出版的系列教材，将一名医学生改变为一名合格的医生；学术专著将一名医生改变为医学专家，精品力作将一名专家改变为医学大家，甚至改变了一个学科的发展，改变了人类健康的未来。因此，书中的每一个字、每一个符号、每一幅图、每一张表、每一句话、每一个段落、每一个标题、每一节、每一章……都应该极其慎重。一本优秀的图书应该是人类优秀文化的呈现，须经过出版工作者科学、严谨、专业的价值判断、内容凝练、编辑加工等诸多工作，才能面向读者，以文化人，接受历史的考验。

在担任总编辑期间，基于对出版基本使命、人卫社成立初心、历

史定位和未来发展的理解，我将人卫社的出版初心和使命总结凝练为“传继医学历史、传承医学文明、传播医学文化、传授医学知识、传扬医学科技、传递医学信息”，简称为“六传”使命。“六传”使命已成为人卫编辑和人卫社团结的所有专家、作者、读者共同的初心和使命，并在以中国式现代化全面推进强国建设、民族复兴伟业的新征程中，转化为我们持续探源、梳理和挖掘中华民族优秀传统文化，传承中华民族古代文明，建设中华民族现代文明，涵养中华文明自信，推动文化繁荣，建设文化强国，担负新时代新的文化使命的强大动力。

三、以医学出版“六传”，服务科学创新“六发”

党的十八大以来，习近平总书记高度重视文化传承和发展，要求我们以民族的、科学的、大众的社会主义文化，激发全民族文化创新创造活力，增强实现中华民族伟大复兴的精神力量。科技、教育、人才是社会主义现代化建设的战略性和基础性支撑，推动文化创新发展须坚持科技是第一生产力、人才是第一资源、创新是第一动力。

我尤为深刻地感受到，文化出版和科学技术孪生相伴、彼此交融。科技需要“六发”，即科学发现、技术发明、成果发布、成就发表、著作发行、学术发展。与之相适应，出版具有“六传”使命，即传继历史、传承文明、传播文化、传授知识、传扬科技、传递信息。“六发”与“六传”的历史逻辑、理论逻辑和实践逻辑彼此契合、相互成就。科学需要发现，技术需要发明，无论是发现还是发明，成果都要发布；成就要发表就需要出版，发表后需要发行，让更多的受众、读者、学生来学习、收获、传播和分享，同时推动学术发展、学科创新，持续增强历史自信和文化自信。因此，我们需要自强自立、立德铸魂、立说立人、原创原发、首创首发、多发频发。

出版工作要为构建中国自主知识体系服务。在哲学社会科学领域，要通过知识、理论、方法创新回答“四个之问”，即中国之问、世界之问、人民之问、时代之问，实现人类优秀成果和中华优秀文化的两个结合，形成文化软实力，构建学科体系、学术体系、话语体系，形成中国之路、中国之治、中国之理。在自然科学领域，要通过“四个面向”实现改革创新发展，即面向世界科技前沿、面向经济主战场、面向国家重大需求、面向人民生命健康的重大问题，形成科技硬实力，从而形成中国方案、中国范式、中国标准。以文化软实力支撑科技硬实力，以科技硬实力做强文化软实力，解决技术“卡脖子”、理论“卡脑子”、话语“卡嗓子”的“三卡”问题，从而构建起中国特色自主知识体系，形成中国风格、中国气派、中国底气的学术体系、学科体系、话语体系，为强国建设、民族复兴构建中国话语体系和中国叙事体系。

医学是科学与艺术的结合，与自然科学和社会科学发展息息相关。我认为新时代的医学出版须注意以下 3 个方面：

一是准确把握医学出版的历史定位和发展方向。医学出版应坚定文化自信，牢记“六传”使命，坚持“百花齐放，百家争鸣”的“双百”方针和“为人民服务，为社会主义服务”的“二为”方向，把好政治方向和科学导向，坚持“举旗帜、聚民心、育新人、兴文化、展形象”，坚定走高质量发展和融合创新之路。

二是着力服务于中国医学自主知识体系的构建。医学出版要努力让中国医学科技工作者的思想、经验、成就书写在中国大地上，把中国医学科技工作者的优秀科技成果运用到社会主义现代化建设和卫生健康事业的发展中，推动中华优秀传统文化创造性转化、中国原创成果创新性发展、中国卓越医学科技人才辈出。

三是以更高质量的医学精品力作体系支撑更深厚的中国医学文化自信。精品力作是一个时代、一个学科发展最重要的文化印记。医学出版应始终坚持把社会效益放在首位，把高质量作为价值追求，持续出版引导增强政治意识、彰显家国情怀、体现质量品牌、服务人民健康和卫生健康事业发展的精品力作。医学出版要从历史和现实、理论和实践、国内和国际相结合的角度深入阐释中国道路、中国精神、中国力量，增强中国人的志气、骨气和底气。

“为天地立心，为生民立命，为往圣继绝学，为万世开太平”应该成为每一位医学出版工作者的价值追求。医学出版要致力于为党和国家“立心”、为人民健康“立命”、为科技发展“立力”、为民族复兴“立信”、为健康中国“立人”、为儿童青少年“立志”。中国医学出版工作者要牢固树立“四个意识”，坚定“四个自信”，做到“两个维护”，团结全国医学专家和医务工作者，站在学术前沿成为引领者，把握科技态势成为驱动者，创新学科发展成为推动者，推进科技成果原创成为首发者；同时，通过文化载体，成为科技文化思想的传播者、学科创新发展的记录者、学术传承创新的驱动者、铸魂立德树人的守望者，切实承担起新时代的文化使命！

参考文献：

［1］ 习近平．在文化传承发展座谈会上的讲话［J］．求是，2023（17）：4–11.

［2］ 杜贤．新时期出版社总编辑的地位与作用［J］．科技与出版，2015（02）：35–39.

［3］ 杜贤．在人民卫生出版社第十四次编辑工作会议上的报告［R］．北京：人民卫生出版社，2024.

第二篇

以文化人厚德

观乎人文，以化成天下。

——《周易》

第三章

坚持党建引领，服务卫生健康出版大局

出版是国家文化软实力的重要组成部分。人卫社作为出版“国家队”，如何更好地围绕中心服务大局，担当起新时代文化使命，自觉承担起举旗帜、聚民心、育新人、兴文化、展形象的使命任务？坚持围绕党和国家大局谋划工作，把社会效益放在首位；坚守文化使命，着力在出版工作中提升文化内涵，把中华优秀传统文化、革命文化、社会主义先进文化融入出版物中，注重文化传承，增强文化自信；把心血注入每一个出版物中，在选题策划上精心论证，在编辑加工中悉心打磨，在生产印制环节匠心把控，以传世之心打造传世精品，用心用情、敬业精业，专注为人民出好书。

一、坚持正确出版方向，把握科学出版导向

人卫社是“人民”系列的出版单位，因新中国教育事业发展和人民健康需求而诞生。始终坚持中国共产党的领导，坚持以人民为中心，是我们所有工作的前提。

（一）强化底线思维，牢牢把好出版意识形态关

意识形态工作是党的一项极端重要的工作，事关党的前途命运，事关国家长治久安，事关民族凝聚力和向心力。出版是意识形态工作的主阵地，须深入学习贯彻习近平新时代中国特色社会主义思想，深刻领会“两个确立”的决定性意义，增强“四个意识”，坚定“四个自信”，做到“两个维护”，自觉在思想上、政治上、行动上同以习近平同志为核心的党中央保持高度一致，坚决维护党中央权威，认真贯彻落实党中央关于意识形态工作的决策部署，牢牢把握正确的政治方向，提高政治判断力、政治领悟力和政治执行力，把旗帜鲜明讲政治贯穿各项工作始终。

在出版具体实践中，人卫社把意识形态工作纳入基层党组织和各部门（单位）的基本工作范畴，纳入考核体系。严格贯彻落实意识形态工作责任制，层层压实责任，各层坚持底线思维，保持战略定力，坚持稳中求进、守正创新，把思想和行动统一到党中央的决策部署上来，始终坚持正确的政治方向、出版导向、价值取向，以强烈的政治责任感和使命感做好新形势下的意识形态工作。严格落实三审三校责任制度、责任编辑制度、重大选题备案制度、书号实名申领等国家及行业管理规定，把好各类出版物

的选题关、审稿关、发稿关、清样关、印制关。尤其是高度重视教材意识形态管控，将意识形态工作要求融入教材建设的全流程，落实到具体书稿、具体内容、具体环节，责任到人。期刊、网站、新媒体亦是意识形态管理的重要阵地。

（二）根植卫生健康，服务健康中国

人卫社是医药卫生专业出版社，所有的编辑均具备医学背景，服务医学专家和读者。我们的优势是医学而非其他，因此，有限的编辑人力应该用在最重要的工作上。为确保出版质量，人卫社严格优化选题，在选题“三三一一”论证体系中严格把关。

在选题方向上，我们始终坚持以下原则：**一是**坚持“人民至上、生命至上”理念，以“一切为了人民健康”为中心。**二是**坚持“根植卫生健康，服务健康中国”的发展宗旨，强化“大卫生、大健康”理念，把预防为主摆在更加突出位置。**三是**坚持围绕全面推进健康中国建设、实施积极应对人口老龄化国家战略，坚定落实《“健康中国2030”规划纲要》和《健康中国行动（2019—2030年）》。**四是**把握卫生健康、教育、文化和出版的科学规律和发展趋势，深耕卫生健康各出版板块，匠心打造精品力作。**五是**坚持加强中医药文化传承与创新发展，弘扬中医药传统文化。**六是**围绕卫生健康，服务健康中国，做好医学教育、医学学术、大众健康、医学期刊、医学考试、国际出版、数字出版，全媒体、全方面、全周期服务人民健康，为建设健康中国、教育强国、科技强国、文化强国、数字中国服务，为强国建设、民族复兴伟业作出贡献。

（三）立足文化属性，高度重视医学编辑政治素养的培养

编辑需要系统学习党的理论、政策和重大决策部署，且学习不是一次性的，而是终身的。因此要充分发挥党组织思想政治教育的作用，党的理论学习紧密围绕业务工作的重点难点，结合实际学、突出重点学，努力做到学以致用。出版社要把政治理论学习融入编辑继续教育培训和日常学习中，研究并形成确保坚持正确政治方向的编辑工作规范和质检要求，把学习和要求融入编辑工作实际，才能更好地带领编辑紧跟党的理论创新与发展，把新思想、新战略、新趋势体现在出版物中，有效保障党的路线方针政策准确地展现和解读，真正做好把握正确出版方向，树牢“四个意识”，坚定“四个自信”，做到“两个维护”。

二、做强医学主题出版，服务人民群众健康

主题出版已经成为出版社提升社会影响力、挺拔主业、实现选题创新的重要途径。近年来，人卫社高度重视主题出版工作，在出版实践中不断探索、创新，初步形成了医学专业出版社主题出版的工作模式。

（一）主题出版是出版社的核心工作

主题出版不仅是出版社的职责与使命，也是衡量出版社出版能力的重要标志之一。近年来，出版界紧紧围绕党和国家改革发展的大局、大势和大事，推出了一系列有规模、有分量的主题出版物，精彩

纷呈、硕果累累。人卫社作为医药专业出版社，高度重视医学科技主题出版，并在主题出版道路上不断寻求医学与主题的结合点。2020年新冠疫情暴发后，人卫社积极推动了“新型冠状病毒肺炎[①]防护”丛书策划出版，并成功入选中宣部主题出版重点出版物选题，开启了人卫社主题出版的新赛道。几年来，我们始终坚持将社会效益放在首位，突出价值导向、挖掘内容资源、提高原创能力，逐步建立了主题出版“自上而下”和“自下而上”的策划机制，充分利用医药学领域的资源禀赋与专业优势，积极寻找医学与主题出版的契合点，统筹各方面力量，开发与重大题材相关的主题出版物。

（二）人民卫生出版社主题出版的探索

1. 科学战“疫”出版

新冠疫情暴发后，人卫社作为国家卫生健康委直属医药卫生专业出版社，努力发挥出版领域防控新冠疫情“国家队”在科学性和权威性等方面的引领和示范作用。2020年申报抗“疫”图书选题70种，当年出版52种。入选中宣部2020年主题出版重点出版物选题的“新型冠状病毒肺炎防护”丛书，由国家卫生健康委相关司局等单位根据疫情防控的紧迫需要而编写，旨在不同阶段针对不同人群提供指导，内容涉及疾病防控知识、个人防护、重点人群防护、社区防控、居家防护和消毒、出行防护、重点场所防护、就医指导等多方面。

---

① 2022年12月26日，国家卫生健康委员会发布公告，将“新型冠状病毒肺炎”更名为“新型冠状病毒感染”。

2. 医学人文出版

为时代画像、为历史留痕、为英雄树碑、为民族铸魂，是新时代主题出版的应有之义。

2019 年，在中国红十字会会长陈竺院士的亲自关心、指导和推动下，人卫社启动重点主题出版物《大医马海德》的策划出版工作。2021 年 9 月 14 日，中共中央总书记、国家主席习近平复信斯诺、马海德等国际友人的亲属，向那些曾经和中国共产党与中国人民风雨同舟、同甘共苦、并肩战斗的国际友人致以深切的缅怀，对他们和中国共产党、中国人民的诚挚友谊给予了充分的肯定和赞许。在这些国际友人中不少是医务工作者，他们以医者仁心、人道主义精神、科学家精神和国际主义精神，发挥专业所长，无论在怎样艰难困苦的历史阶段和环境中，始终坚持救死扶伤，一生践行“大医精诚”；他们心中始终装着人民疾苦，发扬革命的人道主义精神，为中国革命、建设、改革及卫生事业发展作出巨大的贡献，甚至献出了生命。以《大医马海德》为基础，人卫社与中国红十字会策划“人道大医丛书”，包括《大医白求恩》《大医柯棣华》《大医林可胜》《大医米勒》《大医傅莱》等系列主题出版物，以弘扬大医精神、国际主义精神、人道主义精神。

2020 年，为了打赢新冠疫情防控阻击战，广大医务工作者临危不惧，逆行出征，坚守一线。为了讴歌抗疫前线医生、护士和疾控人员感天动地、大医精诚的崇高精神和感人事迹，在疫情防控期间，人卫社与中国医师协会、中华护理学会、中国疾病预防控制中心反复沟通，共同策划主题出版物“白衣执甲 逆行出征——致敬最美战‘疫’医务工作者”丛书。丛书从数千篇全国一线战“疫”医务工作征文中精选 300 篇汇集而成，以逆行、身影、战友、家书、手记 5 个主题，描绘了医务工作者可歌可泣的战“疫”篇章，唱响了“一切为了人民健康”的英雄战歌。

3. 科技主题出版

2020 年，中国编辑学会启动“中国科技之路”丛书的编撰工作。这是一部大规模、跨行业联合出版物，以“科技自立自强”为主题，聚焦我国科技发展成就，全面反映在中国共产党领导下我国科技事业壮丽辉煌的发展历程、主要成就、关键节点和重大意义。这部丛书是我国科技界和出版界集体智慧的结晶，为推动出版业高质量发展提供了有益借鉴。人卫社承担了《中国科技之路——健康中国（卫生卷）》编辑出版工作，邀请王辰院士、张伯礼院士担任主编，组织高水平的编写团队，梳理了卫生健康中国百年历史画卷，展示了中国科技之路中健康之路的重大科技成就、重大科研成果、重大科技产品、重大科技事件、重大科技政策、重要科技人物，彰显了中国特色社会主义道路的科技自信和文化自信，体现了科技为民的初心和使命。本套书荣获第八届中华优秀出版物奖图书奖。

4. 融合主题出版

加速传统出版和新兴出版融合发展，全面推动医学出版数字化转型升级是人卫社一直以来的重点工作之一。在主题出版工作中，更需要主动与数字出版融合，对重点主题出版物进行立体化开发、多媒介呈现，以适应多元化阅读需求。在 2020 年的抗击新冠疫情主题出版工作中，人卫社全面启动了纸数同步的出版模式，提供免费的电子书、网络版读物，助力提升健康理念和传播传染病防控知识。新冠疫情防控期间，为响应教育部“停课不停学”的号召，人卫社积极开展线上教育及网络课程的推广工作，为各医药院校提供免费在线教学服务，并开通了人卫社全线数字产品试用的绿色通道。

（三）推动主题出版工作相关举措

1. 强化导向意识，做好顶层设计

有学者提出，主题出版是以特定“主题”为出版对象、出版内容和出版重点的出版宣传活动。具体来说，就是围绕党和国家重点工作和重大会议、重大活动、重大事件、重大节庆日等集中开展的重大出版活动。党的十八大以来，主题出版已经形成了以国家层面“自上而下”总体策划和顶层设计为核心的出版态势。人卫社的主题出版工作始终紧跟党和国家的大政方针，以新闻出版管理部门一年一度的主题出版通知为“指挥棒”，明确该年度主题出版重大选题。

2. 对接国家战略，彰显专业特色

在以新闻出版管理部门总体策划为导向的同时，人卫社积极结合自身特点主动对接国家战略，寻找医学与主题出版的契合点，统筹各方面力量推进主题出版。以公共卫生类图书为例，作为国家卫生健康委的直属出版机构，人卫社始终紧跟国家要求，深入研究健全公共卫生出版体系建设，先后策划出版了大量关于服务健康中国、落实健康中国行动、深化医药卫生体制改革、健康扶贫工作等方面的主题出版图书。2020年，人卫社承担了国家卫生健康委及直属单位、各级地方政府宣传出版项目50余项，多部作品入选中宣部主题出版重点出版物选题、农家书屋推荐目录，荣获国家卫生健康委委管出版单位主题宣传优秀作品等奖项。

3. 提升编辑素养，加强制度保障

主题出版的高质量发展，离不开人才建设的支撑和制度建设的保

障。一方面，从提高编辑人员综合素养入手，加强思想文化建设的培养。除日常工作和学习积累以外，人卫社还通过定期开展编辑业务“三基”培训、网上“编辑园地”学习、召开编辑工作会议、举办编校竞赛等多种形式，促使编辑人员坚持政治文化学习、开展业务研究，不断提升编辑综合素养。另一方面，以机制体制建设为驱动，引导编辑重视主题出版工作。经过多年的实践，人卫社已经构建了以社会效益为首位、社会效益和经济效益有机统一的双效益考核指标体系。在指标体系中不断增加对于主题出版工作的考核比重，以调动编辑人员在主题出版工作方面的积极性、主动性和创造性。

4. 坚持精品战略，实行全程重点管理

人卫社主题出版选题列入社年度重点出版物计划，进行重点支持和管理，努力做到每一部主题出版物，在选题策划上精心论证，在编辑加工中悉心打磨，在生产印制环节匠心把控，在宣传营销环节重点攻关，切实提高图书的内容质量、编校质量、设计质量和印装质量，保障社会效益的充分彰显，努力实现社会效益和经济效益的有机统一。

三、人民至上生命至上，构建应急出版机制

无论是在抗击SARS疫情时期，还是在新冠疫情阻击战中，人卫社作为国家卫生健康委直属医药卫生专业出版社，发挥了出版领域防控疫情“国家队”的引领、示范作用，迅速启动了应急出版机制。我以抗击新冠疫情出版实践为例，分享人卫社构建应急出版机制、推出系列防疫战疫出版物，打赢这场科技和出版应急出征、科技和科普协

同抗疫、医学和人文共同防控、纸媒和新媒融合传播的疫情防控阻击战的具体做法。

（一）不忘医学初心，践行出版使命，融合出版助力科学战“疫”

1. 应急响应，第一时间推出疫情防控科普类出版物

新冠疫情来势迅猛、发展迅速，传染力强、类型变异快，暴发初期人们对其病因不明、认识不足、了解不清。如何以人为本、科学防控、精准施策，落实好习近平总书记提出的把人民群众生命安全和身体健康放在第一位的要求，是摆在全社会面前的紧要问题。因此，必须在第一时间把什么是冠状病毒、什么是新冠肺炎、如何预防传染、如何居家隔离、如何自我防护等科学权威的防护知识及时准确地传播给老百姓，让人民群众首先行动起来自我防护、群防群控。2020 年 1 月 24 日，人卫社以超常规高速运转状态应急启动《新型冠状病毒感染的肺炎公众防护指南》一书的编撰工作，请国家卫生健康委疾病预防控制局组织、中国疾病预防控制中心专家团队编写，并得到了中宣部出版局和国家卫生健康委宣传司的权威指导和大力支持。仅用 1 周时间，一本权威、科学，带着人卫人满腔抗疫热血和一线疾病防控工作者智慧和经验的科普图书《新型冠状病毒感染的肺炎公众防护指南》实现了纸数同步出版。同日，新华社通稿权威发布，学习强国、国家卫生健康委官网、人卫社官微权威发布图书出版新闻和免费电子版图本。2 月 1 日，第一批 1 万册《新型冠状病毒感染的肺炎公众防护指南》图书克服重重困难送达武汉一线。2 月 2 日，人卫社官方“快手号”上线，首篇视频《消除恐慌 理性应对》得到快手平台重点推荐，1 天内播放量达 273.9 万次。随后，《新型冠状病毒肺炎公众问

题答疑》《新型冠状病毒肺炎健康教育手册》等权威系列科普读物陆续出版。

2. 稳定情绪，健康教育，为大众心理调节干预提供必要科学读本

疫情暴发初期，由于流行病学资料不清、发病机制不明、疫情传播快、病情变化复杂、治疗尚无特效药等诸多因素导致的恐惧，以及隔离带来的恐慌，给大众带来了巨大的心理负担和压力，受众急需得到科学的心理疏导和心理干预，急需了解心理自我救助和心理救援的有效方法和途径。因此，人卫社紧急策划了《新型冠状病毒感染的肺炎公众心理自助与疏导指南》《新型冠状病毒肺炎心理健康指导手册》《"漫"话新型冠状病毒肺炎患者健康教育》等图书，并在第一时间纸数同步出版，纸质版送往武汉第一线，电子版网上发布宣传，在疫情初期为广大人民群众稳定情绪、缓解恐慌、疏导压力、维持稳定作出了贡献。

3. 面向社区，推出社区防控出版物，指导社区做好群防群控

控制传染源、切断传播途径、保护易感人群是传染病防控的三大措施。疫情防控进入到关键时刻必须要人人行动、联防联控、群防群治，社区成为防控工作的重中之重，在人群隔离、患者筛查、疫情控制方面发挥了关键性作用。只有全社会了解相关科普知识，才能动员各方力量群防群治；只有解答了公众所关心的新冠肺炎问题，才能众志成城共克时艰。人卫社邀请正在武汉前线带领团队抗疫的李兰娟院士亲自指导，组织来自全国综合型医院、社区医院、传染病诊治国家重点实验室等相关专家学者，共同编著了《新型冠状病毒肺炎社区防控》，并在第一时间纸数同步向全国传播宣传，指导社区全科医生、社区街道下沉干部、社区志愿者和社区人员，坚守家庭和社区、守望相助、共克时艰。

4. 面向一线，用专业出版指导医护工作者做好自身防护

医务人员是抗击疫情的主力军。所以必须加强对医务工作者的保护，必须重点加强战“疫”一线医务人员新发突发传染病防控能力和技术的专业训练。为此人卫社紧急策划、应急出版了《抗击新型冠状病毒肺炎医务人员临床防护培训手册》《新型冠状病毒生物安全防护》《突发急性传染病防控临床培训手册》，并针对医疗卫生机构相关科室防控需要和患者保护实际情况，出版了新冠肺炎妇科、产科、儿科、五官科和护理等相关重点领域的防护手册，为提升一线白衣战士的自我防护水平和应急抗疫能力提供了重要保障。

5. 面向临床，满足前线需求，出版新冠肺炎诊疗规范和指南

人卫社策划了《实用新型冠状病毒肺炎诊疗手册》《实用新型冠状病毒肺炎护理手册》，邀请战斗在疫情前线的领军专家王辰院士、王行环教授、张定宇教授和吴欣娟教授等作为领衔主编，武汉金银潭医院、武汉火神山医院、武汉雷神山医院、方舱医院及全国各地驰援武汉的医疗护理团队参加编写。这两本书紧急出版后，13 万册纸质版图书迅速送往湖北和全国抗疫前线，满足了前线医务人员的紧急所需，深得前线医务人员的赞扬和好评。

6. 面向行业，及时总结中医药抗击新冠肺炎的重要作用

在此次疫情防控中，中医药发挥了重要作用。为及时总结成功案例和成功经验，尤其是对新冠肺炎轻症患者治疗和危重症患者综合救治发挥了积极作用和显著效果的经典方剂和案例的总结、升华和推广，人卫社紧急策划了《新型冠状病毒感染的肺炎中西医结合防控手册》《新型冠状病毒肺炎中医医案精选》《新型冠状病毒肺炎中医临证

护理案例精选》《新型冠状病毒肺炎农村中医药防控手册》，纸数同步出版，为前线新冠肺炎患者救治及时提供了特色思路、临床经验和有效方案。

7. 面对全局，及时总结出版新冠肺炎防控的中国经验和中国方案

在保卫武汉、保卫湖北的抗疫关键时刻，王辰院士提出了建立“方舱医院”的战略举措，为实现患者从“人等床位”到“床位等人”的全局战略性转折发挥了重要的作用，为实现确诊患者应收尽收、全部排查、隔离治疗，迈出了关键一步。为了及时总结方舱医院的创新实践和成果，人卫社积极主动联系王辰院士，策划了《方舱庇护医院》一书，得到在前线日夜忙碌的王辰院士的积极响应。这是我国医务工作者创新思维逆转疫情的中国经验和中国方案，更是中国模式和中国体制的成功和自信。

8. 面向全球，及时输出多语种版本，全球共享中国抗疫经验和方案

2013 年 3 月，习近平总书记首次提出人类命运共同体的重要理念，党的二十大报告鲜明指出：“构建人类命运共同体是世界各国人民前途所在。”当新冠疫情在全球蔓延传播时，国际社会最需要的是坚定信心、团结应对，全面加强国际合作，携手赢得这场人类同重大传染病的斗争。因此，人卫社在中宣部和国家卫生健康委的领导和支持下，组织专家第一时间翻译出版基于中国最新版“新型冠状病毒肺炎诊疗方案”和“新型冠状病毒肺炎防控方案”的英文版《新型冠状病毒肺炎防控和诊疗指南》，并在线上向全球免费提供英文版电子版。同时，和五洲传播出版社联合翻译并出版了英、意、日、韩、法、西、俄、波斯、阿拉伯、马其顿语 10 种语言的《新型冠状病毒肺炎公众防护指南》《新型冠状病毒肺炎公众心理自助和疏导指南》，并在2020年3月26日20国集团（G20）网络会议召开时全球首发，人卫社、五洲传播出版社携手抗疫，为全球抗疫提供了中国方案，为全世界人民战“疫”分享了中国经验，为推动构建人类卫生健康共同体作出了贡献。

9. 面向教育，紧急上线人卫数字化教学资源，助力在线学习教育抗疫

为了有效地阻断传染源、防止群体聚集、保护易感人群，必须进行有效的隔离和防控，因此，在疫情期间全国大中小学生不能按时返校。然而，根据疫情防控需要，人卫社充分发挥人卫慕课、人卫电子书、人卫线上课程优势，服务“停课不停学”，应急启动“人卫教材电子版上线工程”，为全国医药学院校免费开放学习平台3个，免费开放电子教材、慕课课程、学术专著、科普读物等网上读物776种，其中教材561种、慕课173种、学术专著和科普读物42种，考试辅导课程2 000多小时，专门针对疫情制作宣教视频18个，为医学相关院校提供多样化的免费在线教学服务。自2020年2月17日上线至2020年5月31日，在线人数单日最高达36万，总在线人数累计超过600万，单日点击量最高达1 000多万次。在保障疫情防控期间各个医学院校、医院的教学工作，辅助各学校、医院开展线上教学，保证教学进度和教学质量，为“停课不停教、停课不停学”作出了贡献。

10. 面对网课，紧急启动青少年科学用眼防控近视工程

防疫期间，维持儿童青少年正常的学习活动，综合防控儿童青少年近视、关怀祖国的未来身心健康至关重要，事关千家万户。针对全国儿童青少年“停课不停学”期间“科学用眼、防控近视”这一需求，人卫社联合教育部全国综合防控儿童青少年近视专家宣讲团、国家眼耳鼻喉疾病临床医学研究中心，紧急组织专家编写了《学习网课时如何科学用眼防控近视》一书，2020 年 2 月以纸质版、电子书和网络版（免费阅读）形式发布。其中，网络版读物通过“人卫眼科”等微信公众号公益传播，截至当年 6 月 11 日，发布文章单篇阅读量超过 10 万次。该书作为向全国儿童青少年重点推荐读物，在疫情防控的重要时期，为儿童青少年和家长提供了“一手抓抗击疫情，一手抓保护眼健康、有效防控近视”有益有效的方法途径。

11. 严防死守，适时策划相应出版物，防止疫情反弹

进入 2023 年 3 月底，全国以武汉市为主战场的本土疫情防控取得了阶段性成果和决定性胜利，各省市普遍下调应急响应级别、陆续复工复产，但零星散发病例、无症状感染者传播和局部暴发疫情的风险仍然存在，且输入型病例已构成新的重大疫情威胁。为了满足“内防扩散、外防输入、严防反弹”需要和复工复课后疫情防控的需求，并加大无症状感染者的防控，人卫社策划出版了《突发急性传染病防控临床培训手册》《复工复课后新型冠状病毒肺炎自我防护读本》等。

12. 面对大局，一手抓疫情防控出版，一手为复工复产复课防控做好准备

复工复产恢复经济事关国家发展，学生复学复课事关未来大局，疫情防控成为重中之重。按照教育部关于根据疫情防控逐步恢复大中小学校复学复课相关要求，人卫社策划出版了由教育部组织，全国防控专家、教育专家和管理专家编写的《高等学校新型冠状病毒肺炎防控指南》《中小学校新型冠状病毒肺炎防控指南》《幼儿园新型冠状病毒肺炎防控指南》。向全国免费提供电子版，纸数同步出版，为全国各省市自治区复工复产和大中小学生及幼儿园复学复课提供了抗疫准备和防控支持。

13. 因时制宜，根据疫情防控取得阶段性成果及时调整选题思路和出版方向

当疫情防控取得阶段性重要成果，人卫社按照中宣部和国家卫生健康委相关要求，及时调整选题思路和出版方向，在加强健康安全教育、环境保护宣传和倡导健康文明生活方式等领域加大选题力度和精品出版力度，及时推出了《“活”出健康——免疫力就是好医生》等原创健康科普读物。为了全面、科学、精准地研究新冠疫情，跟踪全程、复盘疫情、汇聚数据、总结经验、沉淀思想、形成共识，策划了《新型冠状病毒肺炎》（中文版、英文版）选题，邀请权威专家担任主编，力求在疫情尘埃落定后，从病原到疾病、从科研到临床、从防控到诊疗、从疫情到疫苗、从新冠肺炎到所有新发突发传染病，进行全面、系统、科学、精准、权威地阐释解读。

14. 启迪反思，及时总结抗疫经验，战略规划未来出版工作

每一次疫情的发生和结束，必然会引起深刻启迪和反思，必将对防疫出版和应急出版带来革命性的改变。为此，出版界必须建立起疫情防控应急出版体系和国家公共卫生出版体系。因此，人卫社及时在医学教材、学术专著、期刊、科普读物、数字出版、新媒体资源、大数据平台建设等领域融入预防医学和公共卫生相关知识和体系，实现了初步的学科交叉、整合和融合，进一步完善了相关内容的选题体系、出版体系、应急资源体系和新媒体传播体系，为国家应急出版体系的进一步完善和公共卫生出版体制机制的构建奠定了基础。

15. 弘扬精神，讴歌白衣执甲、逆行出征、英勇抗疫的医务工作者

为了打赢这场疫情阻击战，党中央果断决策从全国调集340多支医疗队、22支国家紧急医学救援队、36支防疫队，4万多名医护人员、疾控人员驰援湖北，与湖北医务人员并肩作战。19个省区市对口帮扶除武汉以外的16个市州，同湖北当地医务工作者一道，争分夺秒与病魔展开了殊死斗争，留下了无数可歌可泣的故事，创造了一个个生命的奇迹。广大医务工作者逆行出征，坚守一线，以气壮山河、感天动地的抗疫精神，创造了人类抗击新发突发传染病的奇迹。为了讴歌抗疫前线医生、护士和疾控人员临危不惧、大医精诚的崇高精神和感人事迹，人卫社与中国医师协会、中华护理学会、中国疾病预防控制中心共同策划组织了医学人文选题“白衣执甲 逆行出征——致敬最美战‘疫’医务工作者”丛书，以小切口展现大视野、小事件反映大时代、小故事讲述大主题、小感动凝聚大精神，为时代画像、为历史留痕、为英雄树碑、为民族铸魂。

（二）全面紧急总动员启动疫情防控应急出版机制

人卫社在经历过2003年SARS防控、2008年汶川地震救灾等突发公共卫生事件和灾难的应急出版历练和考验后，面对突如其来的新冠疫情，人卫社启动“八大总动员”应急出版机制，大力弘扬科学精神，普及科学知识，加强健康安全和生态保护教育，为战胜疫情贡献科学知识和出版的力量。

1. 出版社全员总动员

在新冠疫情暴发初期，人卫社密切观察疫情动态和发展趋势，做好疫情的防控和紧急应对工作。2020 年 1 月 20 日明确提出了“围绕疫情勇于作为，围绕中心服务大局，围绕双效敢于担当”的工作指导思想，出版社全体总动员，编印发管联动，形成所有工作服务于知识护航全民战“疫”、纸数融合联防联控、科学诊治救死扶伤的应急出版模式。在人卫社党委、董事会的领导下，通过全社各部门、各单位的共同努力，形成了涵盖疫情初期研判、“封城”隔离、全国驰援、联防联控、群防群控、社区防控、内防扩散、防控反弹、外防输入、国际救援、复工复学、后疫情时期建设等全流程、全方位、全媒体的立体化出版抗疫格局。

2. 科学策划总动员

要做到科学防控、科学诊治新冠肺炎，须遵循新发突发传染病发生和发展规律、传染病认识和群防规律、传染病防控和诊疗规律、内防扩散外防输入规律，注重经验总结和科学思考规律。为此，人卫社紧急开展针对疫情防控全流程的整体策划、全方位的选题布局、作者编辑读者的全链条动员、线上线下的全媒体宣传、海内外多语种版本的全球传播策划。在艰苦抗疫的日子里，人卫社紧紧抓住新冠疫情防控和诊疗的时效性、权威性和科学性，紧密团结并依靠一线抗疫专家，汇聚一线抗疫经验，共策划选题 50 多个，覆盖科普、学术、国际、医学人文等领域；出版大众防护、实用临床手册、专科防护、学校防控等系列图书 30 多种，原生电子书和在线课程 4 种，用应急出版的体系和成果构筑起了科学呵护健康、科学防控疫情、科学诊治患者、科学救死扶伤的卫生健康长城。

3. 编印发管总动员

根据疫情蔓延的快速变化、联防联控的迫切需要、抗疫第一线紧急需求，人卫社开启了“作者—编辑—设计—生产—发行—宣传—传播”全链条紧急总动员，具体表现在：全面启动抗击疫情紧急选题、紧急联系专家、紧急约稿组稿、紧急编印发管联动、紧急初审复审终审、紧急设计装帧印制、紧急纸数出版物同步出版、紧急电子版线上发布、紧急纸质版出版物驰援抗疫一线，紧急向全国各省市自治区免费提供电子版版权供发布，紧急启动民族语版出版，紧急启动外文版出版，紧急启动版权贸易，将汇聚中国战“疫”经验、成果、共识、指南的出版物推送到国外，让全球共享中国经验、中国方案和中国模式。人卫社编印发管紧急总动员，作者编者读者紧急联动，线上线下纸数同步，多民族语种版本版权免费传播、全球多语种版本“走出去、走进去”分享，打了一场超常规、超范围、超速度的全球抗疫出版战役。

4. 专家团队总动员

科学施策、科学防治、科学普及需要权威专家指导和权威作者编写，因此人卫社紧急请示国家卫生健康委疾病预防控制局、医政医管局、宣传司领导支持，紧急联合中国疾病预防控制中心、中国医师协会、中华医学会、中华预防医学会和中华护理学会共同参与。邀请钟南山、李兰娟、王辰、张伯礼、高福等院士指导并担任主编或主审；邀请战斗在抗疫第一线的专家，如一直坚守在战“疫”前线的武汉金银潭医院院长张定宇教授、武汉雷神山医院院长王行环教授，以及全国驰援武汉的国家医疗队的专家教授们积极参与编写；邀请全国医药院校科研院所专家针对疫情不同时期防控要求、抗疫不同阶段诊治需求、国内外不同读者对象需要，分类策划、分类选题、分层组稿、分类编写、分类出版、分类传播——实现了全国专家总动员，体现了国家战略和意志，汇聚了全国的经验和思想，凝聚了人类的智慧和共识，形成了不断修订完善的中国抗疫经验、方案和模式，展现了特殊时期广大医务工作者和人卫出版人的担当与力量。

5. 应急质量管理总动员

疫情发展迅速，出版要求快速，更要保证质量。在应急出版流程中，我们坚持出版绿色通道，坚持质量红色质控，坚持“九三一”质量控制体系。为此，人卫社以高质量抗疫出版标准，要求策划编辑和责任编辑提前介入策划编写过程，帮助防治任务繁重的编写团队精选图文、优化内容，从常规的 3 个审次增加到 5 个审次，不放过任何一个细节和疑问，严把质量关口，确保内容质量和编校质量；设计校对人员提前介入生产流程，配合作者和编辑团队，争分夺秒地装帧设计和生产印制，确保装帧质量和印制质量；市场营销中心克服各种困难紧急配送出版物至战“疫”一线；同步录制科普视频，制作多种版本的网络传播产品，沟通多个互联网平台；协同全社各平台和微信公众号，加快人卫学习强国号、快手号上线等。

6. 社会力量总动员

疫情初期，及时出版发布权威、科学、准确的抗疫读物尤为重要。作为出版“国家队”的人卫社，紧急向中宣部出版局汇报应急出版计划和选题策划方案，第一时间得到领导的高度重视和指示，并将第一本《新型冠状病毒感染的肺炎公众防护指南》电子版全网公益传播，同时向各省市自治区赠送版型，供全国应急出版，并授权出版藏文版、朝鲜文版、蒙文版、汉维对照版、汉哈对照版 5 种民文版。同时，通过各大媒体、平台和社会组织等各种力量总动员，第一时间向全国各地赠送、共享，第一时间以外文语种版本向世界各国传播、分享。

7. 融合传播总动员

受疫情影响，传统出版和传播渠道受到挑战，人卫社传统媒体和新兴媒体深度融合的出版业态和传播渠道发挥了鲜明优势和作用。所有抗疫出版物均纸数同步出版，线上电子版首发、免费租型，线下纸质出版物紧急送往抗疫一线。在新华社通稿、国家卫生健康委官网、"健康中国"微信公众号等平台权威发布，人卫社官网、人卫社学习强国号、各新媒体平台及相关平台广泛传播，掀起了线上线下立体传播、新媒体权威发布、传统媒体和新兴媒体深度融合的科学普及、科学防控、科学诊治高潮，为抗击疫情、呵护健康作出了人卫社的贡献。

8. 国际传播总动员

面对突如其来的新冠疫情，中国始终本着公开、透明、负责任的态度，向世界及时发布疫情信息。人卫社在中宣部出版局和版权局的指导和支持下，联合五洲传播出版社，紧急推出 10 个语种的《新型冠状病毒肺炎公众防护手册》（以下简称《手册》），于 2020 年 3 月 24 日通过自有线上平台免费供全球读者下载阅读。同时，多语种的电子书陆续在亚马逊海外站点、苹果电子书（iBooks）、美国赛阅（OverDrive）、英国普若凯斯特（ProQuest）和华为阅读西班牙平台、易阅通、知网海外平台等国内外知名数字阅读平台推出。海外网友对《手册》反响良好，感谢中国分享预防措施，许多外国网友致敬勇敢的中国人，称《手册》是"美丽的希望"。人卫社向印度皇家柯林斯出版公司输出《新型冠状病毒肺炎防控和诊疗指南（英文版）》重印版权，这是第一本由国外出版公司出版并在全球公开发行的介绍我国抗疫经验和防治方案的英文纸质版图书。通过"走出去、走进去”和版权输出的全球传播，实现了国际传播总动员，为世界各国提供了科学防控的中国模式和方案，带去了战胜疫情的信心和希望。

参考文献：

［1］ 周慧琳.努力做好新形势下的主题出版工作［J］.出版参考，2017（01）：5–8.

［2］ 杜贤.人卫社：做实主题出版 服务人民健康［N］.中国出版传媒商报，2021–03–30（46）.

［3］ 杜贤.执笔出征 出版上阵 知识服务 科学战“疫”——新冠疫情防控出版实践和创新探索［J］.中国出版，2020（13）：14–21.

第四章

守正创新，以高质量医学教材培养新时代合格医学人才

党的十八大以来，以习近平同志为核心的党中央高度重视教材工作，从立德树人、治国理政的战略高度，强调教材建设体现国家意志，是国家事权。落实教材建设国家事权，加强教材建设和管理，是推进实施科教兴国战略、人才强国战略、创新驱动发展战略的基础性、战略性工程。

百年大计，人才为先；人才大计，教育为本；教育大计，教材为根。教材建设的极端重要性和医学教育改革发展的需求，对医学教材建设提出了新时代的新要求。

教材是人卫社的立社之基，亦是重要的业务板块。通过 70 余年的努力，人卫社形成了贯穿“学校教育、毕业后教育、继续教育”3 个阶段，包括“规划教材、配套教材、改革教材、实验教材、创新教材、引进教材”6 个种类，涵盖“八年制长学制教材、研究生教材、本科教材、高职高专教材、中职中专教材”等各层次，以及包含系列培训教材、双语教材等在内的国家医学教材体系，构建了国家级医药卫生教材出版和人才培养的基地和平台，为我国医药卫生领域各专业、各学科培养了各级医药卫生人才，满足了我国医药学事业改革发展对人才的需求。

在 70 余年医学教材建设实践经验的基础上，以更高质量的医学教材体系推动医学学科体系、教学体系、管理体系和思政体系的高质量创新发展，是摆在我们面前的关键问题。医学教材建设须顺势而为、守正创新、久久为功，实现为党育人、为国育才和培养新时代合格医务工作者的教材建设目标。

一、始终坚持立德树人根本任务

（一）医学教材须落实课程思政要求

习近平总书记在 2016 年全国高校思想政治工作会议上提出，高校培养什么样的人、如何培养人以及为谁培养人是一个根本问题。要用好课堂教学这个主渠道，思想政治理论课要坚持在改进中加强，提升思想政治教育亲和力和针对性，满足学生成长发展需求和期待，其他各门课都要守好一段渠、种好责任田，使各类课程与思想政治理论课同向同行，形成协同效应。在全国教育大会上提出，培养什么人，是教育的首要问题。我国是中国共产党领导的社会主义国家，这就决定了我们的教育必须把培养社会主义建设者和接班人作为根本任务，培养一代又一代拥护中国共产党领导和我国社会主义制度、立志为中国特色社会主义奋斗终身的有用人才。课程思政是新时代党和国家对教育及每门课程提出的新要求，是为党育人、为国育才的关键路径。

教材建设是为党育人、为国育才的重要载体和工具，建设什么样的教材体系，核心教材传授什么内容、倡导什么价值，决定着培养什么人、如何培养人、为谁培养人的重要任务和使命，体现党和国家意志，是国家事权。以培养救死扶伤、防病治病、促进健康的医药卫生人才为目标的医学教材是健康所系、生命相托的重要载体，更具严谨性、特殊性和重要性。因此，在教材建设中应始终坚持“立德树人”根本任务，落实好思政教育要求。

2020年，教育部印发的《高等学校课程思政建设指导纲要》（教高〔2020〕3号）指出，“课程思政建设工作要围绕全面提高人才培养能力这个核心点”“课程思政内容要紧紧围绕坚定学生理想信念，以爱党、爱国、爱社会主义、爱人民、爱集体为主线，围绕政治认同、家国情怀、文化素养、宪法法治意识、道德修养等重点优化课程思政内容供给”“构建科学合理的课程思政教学体系”，为课程及教材全面落实思政要求指明了方向。

（二）课程思政与医学专业教材融合育人的方法

专业教材是课程思政建设的重要载体，课程思政亦为专业教材注入灵魂，使之更加鲜活生动。实现专业教育与思政教育相融合，有利于拓展专业教育的深度与广度，提升专业教育的温度。课程思政所展现的是新时期立德树人的创新思维，课程思政融合的重点在课堂，它强调在思想政治理论课以外的课程设置和教材编写中融入思想政治元素，而且在课程思政融合的具体过程中也需要以创新思维催生新思路、以新思路谋求新发展、以新发展推动新方法、以新方法解决新问题，实现新时代立德树人的创新发展。

新时代医学教材建设须坚守国之大者，注重教材建设的顶层设计，把思政教育融入教材建设的全过程。

一是充分发挥教材评审委员会的政治引领和学术把关作用，在教材建设的整体方案、样章设计、编写要求中明确思政教育要求。

二是做好编写团队的政治把关和思政能力培养，只有每门教材编委都意识到教材思政教育的责任，并具备将思政教育要求有机融入教材具体内容的能力，才能真正将思政教育要求落实到每门教材中。如在全国高等学校五年制本科口腔医学专业第八轮规划教材修订过程中，邱蔚六院士组织编写了《口腔医学人文》教材，对提高师生的政治素养、人文修养、思想品德、医德教育、医患沟通和教学能力等发挥了重要作用。

三是教材建设要对每门课程挖掘的学科专业思政元素进行把关和精选，切实提高思政教育质量。专业课程思政元素可通过对学科发展历史脉络的梳理，系统归集学科发展的重大里程碑事件、重要科学发现、重点人物等，将这些元素在科学、实事求是的基础上进行文学创作，把鲜活的故事有机融入教材，注重对学生科学精神、创新精神、时代使命和责任担当的培养和启发。

四是教材思政教育要做到规范性与有机性结合。思政教育应努力做到“润物细无声”，在适宜融入的教材内容处融入思政元素，避免为了“思政”而生硬地将质量不高的元素堆砌进教材；精选全书思政元素，体现多个维度，避免读者阅读疲劳；做好章节之间的统筹，避免有的章节思政元素过多，有的章节过少，控制好整体数量和章节分布。

课程思政主要教学形式是将思政教育的价值观念、理论知识、典型案例和精神追求等融入各门医学专业课程中去，潜移默化地对学生的言行举止、品德行为、思想意识等产生影响，坚持促进“引导广大师生做好社会主义核心价值观的坚定信仰者、积极传播者以及模范执行者”，将社会主义核心价值观、理想信念、家国情怀、文化自信和大医精诚等思政教育融入医学专业课程教学中的方方面面，实现立德树人、润物无声。

二、我国医学教材建设的历史和发展

我国医学教材建设可分为西医教材和中医药教材两部分。

（一）西医教材建设

西方现代医学自 1835 年被引入中国以来，经历了近 200 年的发展历程。我国西医教材的建设和发展经过了 3 个历史发展阶段。

1. 第一个发展阶段（1835—1949 年）

1835 年，中国第一家西医医学院校——博济医学堂（中山大学医学院前身）在广州开办，至 1949 年中华人民共和国成立前，西方各国因多种原因在我国各地陆续开办多家西医医学院校，如北京协和医学院、湘雅医学院、华西医科大学、齐鲁医学院、上海仁济医学院和同济医学院等，其教学都以英文、德文、法文版医学教材为主，鲜有中文版教材，更没有适合中国国情的西医教材体系。

2. 第二个发展阶段（1950—1976 年）

中华人民共和国成立后的 20 世纪 50 年代，我国医学院校进行了调整，但医学教学模式全盘照搬苏联模式，因此卫生部组织翻译了一些苏联医学教材作为教学的工具。20 世纪 50 年代后期至 60 年代初期，随着中苏关系变化，卫生部在组织制订医学相关学科教学大纲后，组织编写了部分医学教材，有少部分教材作过修订，但整体上比较零散，未形成系统和规模。在“文化大革命”十年里，西医医学教育和教材建设基本处于停滞状态。在这个阶段，我国没有形成西医医学教材体系，但此阶段中文版西医医学教材的编写和出版，为新中国西医医学教育及教材出版的发展作出了重要的历史贡献。

3. 第三个发展阶段（1977 年至今）

“文化大革命”结束后，医学教育和教材建设迎来了改革发展的春天。1977 年，卫生部根据全国医药学教育发展和医药科技人才培养需要，设立了卫生部教材办公室。人卫社依托卫生部教材办公室组织成立了全国高等医药教材建设研究会及卫生部规划教材评审委员会，并由评审委员会先后规划和组织出版了临床医学、预防医学、口腔医学、药学、护理学和法医学等专业卫生部全国统编和规划教材。大部分教材至今仍在修订出版，最高版次达到了第10版。临床医学专业教材是我国医药学领域规划最早、出版最全、历史最长、质量最高、影响最大的经典、权威精品教材，构建了合理、实用、系统、科学的学科体系、课程体系和教材体系，主导并引领了我国医学教育及教材建设的方向，被国内外专家学者赞誉为中国医学教育的“干细胞”教材，为我国培养了一代又一代医务工作者，为我国医学教育事业和人才培养作出了重要的贡献。此阶段，我国医学教材建设取得了创新性发展成果，并构建了具有中国特色的医学教材建设体系，探索出了适合我国国情的医学教材建设体制、机制和模式。

（二）中医药教材建设

中医药是中华文明瑰宝，是五千多年中华文明的结晶，也是打开中华文明宝库的钥匙。中医药教材是传承中医思想、文化、知识、技术的载体。我国中医药教材建设分为古代、近代、现代3个历史发展阶段。

1. 古代

这一时期中医药教育的主要形式是以临床实践为基础的师承口授，没有完整的中医教育体系，更没有统一的教材。春秋战国时期是中医药理论的萌芽期，这一时期的典籍记载了一些关于药物应用的内容，没有形成系统的中医药理论。秦汉时期，中医药理论系统基本形成，有了科学的文字记载和总结，并建立了官办的医药机构，这一时期的典籍确立了比较系统的中医理论。三国两晋南北朝时期，中医临证分科逐渐发展。隋唐至明清时期政府办学逐渐增多，学科专业体系逐步完善，教育体系逐渐形成，中医在海外影响日益扩大。其中，宋代就设立“太医局”管理医学教育，教学内容分9个科，当时的教育重视实习训练，强调从临床实践中获取知识经验。在古代，一些重要典籍被引入教育，作为教材使用，如《素问》《难经》《神农本草经》《诸病源候论》等。

2. 近代

这一时期的中医药几经存废之争，发展举步维艰。民间相继出现了一批私立中医药学校，持续时间最长的为广东中医药专门学校。该校于1913年筹办，1924年正式开学，学制5年，课程达30门。为适应近代中医药教育的需要，各个中医药院校在吸取西方教育理念的基础上自编教材并使用。例如1917年上海中医专门学校丁甘仁编写了《脉学辑要》，1923年长沙明道中医学校郑修诚主编了《脉诀大全》等。这些书虽然没有被冠以讲义的名字，但实际上是早期的中医药教材。1929年7月，由全国医药团体联合会召集，中医药界再次在上海召开了教材编辑委员会会议，多所中医药学校派代表参加。这次会议明确了编写中医药全国统一教材的指导思想，强调所编写的教材必须囊括中医药学的精华，须在得到中医药界认可的前提下推广使用。这次会议依靠民间社团的力量，就中医药学教育的系列重大问题进行了商讨，规定学程、编撰课本、统一教学，对现代中医药学教育产生了深远的影响，是近代中医药学教育史上的重要事件，标志着中国中医药学教育走向成熟。

3. 现代

自中华人民共和国成立以来，中医药学教育蓬勃发展，课程体系日益成熟，教材建设方兴未艾。1956年我国首批设立了北京中医学院、上海中医学院、广州中医学院、成都中医学院4所中医高等院校。1958年，南京中医学院在江苏省中医进修学校（1954年成立）基础上扩建挂牌。天津中医学院由天津市中医学校、天津市中医进修学校等合并成立。人卫社则根据我国中医学教育课程体系确定了教材体系。1958—1962年，人卫社陆续编写出版了全套中医课程试用教材18种，这套教材的各学科内容包括了中医基本理论知识和临证实践经验，为中医学教育勾画了轮廓，对提高教学和医疗质量起到了积极的作用，培养了一大批中医名家、大家及中医药人才。这也是中华人民共和国成立以来首套中医全国统编教材，具有里程碑意义。现在，人卫社已建立起覆盖院校教育、毕业后教育和继续教育3个阶段，研究生、本科、高职高专、中职中专、留学生、住院医师规范化培训6个层次，覆盖中医、中药、中西医结合等10余个专业数百种核心教材组成的中医药学教材体系，形成了中国特色的中医药教育教材建设的机制与模式，在新时期承担起传承中医药文明、服务中医药事业发展创新的重任。中医药学教育已经遍及世界各地。国际中医药教育分为学位教育和职业教育两种，多采取系统授课、短期培训、学术讲座等形式进行。针对此情况，人卫社出版了国内第一套中医留学生规划教材，同时还出版了国际标准化英文版中医教材19种，成为中医国际教育教材建设的领航者。

三、构建具有中国特色的医药学教材建设模式和教材体系

（一）创新整合各种医药学教材建设资源

1. 整合政府资源，发挥医教协同桥梁纽带作用

充分发挥国家卫生健康委直属机构及原卫生部教材办公室的作用，通过医药学教材建设，为卫生健康行业发展和医药学专业人才培养服务，满足卫生健康行业人才需求；同时充分发挥隶属于教育部全国高等教育学会医学教育专业委员会的全国高等医药教材建设研究会的作用，通过医药学教材建设，实现教育部医药卫生人才的培养目标，满足国家卫生健康委医药卫生人才使用需求，充分发挥医教协同的桥梁纽带作用。

2. 整合教育资源，组建全国高等医药教材建设研究会

积极主动顺应教育改革的潮流和院校调整的变化，在教育部、国家卫生健康委的支持领导下，在吴阶平、裘法祖、吴孟超、陈灏珠院士等德高望重的老前辈的支持下，在全国200多家医药院校的积极参与和支持下，组建了全国高等医药教材建设研究会，对全国医药教材实施整体规划和规范、推介和评优，参与高等医学教育改革研讨、学制建设论证、课程设置研究及教材教辅规划出版等工作。

3. 整合专家资源，组建人卫社专家咨询委员会

充分发挥中国科学院、中国工程院两院院士的号召力、影响力和学术权威力，以及中华医学会、中国医师协会等学会组织的学术带头人作用，组建了由两院院士和中华医学会、中国医师协会等学会协会负责人和权威专家等组成的人民卫生出版社专家咨询委员会，为我国医药学教材建设和高素质人才培养提供咨询、出谋划策。

4. 整合多方资源，组建新型教材评审委员会

根据教育部规范教育标准、提高教育质量的要求，及时将国家卫生健康委各专业教材评审委员会和教育部各专业教育教学指导委员会积极整合、调整，重组成为新型的教材评审委员会，从而把医药学教材建设和国家医药学教育专业设置、标准研究、准入条件、课程设计、评审评估等结合在一起，组成了一个“教育—教学—教材”互动的系统工程。

5. 整合系统内部资源，严把行业准入门槛

积极与国家医学考试中心和国家卫生健康委人才交流服务中心开展紧密合作，联合推出系列执业医师资格考试、职称晋升考试等医学相关考试的考试大纲和考试辅导用书，发挥行业执业标准制定、考评考核准入把关的参考作用，实现医教协同、教考融合，引导教育改革、课程创新和教材建设。

6. 整合国内外资源，打造国际医学院校长高峰论坛平台

为促进我国医药学教育和教材建设与国际接轨，充分发挥全国高等医药教材建设研究会和人民卫生出版社专家咨询委员会“两会”平台的优势和权威作用，充分整合利用国内外两个市场、两种资源，成功策划、筹备、组织和召开了两届北京国际医学院校长高峰论坛。“两会”品牌和高峰论坛源于教材规划和建设，走向教育发展和改革，从理论研究走向创新实践，从国内医药学教育发展走向与国际医药学教育接轨，形成了一系列逐步成熟完善的将医药学教育和教材建设有机结合的学术会议机制，并逐步发展成为具有国际影响力的品牌盛会，进一步推动了我国医药学教育出版事业与国际医药学教育的接轨。

（二）创新医药学教材建设体制

通过梳理我国医药学教材建设的历史和发展沿革，总结中华人民共和国成立以来尤其是改革开放以来我国医药学教材建设的规律和经验，结合我国医药学教育改革发展和社会人才需求，人卫社创新推出了一套适合中国国情的医药学教材建设模式，即在国家卫生健康委的直接领导和指导下，在国家卫生健康委、教育部等国家部委局的领导和支持下，由全国高等医药教材建设研究会规划，各学科教材评审委员会专家审评把关，院士专家学术把关，全国各医学院校推荐和党委政审把关，各院校专家教授积极申报和参与编写，人卫社作为教材建设基地和出版平台高质量出版的教材建设模式，即“政府支持、研究会规划、评审委员会审定、院士专家把关、学校审查推荐、专家编写、人卫社出版”的医药学教材建设体制。

（三）创新医药学教材建设机制

通过每一套医药学教材建设的实践探索、问题研究和经验总结，逐步建立了人卫社规划教材建设机制。

第一步：根据教材建设需求，紧密围绕教育培养目标、卫生健康行业要求、社会用人需求，在全国范围内进行调研，广泛深入地征求意见建议。

第二步：将国内调研结果、国外相关专业人才培养模式和教材建设经验有机结合并科学整合，提出该专业的人才素质要求、学科体系构成、课程体系设计和教材体系规划，归纳总结形成可行性调研报告。

第三步：调研报告报全国高等医药教材建设研究会审核，提交该专业教材评审委员会论证，提出修改完善意见和建议，形成该专业教材建设的整体规划方案。

第四步：经人卫社审批决策流程，报相关部门和组织同意，列入规划教材序列，并正式启动。

第五步：发布教材建设启动通知，全国范围内遴选主编、副主编和编委。人卫社制定了教材主编、副主编和编委管理的相关制度，为把好教材主编、副主编和编委的意识形态、政治审核、遴选流程、工作要求、退出机制等进行了明确规定和要求。

第六步：召开主编人会议，研讨教材整体规划方案，统一编写思想，明确编写要求，启动每门教材编写工作。

第七步：主编、副主编遴选编委并组建编写团队，召开编写会议，全体编委经过深入讨论形成编写共识，明确编写大纲、编写样章、编写要求和编写进度等。

第八步：进行书稿编写，开展书稿“田间管理”；作者之间开展交叉互审。

第九步：召开定稿会议，解决编写结构统筹优化、编写内容科学把关、内容交叉重复矛盾、编写规范性提升、编写质量进一步提高等问题。

第十步：各编写团队按照“齐、清、定”要求交稿。

第十一步：人卫社三审三校高质量出版。

第十二步：各专业教材评审委员会审定后，向全国院校推荐，进入课堂，进行教材的宣介推广和评估，并在使用过程中广泛征求意见，为新一轮教材修订作好准备。

以上 12 个基本步骤形成了医药学教材建设的良性循环，构建了一套科学的教材建设运行机制，经过数十年的验证，确实是行之有效并符合中国国情的中国特色医药学教材建设机制。

（四）创建具有中国特色的医学教材体系

1. 创新构建科学的教材体系

构建科学的教材体系是高素质合格专业人才培养的基础和关键，尤其是对于承担培养生命所系、健康所依的现代医药学人才重任的医药学教材，我们都着力进行课程体系的优化改革和教材体系建设的创新创造——科学整合课程、淡化学科意识、实现整体优化、注重系统科学、保证点面结合。

一是科学整合课程。即把公共课、基础课、专业基础课、专业课进行有机的科学的整合，实现人文素养、专业素质和知识能力的深度融合及全面培养。

二是淡化学科意识。教材体系是由所有课程教材集合而有机构成的，因此要处理好每一门课程教材与整套教材体系的关系，不能过度强调某一学科的全面、系统和重要，而盲目扩大篇幅或膨胀字数。

三是实现整体优化。教材建设是个系统工程，所有教材组合形成一个完整的科学体系，要注意专业课与专业基础课、专业基础课与基础课、基础课与公共课的关系，做到上下承续、前后衔接、左右呼应，避免不必要的交叉和重复。

四是注重系统科学。教材体系中的每一门课程教材都是一个学科的缩影或代表，在保证淡化学科意识、注重整体优化的基础上，还要保证每门课程教材有其学科相对的系统性和完整性。

五是保证点面结合。“点”有三：第一是知识点，应该全面覆盖相关专业的所有知识点；第二要有创新点，通过知识的创新点来培养学生的创新能力；第三要保证考试点，要和执业资格考试结合起来，为从业作好准备。“三点”结合，实现点面融合，形成有机整体，这就是通过科学整合构成的教材体系。

2. 完善“三基、五性、三特定”医药学教材建设基本原则

（1）“三基”即基本理论、基本知识、基本技能。这既是教材内容的基础，也是人才培养的根本，更是教材体系建设的脊梁。

（2）“五性”即思想性、科学性、先进性、启发性、适用性。①教材首先强调思想性，教育的根本在于立德树人，因为我们的教育不仅要教书，还要育人；教材不仅要传授知识，还要涵养精神；不仅要培养能力，还要塑造品德，这就是教材的思想性。②教材必须保证其科学性，这是专业教材的根本属性，培养科学的思想、理念、知识和技能。③教材应有先进性。教材在充分体现“三基”的基础上，不仅要涵盖成熟的、已成定论的内容，同时还要适当介绍一些前瞻性的、可能在未来实现突破的知识点。④教材须有启发性，在传授知识的同时，给予学生思想启迪和学术智慧，既授之以鱼又授之以渔，培养其创新创造能力。⑤评价一本教材是否优秀，关键是看其能否受到师生欢迎，老师好教、学生好读、知识好用，适用于教学和学习，这就是教材的适用性。教材的“五性”，最后关键的落脚点在适用性上，这是检验教材是否成功的标准。

（3）“三特定”即特定的培养对象、特定要求、特定限制。每一类医药学教材，都是根据该专业教育特定的培养目标、医药卫生行业特定的专业人才需求进行编写出版的，都是按照受学制、学时限制的课程体系和课时数来完成教学任务、实现教学目标的。因此我们必须遵循“三特定”要求来进行医药学教材建设。

“三基”是医药学教材建设的支撑点和出发点，“五性”以“三基”为基础和平台，并遵循“三特定”原则来充分演绎和尽情展示，最后以适用性为落脚点，以求适用于师生的教和学，完成教学内容，实现教学目标。

人卫社根据人才培养新目标、卫生健康行业人才新要求、和谐社会健康新需求，积极持续变革、主动永续创新，构建我国医药学教材建设新体制、新机制和新模式。在建立健全我国医药学本科教育、长学制教育和研究生教育教材建设并不断修订完善的同时，大力推进我国全科医师、乡村医师教育教材建设，积极推动卫生职业教育教材建设，加大住院医师、专科医师规范化培训教材建设力度，积极推动各科执业医师考试和职称晋升考试教材及辅导用书的出版，按照创新的教材建设体制、机制流程和质量控制体系打造医药学教材精品，培养适合新时代、新征程、新形势、新要求、新任务的高素质合格医药卫生人才，为我国医药卫生事业改革和发展作出更大贡献。

四、以教材创新建设助力中国医学教育改革和质量提升

（一）以胜任力为导向的第三次医学教育改革

在过去的一百多年中，医学教育经历了3次伟大的历史变革。1910年Flexner的报告翻开了医学教育变革的新篇章，以科学为基础的课程设定推进了现代医学技术的发展；紧随其后以问题为中心的教

育模式进一步推动了医学教育的第二次创新变革；2010年“国际医学教育委员会”提出跨越国界、淡化学科界限的发展战略，医学教育界掀起了以系统为中心的第三次医学教育改革新热浪。第三次医学教育改革是以“患者和人群”为中心，以“培养胜任能力”为核心，建立以“能力为导向”的医学教育体系。因此，以胜任能力为导向、培养批判性思维和职业道德素养成为21世纪医学教育的三大任务。

所谓胜任力，或称胜任能力，源于英文“competency”，本意为能力、素质等，在专业教育中则被译为胜任力，是指能将某一工作中有卓越成就者与普通者区分开来的个人的、潜在的、深层次的特征。1973年，胜任力的概念由被誉为“胜任力研究之父”的美国哈佛大学教授戴维·麦克利兰引入学术界。在临床医学教育尤其是毕业后教育方面，国际上有两个非常著名的胜任力模型，一个是加拿大皇家内科与外科医师学院（RCPSC）的加拿大专科医师培训指南（CanMEDS），另一个是美国毕业后医学教育认证委员会（ACGME）的6项核心胜任力。CanMEDS是国际上第一个毕业后医学教育的胜任力模型，通过角色来描述胜任力的，它将优秀临床医师的角色定义为7种，分别是医学专家、交流者、合作者、领导者、学者、健康倡导者、专业素养（或称职业精神）。美国的ACGME的6项核心胜任力包括患者照护、临床知识与技能、人际交流沟通、基于实践的学习和提高、专业素养、基于系统的实践。实施胜任力为导向的医学教育，是以培养大批优秀临床医生为目标的，符合世界医学发展潮流的关键性原则。

（二）医学目标的转变引领医学人才培养目标的转变

在医学教育改革中首先应明确人才培养的目标。传统的培养目标聚焦于疾病的诊治，而忽视了预防与保健。1996 年 *The Goals of Medicine: Setting New Priorities* 一书中提出了新的医学目标：一是预防疾病和损伤，促进和维护健康；二是缓解疾病疼痛，减轻疾病痛苦；三是加强对病患治疗和护理，悉心照料不能治愈病人；四是防止过早死亡，遵循临终关怀。医学新目标充分体现了“以人为本，以病人为中心”的理念，强调了“健康促进和疾病预防”是医学的核心价值，预防比治疗疾病更重要。医学新目标充分体现了预防、诊治和保健为一体的综合目标，这也构成了 21 世纪医学人才培养的基本要求。将预防保健和公共卫生能力培训纳入以胜任力为核心的医学教育改革项目中，亦是医学新目标和医学教育改革的新需求。我国人口老龄化来势汹汹，慢性病已成为影响全球健康的最主要死因，成为各国政府高度关注的重大公共卫生和经济社会发展问题。慢病的防控也成为健康中国的重要任务之一，针对慢病的防控，预防医学的发展显得尤为重要。临床医学与预防医学既有分工又相互交叉渗透，医防融合在慢病防治中则扮演着极为重要的角色。在以胜任力为导向的医学教育大背景下，如何有机地将预防保健和公共卫生能力培训整合到临床医学教育中，更好地培养面向全生命周期融合预防、诊治和保健为一体的优秀医学人才，已成为新医科时代背景下医学教育改革探索的新课题。

（三）5G 网络新技术驱动医学教育改革

5G 是第五代移动通信技术的简称，它不仅结合了 4G、Wi-Fi、终端连接和毫米波的网络技术，同时还运用了云的基础架构、边缘智能服务和虚拟化网络核心等技术。5G 不是 4G 的简单延伸，而是一个真正意义上的融合网络，它带给我们最直接的感受就是更快的速度、更稳定的连接与更大的容量。2019 年被称为“5G 元年”，5G 几乎成为所有人关注的焦点。5G 网络的显著特点是高速率、低时延、大容量，其峰值理论传输速度可达每秒数十 Gb，要比 4G 网络的传输速度快数百倍。5G 通信技术的升级，将 4G 条件下时延从 50 毫秒缩短到 1 毫秒，几乎可以做到完全同步。

秉承“以新技术驱动医学教育改革”的宗旨，人卫社创新使用 5G 新技术，携手相关医科院校为“5+3”长学制学生及研究生开展了毕业后继续医学教育之“医防融合”系列课程。其中包括《常见慢性病流行现状及医—防整合的挑战和机遇》《公共卫生与预防医学研究发展的方向与趋势》，通过中国联通 5G 网络，采用小规模限制性在线课程（Small Private Online Course, SPOC）模式，利用专用视频终端一体机联合手机多点多终端实现实时讲座，并结合现场多向互动、实时提问及解答。与此同时对讲座进行视频录制，以供无法现场实时参加在线直播课程的学生观看和课后复习。在上课前将学习要点及参考文献资料公布于微信平台，便于学生课前的预习与准备；课堂上通过互动问答的形式，推动课程进展；课后将互动可答的内容记录于微信平台，同时课后的小测验及问卷反馈调查也是基于微信平台。每一节课后均收集、整理并总结学生及老师的反馈信息，通过形成性评估，反馈—反思—指导和最后一次课的总结性评估，形成了一个综合评估系统，以帮助学生树立预防为主、医防融合的理念，加强并提升他们的核心竞争力。

五、教材为根，学生为本

（一）人卫社教材建设经验

一是遵循医学教育规律，推动教材创新变革。人卫社教材的整体建设和出版不仅遵循全球医学规律、中国医学教育规律，还遵守尊重医药卫生人才成才规律和医学教材的出版规律，相互依存、相互支撑、相互融合、医教协同、迭代发展推动医学教育改革创新发展。

二是构建新时代新医科教材出版高质量发展新格局。牢牢把握教材的政治属性，把习近平新时代中国特色社会主义思想融入教材，坚持立德树人，严把意识形态，加强课程思政创新建设；牢牢把握教材的战略属性，把价值塑造、知识传授和能力培养融入教材，坚持为党育人，为国育才，在“三基、五性、三特定”基础上加强创新思维、创新能力和创新技术，即“三创”培养；牢牢把握教材的民生属性，把“‘以治病为中心’转向‘以健康为中心’”的理念融入教材，坚持生命至上，坚持大医精诚，加强医学人文、医工结合和纸数融合。

三是拓展六大资源有机融合，构建国家教材出版平台。人卫社积极拓展四部三局的政府资源，全国各大院校的教育资源，两院院士、学术领袖的专家资源，学会协会及行指委的学术组织资源，考试中心、人才交流中心等单位的行业资源，国外合作院校及专家的国际资源，组建了全国高等医药教材建设研究会和人民卫生出版社专家咨询委员会，建起了一个国家级教育综合改革和学术创新发展的平台和基地。

四是通过“两会”年会，构建国家级教材创新研究平台。人卫社每年以“两会”年会的形式构建起教育、学术、科普、考试、国际、数字及延伸发展十大领域的出版平台。从2000年到现在，已连续召开24届。每次都有领导人、院士、院校长、知名专家、著名教授参加。近4年四届“两会”年会都以人卫社为主体，联合全国医学教育发展中心、中国高等教育学会医学教育专业委员会共同主办。

五是推动“出版+X”教材全媒体融合发展。人卫社实现了以“互联网+文化”为载体、“互联网+医学教育”为渠道、“互联网+医疗健康”为目标的“出版+X”的融合发展总体战略，从而推动形成了新时代新形态中国特色的医学教材建设体系。

六是完善中国特色医学教材建设模式，构建新医科高质量人才培养体系。以第1~10轮全国高等学校临床医学专业五年制本科教材为核心的“干细胞”教材体系，构建了中国特色医学教材建设模式，具有理论与时俱进、实践创新发展、内容修订完善、形式持续变革的更新机制，富有不断自我革命、不断自我更新、不断自我净化、不断自我完善的理论品质，展现了中国医药学持续传承创新、原创发展、实践创新、理论升华的中国特色，构建了中国特色教材体系、学科体系、教学体系、管理体系和贯穿始终的思政体系。

七是以“互联网+出版”为抓手，构建人类卫生健康共同体智能服务体系。通过以“互联网+出版”为载体，以“互联网+教育”为渠道，以“互联网+文化”为内容，以“互联网+健康”为目标，推动医学教育创新发展，推进健康中国建设，实现人类健康共同体构建，实现“互联网+文化+教育+卫生+健康”的发展新格局。

八是人卫教材数字化发展之路。人卫社先后经历了人卫数字教材、人卫慕课、人卫开放大学、人卫数字平台、人卫虚拟仿真、人卫AR/VR/MR、人卫大数据库、人卫人工智能、人卫图书大模型多模态等九个发展阶段，跨越了电子音像时代、在线增值服务和数字教材时代、教材 + 慕课时代、融合教材时代、数字教材 + 课程融合时代、新时期新医科新形态教材时代等六大时代，构建了新时期新形态教材发展的新格局。

九是坚持全国一盘棋大战略，建设集团高质量发展新格局。人卫社已经实现了总社分社“1+6”战略发展格局，建立了华东分社、华南分社、西北分社、东北分社、西南分社和华中分社，围绕国家的区域化战略、区域重点规划、区域发展特色统筹全国卫生健康出版发展，实现国家规划教材、区域规划教材、校本教材的分级管理，努力实现守土有责、开疆扩土、统一标准、高质发展的发展目标。

（二）教材建设创新的主要探索

一是在深入研究和推进中国医学教育改革的进程中，人卫社以北京协和医学院八年制临床医学专业教材模式为基础，在裘法祖院士等专家的带领和支持下，创新性地推出了全国高等学校长学制暨“5+3”一体化临床医学专业规划教材，为我国医学教育体系的发展作出了积极贡献。目前此套教材已经修订至第 4 版，成为最高教育层次的医学规划教材。

二是紧紧抓住新医科建设机遇，创新推动建设器官—系统整合教材。这套教材将少数医学院校的医学教学改革模式和经验加以研究、论证，并推动形成更广泛的共识，以此为基础，创新推出不同于常规临床分科为逻辑架构的医学教材体系，为广大医学院校的医学教育改革提供了教材支撑。

三是以全国高等学校医学研究生教材推动学科创新发展。如出版了《罕见病学》研究生教材，推动了罕见病联盟的建设和罕见病防治体系的建设。教材的基本理论、基本知识、基本技能的系统知识体系构建，结合了罕见病联盟的具体工作实际，推动了罕见病学科发展。

四是致力于服务医师规范化培训，创新性地规划住院医师规范化培训、专科医师规范化培训的相关专业教材，如全国住院医师规范化培训教材第二轮 46 种，中医住院医师规范化培训教材第二轮 25 种，口腔住院医师规范化培训教材第二轮 7 种等。

五是做好国家中医药教材建设和新时代创新发展。人卫社在1958—1962 年出版了全国中医药院校本科第一版国家中医药规划试用教材（共 18 种），奠定了我国高等中医药教育和后续各版教材的基础。至今，人卫社已出版四轮全国高等中医药院校规划教材。2020年 9 月 18 日，张伯礼院士出席人卫社举办的全国高等中医药教育本科国家卫生健康委员会“十四五”规划教材主编人会议暨人卫中医题库上线仪式时指出，“教材的编写要正本清源，注重本学科特色，突出中医思维；要传承精华，不断吸纳最新科研成果；要临床为本，注重本科生的能力培养。同时，教材还要体现新时代的特点和要求，体现抗疫精神，与时俱进”。我们坚持以张伯礼院士为榜样做好新时代具有中国特色的医学教材建设工作。

六是善于运用新技术服务新时代教材创新和新形态教材建设。人卫社积极推动自身从教材出版者向医学教育服务者转型，以传统教材建设的经验、模式、资源、品牌为基础，紧跟教育信息技术发展趋势，不遗余力地推动出版深度融合，数字教材、慕课课程、题库、开放大学、融合教材、新形态教材……多数探索取得了成功，推动人卫教材不断守正创新，赢得新时代的主动，并带动了其他业务板块的深度融合，发挥了重要的引领作用。

七是医教协同教考融合，形成考培训解决方案。针对考试培训需求，系统构建专业基础、丰富课程资源，同时根据线上培训特点，提供系统化督学服务，针对部分院校和考生需求，增加针对性面授服务，形成人卫执业资格考试培训整体解决方案。年服务院校近200家，服务各类医学考生近10万。

八是人才培养教材为本，顶天立地培育精英。创新提出了人卫社“三精”培养模式：医药学精英编写人卫社精品教材、人卫社精品教材培育医药学精英、医药学精英再编写人卫社精品教材，即“精英出精品—精品育精英—精英再出精品”的创新模式。一版又一版精品教材出版，一代又一代医药学精英辈出，又催生了新一轮精品教材问世，如此良性循环推动了医药学教材的高质量建设和创新发展，推动了适应我国医药卫生事业改革和发展的人才培养和队伍建设。

参考文献：

[1] 杜贤. 创建中国特色的医药学教材建设模式［J］. 科技与出版，2012（02）：17-21.

[2] 李刚，刘红霞，方毅，等. 口腔医学教材-课程思政融合育人的探索与实践［J］. 四川大学学报（医学版），2023，54（02）：328-333.

[3] 林纬，程雪松，陈研，等. 基于5G网络开展医防融合教育的医学教育模式新探索［J］. 创伤与急诊电子杂志，2019，7（01）：1-4.

[4] 李树涛. 课程思政建设要充分发挥教师作用［N］. 光明日报，2020-06-16（15）.

[5] 张大良. 课程思政：新时期立德树人的根本遵循. 中国高教研究［J］.2021，37（01）：5-8.

[6] 徐作锋. 课程思政背景下继续教育学生思想政治教育的管理对策与实现路径［J］. 当代继续教育，2021，39（223）：11-16.

[7] 章忠民，李兰．从思政课程向课程思政拓展的内在意涵与实践路径［J］．思想理论教育，2020（11）：62–67.
[8] 徐杰．对专业教育与思政教育融合的几点思考［J］．学校党建与思想教育，2021（645）：49–50.
[9] 谭舒．高校课程思政教学设计的反思与改进——基于“价值最小单元”的探索［J］．教师教育学报，2021，8（05）：62–69.
[10] 戴健．高校课程思政教学团队建构探析［J］．江苏高教，2020（12）：100–103.
[11] 时伟，张慧芳．高校课程思政教学质量标准探析［J］．中国高等教育，2020（17）：36–38.

第五章

精益求精，以高质量学术精品服务医学科技与文化创新

文化是一个国家、一个民族的灵魂。文化兴国运兴，文化强民族强。没有高度的文化自信，没有文化的繁荣兴盛，就没有中华民族伟大复兴。精品力作是一个国家和民族在波澜壮阔的崛起征程上最耀眼的文化印记，是支撑文化自信的重要基石。

人卫社以服务医药卫生人才培养和广大人民群众健康为己任，持续探索和推进精品力作的出版，一批批医学精品力作闪耀在历史的长河里，为新中国医学文化建设作出了应有的贡献。以增强医学学术引领作用为目标，人卫社不断推出中国原创学术精品，建强原创精品出版工程；守正创新，落实数字化转型升级，探索医学学术融合出版的新模式，以实际行动推进学术出版的高质量发展。

一、立身“高原”，力攀“高峰”

（一）向所有医药学精品力作致敬

人卫社栉风沐雨跨越70余载，在国家卫生健康委、教育部、中宣部、财政部、国家中医药管理局、国家疾控局、国家药品监督管理局等国家部委局的领导下，在全国医药学院校、科研院所和专家学者的支持下，坚持正确政治方向和科学出版导向，把社会效益放在首位，根植卫生健康，服务健康中国，出版了涵盖医药教材、学术专著、大众科普、医学期刊、“引进来、走出去”国际图书、数字新媒等各领域的一大批人卫精品力作。

以“白衣执甲 逆行出征——致敬最美战‘疫’医务工作者”丛书、“人道大医丛书”等为代表的人卫社主题出版图书，入选中宣部主题出版重点出版物选题，荣获中国出版政府奖、中组部第五届全国党员教育培训教材展示交流活动创新教材奖、“中国好书”等诸多荣誉，凝聚了卫生健康行业服务人民健康、建设健康中国的蓬勃向上力量。

以临床医学“干细胞”教材——全国高等学校临床医学专业五年制本科规划教材为代表的人卫社教材，历经40余年10轮建设，汇聚众多中国医学教育工作者的智慧，形成具有中国特色的医学教材建设模式和体系，众多科学家的心血与精神在这里汇集、凝结并升华，为我国一代代医学人才培养作出了不可磨灭的贡献。

《新编药物学》第1版出版于1951年，《实用内科学》第1版出版于1952年，《黄家驷外科学》第1版出版于1960年……

以它们为代表的人卫学术著作，历经70余年出版传承创新，发展为具有中国原创、时代特色、学术价值、国际水平和实用意义的人卫精品学术专著体系，陪伴了一代又一代医生的成长，见证了医学的进步和发展，不仅承载着丰富的医学知识和临床经验，更体现了中国医学界的原创精神和时代特色。它们不仅是知识的载体，也是文化的精品，更是医学精神的宝典。

"图说灾难逃生自救丛书"是中国国内第一部用漫画形式表现灾难避险逃生自救的科普丛书，获得2018年度国家科学技术进步奖二等奖;《中国居民膳食指南》出版专业版和科普版，成为健康科普领域权威、畅销的出版物。以它们为代表的人卫社科普精品力作，围绕"生、老、病、死、未，吃、喝、玩、乐、睡，衣、食、住、行、养"15个字努力讲好老百姓听得到、听得懂、听得进的权威科普知识，服务国民健康素养提升。

《中国医刊》创刊于1951年，被评为"国家百强报刊"，对推动中国医学领域科技创新发挥了重要作用。《中国临床医生杂志》创刊于1972年，其发展筚路蓝缕，风雨兼程，曾经发行百万册。以它们为代表的23种人卫社期刊阵营正在努力实现"强社强刊"之目标。

人卫社持续加大"走出去"工作力度，实现了人卫社版权输出大于引进的国际化发展新格局。这一成绩不仅体现了人卫社在国际医学出版领域的实力和影响力，也展示了中国医学学术研究和临床诊疗水平的原创能力和创新水平。《经自然腔道取标本手术学》翻译成英文、法文、日文、韩文、俄文等6种语言，抗击新冠疫情出版物被翻译成10余种国际版等，《威廉姆斯血液学》第10版翻译工作2024年正式启动……医学精品力作的引进与输出，对提升中国医学学术研究和临床诊疗水平，加强国内外学术交流与合作，推动中国医药文化的国际传播发挥了重要作用。

人卫数字出版以“健康中国，数字人卫”为核心发展理念，研发运营了一系列医药教育、考试、学术、科普等数字平台和产品。人卫社是国家数字出版转型示范单位、国家出版融合发展示范旗舰单位、国家数字复合出版系统工程应用试点单位，多个数字平台和产品荣获国家级奖项。

……

这些著作和产品不仅是医学知识的宝库，更是医学智慧和历史文化的结晶。它们不仅承载着深厚的医学理论和丰富的实践经验，更代表着医学科学的进步与发展。精品力作的诞生离不开一代代医学大家的矢志求索，离不开专家作者的辛勤耕耘和无私奉献，也离不开人卫社一代代编辑的奉献坚守。向所有医药学精品力作致敬，向所有为传继医学历史、传承医学文明、传播医学文化、传扬医学科技、传递医学信息、传授医学知识作出积极贡献的作者与编辑们致敬！

（二）以出版供给侧结构性改革为精品力作出版夯实基础

我国是出版大国，正在朝出版强国方向迈进。建成出版强国，必须解决好“多高原、少高峰”“多数量、少质量”“多库存、少效益”的难点问题，必须通过出版供给侧结构性改革推动高质量发展。

质量是一个国家、一个民族、一个行业、一个企业，乃至一个人生存和发展最重要的根本和基础，没有质量就没有生存之根本、发展之基础，也就没有社会和经济之效益。出版供给侧结构性改革以满足读者需求为目标，以提高质量和提升效率为目的，通过结构性改革增强出版业发展能力和增长动力，以实现最好社会效益和最大经济效益。

（三）以高质量管理为精品力作出版提供坚实保障

医学图书健康所系、生命相托，医学图书质量事关健康，生命攸关！如果医学图书存在内容、数据、符号、单位、剂量的问题，就可能危及人民健康和生命安全。因此，医学图书质量重于泰山，必须像重视生命一样重视图书质量。只有怀着敬畏之心做出版，才能以匠心成就精品。除了常规的质量管理举措外，围绕精品力作出版，人卫社建立了系列的工作机制以提供坚强保障。

1. 建立重点出版物管理体系

为了加强重点出版物的统筹规划和管理，人卫社建立了国家重点出版物规划选题、人卫社五年规划重点选题、年度重点选题计划的管理体系，并制定了相应的管理制度，确保重点产品产生重点效益。如在每个选题论证审批阶段，须明确选题的重点级别、拟申报奖项，从源头加强重点选题的论证和管理支撑；在设计阶段，重点选题将安排图文双创工作室等优秀的设计团队承担书籍整体设计工作；在发稿前，重点选题可根据工作需求申请发稿前质检，以保障质量等。

2. 执行更严格质量标准

优质图书出版背后，不只是编辑的担当与用心，更有出版质量保障机制在发挥着重要作用。为全面保障质量，在“九三一”质量控制体系的基础上，人卫社建立了以公司领导挂帅的书稿质量工作五级责任制度，为书稿质量层层把关。

第一级，全体公司领导每季度质检一本新书，为图书质量尤其是重点出版物质量把关。分管编辑业务部门的公司领导，每月三审一本重点书稿，对图书做出质量评估，并对分管部门书稿的质控工作负责。

第二级，编辑部门主任为部门书稿质控的第一负责人，并承担相应审次的审稿工作。

第三级，高级编辑师和高级编辑负责对书稿中的疑难问题进行解答，对审读工作进行指导。凡是涉及意识形态问题、重大选题的出版物，均应送高级编辑小组进行意识形态把关。

第四级，每个部门设有一名质控监督员，协助主任做好部门质控工作，参与部门的质检工作。

第五级，责任编辑是所负责书稿的第一责任人，对书稿的整体质量负责。

此外，印前质检作为正式出版前质量把关的“前哨”，已成为出版社近年来重点开展的质控工作之一。出版社通过每周抽取发印前的产品，组织编辑专家进行审读、评级，将更多的质量危机遏制在“最后一公里”。

3. 坚持新书阅评常态化

出版物的质量管理是一项贯穿出版全流程的系统工程，加强出版阅评就是其中的一个重要环节。三审三校做得好不好，还需要通过后期监督进行检验和反馈，而后期保障机制中，就包括出版阅评。

2013 年以来，人卫社每年组织专业质检人员对出版后的图书开展评审，每季度都随机抽取新出版的图书进行质量检查。通过多年的工作实践，建立了定期对新出版图书的质量进行审读评议的常态化工作机制。2019 年，人卫社成立退休编审质检工作组，专门对图书质量进行审读评议，对有争议的质量问题进行评估、终审。同年，单独设立质量控制办公室，负责全社出版物的质量监督、检查、培训、管理、创新等工作。

人卫社在执行更加严格的质量标准的同时，加大了图书质量检查结果的运用。质量检查结果纳入人卫社社会效益考核指标，质量不合格产品在年度考核中予以扣分。在公司出台的编辑岗位职责管理办法中明确了对出现质检不合格产品的编辑进行经济处罚，并定期对质检结果进行通报，对质检案例进行分析等。

通过出版阅评，一是可以全面了解图书质量；二是可以将发现的问题进行整理分类，从而将这些问题在图书的重印、再版工作中得到解决，有利于图书的质量提升；三是可以发现审稿和校对还存在哪些短板，促进出版社的内部管理；四是可以促进优秀图书的进一步推广、宣传，对出版社自身起到监督的作用，指导出版社进一步调整出版方向。

4. 保障质量人才为基

人卫社于 2020 年 7 月成立全资子公司北京人卫编辑校对有限公司（人卫编校中心），下大力气持续推动图书出版主业高质量创新发展。成立人卫编校中心主要目的是有效缓解编校人员力量不足，推动编辑分工专业化，进一步解放编辑生产力，让专业的人干专业的事，提升人卫出版物的整体编校水平和出版质量。

5. 全面提升出版管理力

只有高质量管理才能锤炼高质量的企业。决定出版企业核心竞争力的不仅是出版物的数量和规模，更重要的是出版物的质量和品牌。因此，出版企业必须通过高质量的管理，全面提升出版管理力，才能为出版高质量的产品、打造出版高质量的品牌、实现高质量的效益提供坚实的保障。

以提升管理力为重点，医学出版企业需全面加强管理能力建设，包括作者队伍管理、编辑人才队伍管理、选题资源管理、大数据管理、编印发管流程协调管理、宣传传播渠道管理、读者对象客户管理、出版主业和集团化建设管理等，以管理赋能、以管理提效、以管理促变、以管理促进，全面提升出版管理力。

我们应该清醒认识到，新时代的出版单位已不同于以往传统意义的出版社，正在从传统的编辑、出版、发行的产业链内涵式拓展向外延式扩张进行延伸，从编辑出版主业向多元化发展转变，从传统的内容提供商向新型的内容服务商转换，从传统媒体出版向新兴媒体出版深度融合并纵深发展的出版传媒新格局转变。作为新质生产力的数字出版在劳动资料、劳动对象、劳动者 3 个方面都表现出结构性的变化，这必然对出版单位内部的专业分工产生直接触动，数字出版作为独立的组织形式将被进一步巩固或者加强，传统出版单位组织机构变革势必受此影响。要根据不断发展变化的大出版格局、新媒体态势、大数据资源和数字化趋势，在全面提升管理力基础上重构编辑出版机制，完善编辑出版流程，建立适应全媒体传播需求的策划、组稿、审稿、编辑、校对、设计、生产、营销和质控等一系列管理机制与制度，确保各业务流程有机衔接、畅通有序、管理有力，确保大数据、虚拟仿真、人工智能等新技术、新业态、新手段在编辑出版业务中能充分运用，确保编辑出版主业“全程、全员、全面、全媒”的质量管控和管理能力的提升。

（四）注重精品力作出版方向引领

出版业从高速发展转向中高速的高质量发展，要重视精品力作出版的方向引领。

1. 坚持正确导向，化“高原”为“高峰”

精品力作一定是坚持正确的政治导向、行业导向、科学导向、质量导向、融合导向、创新导向的出版物，须坚持社会效益首位原则、实现社会效益和经济效益有机统一。这样的出版物多了，出版单位才能从数量规模向质量效益转化，实现图书“高原”向图书“高峰”攀登，打造精品力作，实现宏观去产能。

2. 把握选题源头，以读者为中心，以质量为根本

精品力作除了具有文化价值外，在学术领域应有突破和创新。每个出版企业可通过建立本社精品力作的筛选机制，引导编辑重点策划能体现出版企业特色，行业发展所需、国家发展所需、人民健康所需的精品力作。因此，人卫社通过选题“三三一一”论证体系，强调坚持选题源头策划的精准，从策划理念、选题思路和精品意识抓起，驰而不息地提升选题策划水平，提高选题质量，打造精品，记录新时代医学发展的伟大成果，以文化人、立德树人，推动医药卫生事业发展和医学人才培养。

3. 紧跟创新前沿，促进学科发展和科技成果转化

医药卫生领域是一个多学科交叉的综合学科领域。近年来，我国医学科技进步迅速，医学出版要紧跟学科发展，保持高度的敏锐性和前瞻性，深度发掘和系统整合学术研究成果，瞄准世界科技前沿，反映医学学术研究的最新成果。如 2016 年度国家出版基金资助项目——《中西医结合临床研究新进展大系》，以 11 个临床常见疾病

中西医结合研究的热点、优化选择、新技术、新方法、新成果为主要内容，向临床人员提供疾病防治的中西医结合思路，向世界提供中国方案，奉献中国智慧。

4. 赋能精品力作，积极拥抱新技术实现数字融合

移动互联网与信息技术的广泛应用和飞速发展，为出版业改革发展，尤其是出版业转型升级和融合发展，带来了发展契机。围绕精品力作传承创新，人卫社在总结传统出版、电子音像出版、数字出版和数字出版转型升级、融合出版的经验、模式、规范、标准及大数据资源基础上，务实推进人卫社数字化出版转型升级，为精品力作创造更大文化影响力提供了强大助力。如人卫社“中华影像医学丛书暨中华临床影像库（12 卷）”顺应新时代新质生产力发展新格局，实现了“纸数融合”突破，向“互联网 +”模式转型，对影像医学的学科发展产生了巨大推动，以优秀的鸿篇巨著实现文化自信，为我国医药卫生事业再上新台阶奠定了基础。该丛书荣获第五届中国出版政府奖图书奖。

二、锚定原创，打造精品

（一）坚持“四个面向”，打造原创精品

医学学术出版须以“四个面向”为目标，服务新时代人才强国战略，落实我国构建世界重要人才中心和创新高地的战略部署，为一流战略科学家、科技领军人才、科技创新团队和科技后备人才的成长提供有力文化支撑，并为培养战略出版家、出版领军人才、创新出版团

队和后备人才的成长提供基础平台。

人卫社医学学术出版构建了医学各专科一级、二级、三级、四级和交叉学科的出版物体系，形成了传世之作、优秀之作、创新之作构成的精品力作体系。“传世之作”指出版版次（轮次）超过 5 版的出版物，“优秀之作”指出版版次（轮次）超过 2 版的出版物，“创新之作”是出版版次（轮次）为 1 版的具有原创性的重点出版物。

所谓“原创”，我们认为是中国学者第一次在中国出版的出版物，其内容应具有显著的创新性，其编写方式应主要为“著”或“编著”，不同于“编”“译”。“原创”是对其是否是中国学者首发首版的内容认定，如《内科疾病鉴别诊断学》就是中国学者原创的内科学经典著作，无论修订至多少版，都应该被认定为中国原创精品著作。人卫社为了加大原创出版力度，通过“三名工程”即“名院、名科、名医”工程，每一个编辑部门紧跟所负责学科的“三名”科学创新成果，打造“五名双创”，即通过“名院、名科、名医”，编著“名著”，形成“名家”，创“一流学科”和“一流学术团队”，形成“五名双创”工程。

所谓“精品”，我们认为是兼具政治性、思想性、导向性、引领性、时代性，具有思想精深、内容精准、技术精湛、文图精美、新媒精彩、制作精良的“六精”特质，实现社会效益和经济效益双效统一的优秀出版物。如《黄家驷外科学》是中华人民共和国成立以来，我国外科学专家自己组织编著、具有自主知识产权的原创学术专著、外科学代表性经典巨著，记载了新中国外科学发展的学术历程，为新中国培养了一代又一代医务工作者和杰出外科学人才，为人民健康作出了卓越贡献。这本书自问世以来，至 2021 年第 8 版出版，历经 60 余个春秋，先后发行近 80 万套，是我国迄今为止仅有的一部连续出版的大型外科学专著，充分显示了这本书的学术生命力。该书为我国外科学临床学科的构建起到了奠基作用，为我国外科学事业发展作出了巨大贡献，同时也是几代人卫编辑精雕细琢、匠心打造的传世原创精品。

（二）瞄准中国学科创新，出版中国原创精品

人卫社的原创精品丰富，本书略举几例，供出版同道参考。

1.《人体解剖彩色图谱》

《人体解剖彩色图谱》是我国第一部供全国医学院校和各医疗单位使用的彩色图谱，是适合于医学生人体解剖学学习和医务工作者临床实践需要的首部国内专家自编、手工绘制的人体彩色图谱。本书以实物标本写生为主，色泽艳丽、结构清晰、边界明确、形态典型，极受读者欢迎。编排包括系统解剖和局部解剖两部分，系统解剖中的某些图采用“一图多用”的表现方法进行设计，使其得以在局部解剖图中予以综合展示，在当时填补了我国解剖图谱的空白。图稿以实物标本写生为主，力求反映国人形态结构特点和我国医学绘图风格，实现了医学与美学的完美结合。自 1986 年第 1 版出版以来已累计发行 90 余万册，成为医学生成长的必备工具书。

本图谱之所以可以取得如此丰硕的成果，主要得益于明确的编写宗旨，以及解剖学专家与医学美术专家的完美合作。主编郭光文教授是中国医科大学的知名解剖学专家，曾参加临床医学五年制本科“干细胞”规划教材《系统解剖学》第 1~4 版的编写工作，并主编了《人体解剖彩色图谱》第 1 版和第 2 版。《人体解剖彩色图谱》第 2 版主

编王序教授是中国医科大学医学美术教授，是著名的医学美术专家，他还主编了《人体组织学胚胎学彩色挂图》《新人体解剖学图谱》。

图谱经过前两版的打造，凝聚了国内一大批解剖学专家的心血和智慧，已成为解剖学图谱出版的一座丰碑。随着我国科学技术的进步与发展，第3版图谱与时俱进。《人体解剖彩色图谱》第3版修订工作始终以“提升品牌和质量”为目标，坚持“传承与创新结合、纸质与数字结合、传统技术与新兴技术融合、传统载体与新兴载体融合”为原则，充分吸纳数字化产品在解剖图谱出版方面的优势，进一步优化内容，通过二维码关联视频和3D等数字化内容，加强数字融合，实现纸质与数字的互动互补。同时，积极应用AR技术，对全身骨骼、肌肉，以及心脏、颅脑等解剖结构展现虚拟现实效果，解决解剖学习难题。并根据最新版医学教材进一步完善图谱体系，在前两版的基础上增加头部、躯干断层解剖等内容，实现系统解剖、局部解剖和断层解剖的有机融合。

2.《实用内科学》

在中国抗日战争时期，上海医学院编写的一本英文讲义 *Lecture Notes of Internal Medicine* 在当时的医学生中广为传习，这就是实用系列经典巨著《实用内科学》的前身。1952年，《实用内科学》首版问世，70余载峥嵘岁月，这部皇皇巨著凝结了半个多世纪上海医学院几代医学大家和人卫社几代人的心血和奉献。

第1版23位编写专家兵分三路，在积极参加血吸虫防治工作和抗美援朝出国作战医疗保障工作的同时，出色地完成了《实用内科学》的编写工作，使之成为中华人民共和国成立以来第一部中文编写的内科学专著。

70余年16版修订，从林兆耆教授、戴自英教授，到陈灏珠院士、林果为教授，再到王吉耀教授、葛均波院士、邹和建教授，代代主编勇挑重担，不计得失，使《实用内科学》代代赓续。在资金缺乏时期，《实用内科学》编委会通过创建“庐山模式”“淮阴模式”“二山共助模式”来支持著作编撰工作，全力保证稿件的质量。数以千计的学术顾问、资深编委、编委以及编者踔厉奋发，倾力奉献。据不完全统计，参与第1~16版编写工作的专家近700人次。

70多年后的今天，经过几代人的不断努力，《实用内科学》已经成为中国影响力大、版次多、印数巨大的大型临床医学专著。该书也因其广博的内科知识覆盖、缜密的临床思维与实用的经验分享，深深地影响着几代中国医生的成长。在悠悠岁月里，《实用内科学》早已成为人卫社精品学术出版的一颗明珠，“根植卫生健康，服务健康中国”的人卫社宗旨也融入一版又一版的修订工作之中。

3.《黄家驷外科学》

1956年秋，黄家驷院士受卫生部委托组织全国知名专家，为我国医学院学生和临床医生编写一本外科学各论教材。第1版于1958年夏全书脱稿，1960年5月正式在人卫社出版，全书107万字，称为《外科学各论》。第2版增加了外科学总论内容，执笔人数增加至13人，全书字数增至150万字，于1964年11月问世，称为《外科学》。1975年5月，第3版修订工作正式启动，黄家驷院士、吴阶平院士担任主编，由于内容大幅度增加，《外科学》第3版正式成为学术专著。《外科学》第4版于1986年12月正式出版，为了纪念黄家驷院士对新中国外科事业发展和《外科学》巨著出版的杰出贡献，正式更名为《黄家驷外科学》。

从第 1 版黄家驷、吴阶平、方先之、兰锡纯、曾宪九及裘法祖 6 人执笔，到第 8 版全球华人杰出医学科学家、外科学家近 300 人参加编写，《黄家驷外科学》已成为我国乃至国际的一部医学科学经典巨著，版版修订、代代相传、人才辈出。《黄家驷外科学》作为外科学传世经典巨著，让历版编者的学术思想、学术精神得到传承弘扬。

4.《经自然腔道取标本手术学》

经自然腔道取标本手术实践体系和理论体系为我国学者王锡山教授首次创立并完善，是中国自主原创的肿瘤治疗理论与手术技术，在国际上引起了广泛的兴趣和学习风潮。各国专家对 NOSES 的原创性与先进性给予了高度肯定，高度赞扬了这一技术在肿瘤治疗领域的价值和成就，高度赞扬了中国学者和人卫社为推动这一理论与技术国际化和造福国际肿瘤患者所做的贡献。《经自然腔道取标本手术学》中文版出版后，又先后出版了英文版、韩文版、日本版、俄文版、法文版及越文版等 6 个外语版本。该多语种系列图书是中国原创医学技术“走出去”的代表图书，荣获第五届中国出版政府奖图书奖提名奖等多种奖项，入选经典中国国际出版工程。

作为科技出版“走出去”的重要组成部分，中国原创医学技术“走出去”是坚定文化自信，推动中华文化走向世界的重要举措。经自然腔道取标本手术创新成功解决了“微创中的微创、疑难中的疑难”问题，系列著作的出版实现了创新实践著书立说、理论升华铸魂育人，推动了中国原创技术和理论走向国际，成为国内公认、国际共识，中国标准、全球范式，推动形成中国 NOSES 学术组织，建立 NOSES 国际联盟，是科技原创成果推动学科体系创新发展的成功典范。

三、创新发展，强社强刊

人卫系列期刊作为人卫社医学学术出版的重要板块，从1951年创刊的《中级医刊》起步，一直以来，按照国家对期刊管理的相关要求，在广大医学专家的支持下，不断扩大期刊的品种和数量，经过70余年发展，现共有期刊23种。其中，《中国医刊》《中国临床医生杂志》《中国医学前沿杂志（电子版）》等12种期刊为中国科技核心期刊，《中国医学前沿杂志（电子版）》同时为北大中文核心期刊。《中国医刊》入选“百强报刊”“庆祝中华人民共和国成立70周年精品期刊展”，荣获“中国期刊方阵 · 双效期刊”“全国优秀科技期刊”等多项荣誉。“十四五”期间，人卫社通过多种途径，稳步扩大人卫系列期刊规模和品种，实现英文刊、纸质刊、电子刊、网络刊等多种形式的融合，有效推动人卫社期刊集群化发展，为医学科技创新作出贡献。

当前，期刊发展面临着重大的转轨、转型和数字化升级。我国拥有上万种期刊，如何由期刊大国转化为期刊强国，如何由综合实力强的出版企业办学术影响力大的期刊，实现强社办强刊目标，一直是人卫社努力的方向。

在推动期刊发展中，人卫社始终坚持8条原则：

第一，要坚持为人民服务的宗旨，坚持正确的政治方向和出版导向，把社会效益放在首位，实现社会效益和经济效益相统一。认真做好意识形态管理和每年的主题出版专题工作。

第二，要注重调查研究，广泛听取意见建议，制订科学的期刊发展战略规划。通过多种途径，扩大人卫社系列期刊规模和品种，实现英文刊、纸质刊、电子刊、网络刊等多种形式的融合，有效推动人卫期刊集群化持续发展。

第三，要找准期刊的定位和发展方向，对标国际一流期刊的建设标准，补短板、强弱项、明优势，持续提升品牌影响力，为培养医生能力、提升医生素养搭建一个完善的学术平台，努力将人卫系列期刊打造成国内一流、国际有影响力的医学专业优质期刊。

第四，要从稿件组织、审稿、编辑加工等全流程把关，坚持科学的出版导向，同时从人类发展的格局、科学发展的格局、健康发展的格局把好期刊前沿、趋势、交叉、融合、精准的发展方向。

第五，要体现和推动“四大结合、两大融合”的发展理念，即加强基础医学和临床医学的结合，临床医学和公共卫生预防医学的结合，预防和治疗的结合，中医和西医的结合；加强临床医学和医学人文的融合，医学和理工、管理的融合。

第六，稳步扩大人卫期刊精品阵营，进一步提高人卫社系列期刊的影响因子、被引频次等学术计量指标；持续提高期刊质量，提高文章的入选门槛，完善文章退稿机制，做好重点专题文章的组织策划。

第七，充分发挥编委会专家的作用，注重编委会的培养，建设一支高水平的审稿专家队伍。

第八，推动期刊数字化转型升级，打造人卫社期刊数字化知识服务出版平台，增强期刊出版市场运营能力和国际竞争能力。非常欣慰的是，人卫系列期刊之《全球健康杂志（英文）》入选中国科技期刊卓越行动计划二期英文梯队期刊项目，这是人卫社强社强刊工程的一大突破。

参考文献：

［1］ 杜贤．“后疫情”时代的总编辑出版战略［J］．中国编辑，2020（10）：34–38.

［2］ 杜贤．新时期出版社总编辑的地位和作用［J］．科技与出版，2015（02）：35–39.

［3］ 范燕莹．人卫社：用高度自律构筑质量保障［N］．中国新闻出版广电报，2020–11–16（06）．

［4］ 杜贤．出版基金东风吹生精品力作［N］．中国新闻出版广电报，2018–01–24（03）．

第六章

全方位全周期，以高质量健康科普出版服务人民健康

健康科普是人卫社作为卫生健康专业出版社的大社之责，我们致力于弘扬科学精神，遵循科学规律，构建全民健康促进出版体系；致力于普及健康知识，强调每位专家都是科普工作者，每位公民都是自己健康的第一责任人，传播健康理念，提升健康素养；致力于提升健康科普质量，遵循科普工作规律，始终把科学性原则放在最重要的位置；致力于加强健康教育，促进健康科普出版物进社区、进家庭、进校园、进工厂、进农村、进军营、进机关，积极应对人口老龄化，加强妇女儿童老人保护，加强患者健康教育；致力于提倡健康生活，提倡文明健康、绿色环保、低盐少油、强身健体的生活方式；致力于建设健康环境，促进爱国卫生运动，倡导爱护自然、保护环境，人与自然和谐共处。人卫社努力做精做强健康科普出版，全方位全周期服务保障人民健康。

一、着眼国之大者，服务健康中国

（一）健康是中国人民的共同愿望

人民健康是每一个人成长和实现幸福生活的重要基础。党的十八大以来，以习近平同志为核心的党中央把维护人民健康摆在更加突出的位置。习近平总书记多次强调——

“确保人民群众生命安全和身体健康，是我们党治国理政的一项重大任务。”

“推进健康中国建设，是我们党对人民的郑重承诺。”

“人民至上、生命至上，保护人民生命安全和身体健康可以不惜一切代价！”

“建设健康中国，既要靠医疗卫生服务的‘小处方’，更要靠社会整体联动的‘大处方’，树立大卫生、大健康的观念，把以治病为中心转变为以人民健康为中心，关注生命全周期、健康全过程。”

“健康是 1，其他都是后面的 0。1 没有了，什么都没有了。”

……

这些重要论述，充分说明健康对人全面发展的重要性，卫生健康事业发展在中国发展全局中的重要性。

2016 年，中共中央、国务院印发《“健康中国 2030”规划纲要》，提出健康是促进人的全面发展的必然要求，是经济社会发展的基础条件。实现国民健康长寿，是国家富强、民族振兴的重要标志，也是全国各族人民的共同愿望。

2017 年，党的十九大报告中指出：“人民健康是民族昌盛和国家富强的重要标志。要完善国民健康政策，为人民群众提供全方位全周期健康服务。”党的十九大作出了实施健康中国战略的重大决策部署，充分体现了对维护人民健康的坚定决心。

2019 年，为积极应对突出健康问题，关口前移，有效干预，努力使群众不生病、少生病，提高生活质量，延长健康寿命，《国务院关于实施健康中国行动的意见》（国发〔2019〕13 号）《健康中国行动（2019—2030 年）》等重要文件发布，明确提出 15 项重大专项行动，促进以治病为中心向以人民健康为中心转变。15 项行动的第一项任务是实施健康知识普及行动。

2022 年，党的二十大报告中指出，推进健康中国建设。人民健康是民族昌盛和国家强盛的重要标志。把保证人民健康放在优先发展的战略位置，完善人民健康促进政策。

2024 年，党的二十届三中全会通过的《中共中央关于进一步全面深化改革、推进中国式现代化的决定》指出，深化医药卫生体制改革。实施健康优先发展战略。

（二）“两翼理论”指引：科学普及与科技创新同等重要

科普是全社会的共同事业。2016 年，习近平总书记在“全国科技创新大会、中国科学院第十八次院士大会和中国工程院第十三次院士大会、中国科学技术协会第九次全国代表大会”上指出：“科技创新、科学普及是实现创新发展的两翼，要把科学普及放在与科技创新同等重要的位置。没有全民科学素质普遍提高，就难以建立起宏大的高素质创新大军，难以实现科技成果快速转化。”“两翼理论”为科普工作注入了强大的动力，为科普发展插上了飞翔的翅膀。

党的二十大报告明确要求“加强国家科普能力建设”“培育创新文化，弘扬科学家精神，涵养优良学风，营造创新氛围”。2021年6月，国务院印发《全民科学素质行动规划纲要（2021—2035年）》；2022年8月，科技部、中宣部、中国科协共同编制《“十四五”国家科学技术普及发展规划》；2022年9月，中共中央办公厅、国务院办公厅印发《关于新时代进一步加强科学技术普及工作的意见》。一系列关于科普工作的重要论述和文件精神，为新时代健康科普工作高质量发展指明了方向。

（三）出版深度融合加快推动科普出版发展

2021年，国家新闻出版署印发《出版业“十四五”时期发展规划》，提出要打造一批新时代科技类出版精品，其中包括面向人民生命健康需求，反映科技前沿和代表国家科技实力的出版精品，推出一批弘扬科学精神、普及科学知识的科普读物。此外，壮大数字出版产业，着力推出数字出版精品，大力发展数字出版新业态，打造数字出版新产品新服务新模式。在《出版业“十四五”时期发展规划》指导下，推动健康科普读物原创精品出版、打造数字出版内容精品出版物为题中应有之义。

2022年，中宣部印发了《关于推动出版深度融合发展的实施意见》。国家加快推动出版深度融合发展，构建数字时代新型出版传播体系，为出版单位探索融合发展新模式、新业态、新领域提供了行动指引。

系列重要文件对健康科普图书出版形成了明确的政策导向。面向家庭和个人普及预防疾病、早期发现、紧急救援、及时就医、合理用药等维护健康的知识与技能；建立并完善健康科普专家库和资源库，构建健康科普知识发布和传播机制；增强医疗卫生机构和医务人员开展健康促进与教育的能力，提升全国居民健康素养，健康科普出版责无旁贷。

人卫社一直高度重视健康科普出版，面对纷繁复杂的市场竞争，始终坚持科学导向，把健康科普作为“大社之责”，创新务实地做好健康知识与文化传播，全媒体、全方位、全周期服务人民健康，为建设健康中国贡献力量。

二、牢记大社之责，构建健康知识服务体系

人卫社将健康科普出版重点从以治疗为中心转向以健康为中心，积极建设健康科普出版知识服务体系和全民健康促进基地，以促进和保障人民健康为根本，加强创新融合，满足人民群众多层次、多角度、多样化的健康知识需求，助力实现健康中国战略目标。

坚定贯彻落实《关于新时代进一步加强科学技术普及工作的意见》，以满足公众需求为导向，持续提升科普作品原创能力。依托现有科研、教育、文化等力量，实施科普精品工程，聚焦“四个面向”创作一批优秀科普作品，培育高水平科普创作中心。鼓励科技工作者与文学、艺术、教育、传媒工作者等加强交流，多形式开展科普创作。运用新技术手段，丰富科普作品形态。支持科普展品研发和科幻作品创作。加大对优秀科普作品的推广力度。近年来，人卫社紧密围绕健康科普优秀作品建设和人民健康需求，致力于构建健康科普知识

服务体系，提升健康科普知识服务能力和质量。

（一）打造重点出版工程，强化健康科普优质内容供给

围绕国家卫生健康工作大局，服务健康中国战略，人卫社聚焦《健康中国行动（2019—2030年）》和“十四五”时期国家公共卫生体系建设新要求，充分利用人卫社专家咨询委员会和健康科普专家资源，在“十四五”发展规划中设立“健康中国行动”和国家公共卫生出版工程。该工程明确要利用图书、杂志、新媒体平台等立体化宣传途径，全面落实《人民卫生出版社“健康中国行动”实施方案》，倡导个人是健康第一责任人，培养健康生活方式；围绕国家公共卫生体系建设的新变化，建设并逐步完善人卫公共卫生图书出版体系，织牢织密公共卫生防护网。

以人民健康需求为牵引，着重增强健康科普优质内容的供给能力。一方面，针对健康科普能力不足的突出问题，着重加强面向政府及卫生健康行业的行政人员、宣传教育一线人员、健康服务执业者能力提升的选题策划。如加强家政从业人员、老年照护从业人员、孕产妇照护以及婴幼儿照护相关执业人员培训用书的策划及出版等。另一方面，紧密结合健康中国15项重点工程，着力加强面向人民群众的精品科普选题策划。如全方位干预健康影响因素的选题，重点突出健康知识普及行动、合理膳食行动、全民健身行动、控烟行动、心理健康促进行动、健康环境促进行动等相关选题；维护全生命周期健康的选题，重点突出妇幼健康促进行动、中小学健康促进行动、职业健康保护行动、老年健康促进行动相关选题；防控重大疾病选题，重点突出心脑血管疾病防治行动、癌症防治行动、慢性呼吸系统疾病防治行

动、糖尿病防治行动、传染病及地方病防控行动等相关选题。

（二）发挥重点产品的牵引作用，不断推出健康科普精品力作

人卫社以实施健康中国战略为主线，以促进和保障人民健康为根本，围绕《健康中国行动（2019—2030）》，在疾病保健、孕产育儿、营养膳食、中医养生、医养结合、康养结合和积极应对人口老龄化等多领域打造畅销、长销科普书。每年出版权威健康科普图书百余种，人卫社科普图书荣获国家科技进步奖、“中国好书”、全国优秀科普作品、向全国老年人推荐优秀出版物等诸多奖项，创造了突出的“双效益”。

如《中国居民膳食指南（2016）》专业版和科普版自2016年5月出版至2022年8月，共印制近90万册。《中国居民膳食指南（2022）》2022年4月出版至2024年底，已印制35万册。此书已经成为健康科普领域的权威出版物，一经出版得到社会各界的广泛关注和传播，成为健康科普出版引领健康生活的典范。

又如“相约健康百科”丛书是人卫社近年来重点打造的健康科普出版物。丛书入选中宣部2024年主题出版重点出版物选题、2024年国家出版基金专项主题出版项目、2024年职工书屋特色品牌书屋采购目录，入围2023年度“中国好书”，人民日报、光明日报、新华网、健康报等国家及行业主流新闻媒体广泛宣传报道。丛书坚持高质量标准和创新驱动，取得了突出的“双效益”。

（三）“互联网＋精准传播”，构建全媒体健康知识发布和传播机制

人卫社充分运用新技术、新方法、新平台、新渠道，利用“人卫

健康”微信公众号等新媒体平台，建设人卫健康教育知识库，积极支持和参与健康知识进万家 APP 建设，实现“互联网 + 健康教育、健康传播和健康促进”。同时充分利用不同产品终端、不同媒介形式之间的互动协作，在科普知识打造和精准传播上下功夫，策划传播科学性、针对性、实用性强的健康科普图书和多媒体产品，让读者听得懂、记得住、用得上、传得广。

三、围绕“十五字要诀”，策划出版健康科普精品

人卫社围绕全生命周期人民健康需求，总结了健康科普出版选题应围绕“生、老、病、死、未，吃、喝、玩、乐、睡，衣、食、住、行、养”进行选题策划，即健康科普选题“十五字要诀”，提出人卫社的健康科普出版要坚持科学性，保障高品质，突出高品位，不盲从、不媚俗，坚决不能为了经济效益放弃社会责任；要用通俗易懂的语言、生动活泼的形式、“接地气”的方式，传播科学、实用的健康科普知识；要用发自心底对人民健康的关怀、尊重，讲好有温度的医学人文故事。本书略举几例，希望对同道们有所启发。

（一）灾难自救，让读者身临其境掌握科学知识

灾难来临时，谁来守护我们的健康和生命？首先要靠我们自己。医学家们从近年来发生的灾难的惨痛教训中发现，我国民众的逃生意识与自救技能相对薄弱。而救援实战经验告诉他们，90% 的生命救援来自家人、邻居、社区的自救与互救。因此，在全社会普及灾难逃

生意识与自救互救技能，极为重要和迫切。为了帮助更多的人在灾难降临时科学有效地自救、救人，帮助遇到灾难的家庭减少伤害和痛苦，人卫社和作者刘中民教授团队进行了“图说灾难逃生自救丛书”策划出版工作。丛书出版后，被多个中小学图书馆、社区、企事业单位、家庭收藏，发挥了重要的灾难自救科普教育作用，获得多个重要奖项，如被科技部评为2014年全国优秀科普作品，入选2015年国家新闻出版广电总局向全国青少年推荐百种优秀图书，获得2016年中华医学科技奖医学科普奖、2018年国家科技进步奖二等奖等，成为人卫社健康科普的代表性精品力作，该套丛书有以下经验值得总结：

1. 权威且具有高度科普责任感的作者团队

丛书主编刘中民教授是国内权威的医学学术组织——中国灾难医学分会主任委员、中国首支通过世界卫生组织认证的国际应急医疗队（上海）总队长。刘中民教授和他的团队把科普工作放在与科研创新同等重要的位置，投入很大的精力，调动社会各界资源，整体策划“图说灾难逃生自救丛书”。2013年5月丛书的第一本《地震》出版后，随即发往四川雅安地震灾区，帮助灾区人民自救。

2. 新颖且具有时代感的科普内容创作形式

“图说灾难逃生自救丛书”是国内第一部用漫画形式全面系统介绍灾难避险逃生自救的科普丛书，包含15个分册，涉及地震、水灾、火灾、交通事故、煤气中毒、高温、泥石流等我国较为常见的灾难类型，内容体现了系统性、全方位、广覆盖的特点。同时，丛书专门邀请了漫画绘制团队，绘制1 034幅原创漫画、写实漫画，让内容更加直观和生动，读者易学、易懂。此外，丛书出版了中小学生版，推出

6类多媒体衍生公益产品，让民众通过多个渠道学习灾难自救知识，让丛书的高质量内容发挥更大的社会价值。

3. 原创且具有引领价值的科普工作新方向

“图说灾难逃生自救丛书”填补了我国民众灾难逃生自救系统化科普的空白。通过对灾难逃生自救知识和技术的系统梳理，一是帮助读者较全面地掌握基本的避险救灾逃生技能，有助于灾难发生时，在灾难现场选择正确的逃生方式；二是帮助灾难救援专业人员加强灾难教育，采取正确的救助方式，减少人员伤亡，提高救援的成功率；三是通过丛书的出版，彰显了健康科普出版提升国民文明素质的作用。

（二）老年健康，以健康科普积极应对人口老龄化

老年医学和老年健康是人卫社出版选题的重要组成部分。多年来，尤其是在党的十九届五中全会明确提出“实施积极应对人口老龄化国家战略”后，人卫社把维护和促进老年健康作为出版工作的重中之重，积极落实促进“老有所养、老有所医、老有所为、老有所学、老有所乐”。

1. 认真领会落实积极应对人口老龄化国家战略

实施积极应对人口老龄化国家战略，是践行党的初心使命、坚持以人民为中心发展思想的重要体现，事关国家发展全局，事关百姓福祉。我国人口老龄化具有规模大、程度深、速度快、高龄化、空巢化、养老负担加重及未富先老等特点。我国是世界上老年人口规模最大的国家之一，也是世界上老龄化速度最快的国家之一。近年来，我国人口老龄化呈加速态势。据国家民政部、全国老龄办2024年10月

发布的《2023年度国家老龄事业发展公报》，截至2023年底，全国60周岁及以上老年人口为29 697万人，占总人口的21.1%，我国已进入中度老龄化。2021年，《中共中央 国务院关于加强新时代老龄工作的意见》《“十四五”国家老龄事业发展和养老服务体系规划》先后发布，成为我国积极应对人口老龄化、推动老龄事业和产业高质量发展的重要指导性文件。随后，国家卫生健康委等15部门联合印发了《“十四五”健康老龄化规划》，确定了协同推进健康中国战略和积极应对人口老龄化国家战略的目标。人卫社作为国家卫生健康委直属卫生健康专业出版社，深入学习领会、积极响应国家大政方针，不断为满足老年人健康需求、提升老年人健康水平而努力。

2. 做好维护和促进老年健康的选题顶层设计

人卫社围绕全面推进“健康中国”建设，深入开展卫生健康出版和知识服务，将积极应对人口老龄化国家战略作为出版社“十四五”规划的重要指导思想，将“积极老龄观、健康老龄化”理念融入出版工作全过程。落实“家庭是健康第一道关口”，重点打造“一老一小”出版项目，积极传播“公民是自己健康的第一责任人”理念，构筑家庭健康堡垒，提高全人群、全生命周期健康水平。在医学教育、医学学术方面出版精品力作，促进老年健康服务人员尤其是基层医务工作者工作能力的提升，及时总结出版老年医学研究成果等；重视在健康科普方面策划营养膳食、运动健身、心理健康、疾病预防、合理用药、康复护理、生命教育、应急救助等系列老年健康知识普及读物，同时充分利用微信公众号、视频号、数字平台等线上平台，以老年人喜闻乐见的方式多层次、多样化传播老年健康知识。

3. 持续提升老年健康知识服务能力和质量

人卫社出版的老年健康科普读物普遍获得行业认可，广受读者好评，自国家新闻出版署组织“向全国老年人推荐优秀出版物活动”以来，人卫社多种优秀读物入选，内容涉及老年人保健、就医、慢性病防治等方面。如“老年照护图解从书”是人卫社邀请权威医学专家专门针对老年人居家健康需求打造的一套科普读物，包括老年人养心、健脑、护肺、壮骨等6个分册，结合漫画及图解的形式详细介绍老年人居家生活、防病治病、自我照护及他人照护等方面的健康事项，让老年人在获得科学照护知识的同时，学习健康生活理念和培养更积极的生活态度。

人卫社在总结经验的基础上，不断探索创新扩大健康老龄化出版的深度和广度。在深度方面，深入挖掘健康知识需求，针对老年健康的各个方面策划出版健康读物，普及健康知识，内容包括高血压、糖尿病、冠心病等重点慢性病预防，阿尔茨海默病、帕金森病等神经退行性疾病预防，老年人高发恶性肿瘤预防，老年口腔、视觉、听觉、骨骼健康，老年人失能（智）预防等。在广度方面，不局限于国内权威专家编写的出版物，要积极引进国外优秀的老年健康读物；不局限于普及健康科普知识，也要努力打造适合老年人阅读的医学人文系列读物，满足老年人全方位的健康需求，努力实现以阅读为引领，共同构建起呵护老年人身心、维护和促进老年健康、关注老年生活的健康长城。

（三）人卫少儿，拓展出版领域服务中国儿童健康成长

1. 创立人卫少儿新业务板块

儿童健康事关家庭幸福和民族未来。《中国儿童发展纲要（2021—

2030年)》将保障儿童健康权益上升为国家意志，推进各级政府和社会更加支持儿童健康工作。为满足全生命周期健康需求和精神文化需求，人卫社于2020年成立少儿双创工作室。人卫少儿以“健康成长·健康中国”为宗旨，以打造人卫健康特色的少儿图书品牌为目标，遵循少儿出版规律，探索建立高效、创新、有活力、执行力强的出版运作机制，保障人卫少儿出版业务高质量发展。

人卫少儿工作启动以来，已经出版了适应不同年龄段少年儿童学习成长需要的健康科普图书百余种，同时兼具帮助儿童成长的多领域、多元化知识读物，以科学性、可读性、趣味性、实用性强的优质出版物促进少年儿童德智体美劳全面发展，更好地满足小读者不同成长阶段的知识学习、精神文化和健康成长需求，服务中国儿童健康成长。

人卫少儿积极发挥人卫品牌和资源优势，逐步构建具有人卫健康特色的少儿图书产品矩阵和专家团队，重点打造“健康成长·健康中国”“中医理念和知识”“复兴中华优秀传统文化”“啄木鸟”等系列出版项目，把人卫少儿的“健康成长系列图书”（传统纸媒）和“中国儿童健康成长在线”（数字内容）纳入国家“全媒体健康科普知识发布和传播机制”之中，推出符合不同年龄段少年儿童学习成长需要的优秀图书和内容服务。

2. 守护少年儿童的视觉健康

近年来，我国儿童青少年近视呈现高发、低龄化趋势。世界卫生组织曾有研究报告，中国近视患者人数多达6亿，青少年近视率居世界第一。党中央、国务院高度重视儿童青少年近视防控工作，习近平总书记从国家和民族未来的高度出发对儿童青少年视力健康问题作出重要指示，近视防控已上升至国家战略。2018 年，教育部、国家卫生健康委等 8 部门联合印发《综合防控儿童青少年近视实施方案》，并在《健康中国行动（2019—2030 年）》中对青少年近视防控提出了具体要求和防控指标。2020 年上半年，由于新冠疫情的全球肆虐，儿童青少年线上学习时间加长，户外活动减少，我国青少年近视防控工作面临严峻挑战。防疫期间，维持儿童青少年正常的学习活动，综合防控儿童青少年近视，关怀祖国未来身心健康非常重要，事关千家万户。

为加强推进政府、学校、家庭、社会落实近视防控“四方责任”，号召每个儿童青少年成为自己健康的主人，在国家卫生健康委疾病预防控制局的组织和委托下，由首届国家儿童青少年视力健康管理专家咨询委员会主任委员、首都医科大学附属北京同仁医院王宁利教授团队牵头编写的“全国儿童青少年防控近视系列手册”于 2021 年 4 月由人卫社出版。系列手册分为幼儿园、小学生、初中生、高中生 4 个分册，覆盖儿童青少年全学龄段；从不同年龄读者的特点出发，有针对性地整理了儿童青少年及家长最为关注的近视防控相关问题，包括眼睛是如何生长发育的、为何应建立屈光发育档案、如何保护远视储备、为什么不鼓励儿童过早使用电子产品、长时间近距离用眼后如何缓解视疲劳、如何延缓近视进展、近视矫正手术的相关知识等。图书在汇集国内外循证医学研究成果的基础上，以一问一答的形式，通过通俗易懂的语言和生动有趣的插画，在轻松的氛围中科学解答读者关心的用眼健康问题，普及近视防控知识。图书正式出版后，经“人卫健康”“人卫眼科”“眼界”等微信公众号传播报道，多位眼科医生、眼视光从业者宣传，获得社会广泛关注。

人卫社多年来积极开展眼视光科普图书产品的策划和出版，联合眼科、眼视光领域的知名专家学者，充分发挥专家优势，出版了一系列优秀的近视防控科普畅销读物，如《瞳瞳小朋友近视防控日记》《〈综合防控儿童青少年近视实施方案〉解读》《眼睛问题早知道》《青少年近视防控》《近视防控的误区及解惑》《儿童近视防控——从入门到精通》《学习网课时如何科学用眼防控近视》（中英文版）等，荣获多个奖项，实现了社会效益、经济效益双丰收。

一切为了人民健康，人卫社将继续努力为人民群众提供更多更好的健康科普精品力作，为提升国民健康素养、服务健康中国建设贡献科学普及的力量。

参考文献：

［1］ 中华人民共和国中央人民政府．中共中央 国务院印发《“健康中国2030”规划纲要》［EB/OL］．（2016–10–25）［2024–07–03］．https://www.gov.cn/zhengce/202203/content_3635233.htm.

［2］ 中华人民共和国中央人民政府．健康中国行动（2019—2030年）［EB/OL］．（2019–07–15）［2024–07–03］．https://www.gov.cn/xinwen/2019–07/15/content_5409694.htm.

［3］ 习近平．高举中国特色社会主义伟大旗帜 为全面建设社会主义现代化国家而团结奋斗——在中国共产党第二十次全国代表大会上的报告［M］．北京：人民出版社，2022.

［4］ 石硕．让科普与创新比翼齐飞［N］．人民日报，2017-12-18（20）．

［5］ 中华人民共和国中央人民政府．中共中央办公厅 国务院办公厅印发《关于新时代进一步加强科学技术普及工作的意见》［EB/OL］．（2022-09-04）［2024-07-03］．https://www.gov.cn/zhengce/2022-09/04/content_5708260.htm.

［6］ 杨舒．新时代推进科普工作系统布局已形成：专家解读《关于新时代进一步加强科学技术普及工作的意见》［N］．光明日报，2022-09-06（08）．

［7］ 杜贤．健康阅读 助力老年健康［J］．新阅读，2022（07）：10-11.

［8］ 杜贤．为祖国的未来打赢视力保卫战［N］．中国出版传媒商报，2021-07-02（18）．

［9］ 杜贤．共筑光明未来［N］．中国新闻出版广电报，2020-04-23（25）．

［10］ 杜贤．“图说灾难逃生自救丛书”：让读者如临其境学自救［N］．中国新闻出版广电报，2019-07-25（09）．

第七章

坚定不移，持续探索数字融合发展新模式

在数字化转型升级的浪潮中，人卫社始终以其深厚的传统出版底蕴和开拓创新精神，积极探索数字融合的新路径。自2013年起，人卫社以“健康中国，数字人卫”为核心理念，以构建智能智慧终身服务为目标，通过顶层设计、统筹规划、快速迭代，推动数字出版转型升级和媒体融合向纵深发展，出版首套国家级医学数字教材，建设中国医学教育慕课平台、“人卫健康”新媒体平台、中国临床决策辅助系统及“人卫助手”系列APP等多项重点工程，实现了观念、体制、机制、人才、服务等全方位融合，持续探索走出了一条具有人卫特色的深度融合创新发展之路。

然而，人卫数字融合工作并非一帆风顺，面临资源建设与管理、版权保护、作家资源维护、技术能力不足、复合型人才不足等诸多挑战，人卫社规划先行，持续创新数字融合业务管理体制机制，积极拓展与国内领先技术企业的战略合作，努力构建高效、互动、开放的数字出版生态系统。

一、坚持统筹规划，构建“互联网 + 出版”融合新格局

2013 年，人卫社为推动数字化转型，制定了《人民卫生出版社数字出版战略规划（2013—2020）》，提出了“124811”战略，即一大引领：健康中国、数字人卫；两大目标：国内领先、国际有影响力；四大战略：全领域战略、整体转型战略、公司化战略、持续创新战略；八大工程：中国医学数字出版和国际化信息平台、中国医学教育数字出版平台、中国健康科普数字出版平台、人卫医学百科数据库、人卫医学电子书城、人卫内容生产与管理平台、人卫数字印刷基地工程、中国医学教育慕课平台；十一大领域：医学学术、医学教育、医学考试、健康科普、电子书、APP、报刊出版、数字印刷、国际化、创新拓展、技术和营销。多年来，人卫社不忘初心、牢记使命，坚守主业、多元拓展，不断加快数字转型、迭代升级，科技创新、融合发展。

惟创新者进，惟创新者强，惟创新者胜。紧密围绕出版融合发展，人卫社从“相加”到“相融”狠抓落实，向着“融为一体、合而为一”迈进，塑造“人卫数字”品牌，融合发展工作取得显著成绩。人卫社连续获得多项文化产业发展专项资金、中央国有资本经营预算资金支持，多项数字平台及产品荣获奖项及赞誉。2018 年全国数字出版转型示范单位动态评估综合评价显示，人卫社在全国各出版传媒单位数字出版转型升级综合指数排名第五位，在全国出版单位中排名第一，在知识服务类排名第一。人卫社数字融合收入近年来保持较快增长，数字融合收入已超 1 亿元，观念、体制、机制、人才、服务等融合取得实效，实现了社

会效益和经济效益双丰收。

基于人卫社推动数字融合的具体实践，我认为有以下 5 方面经验值得总结：

（一）全员建立“互联网＋”的发展观念

人卫社的出版主业具有悠久的历史、辉煌的业绩和强劲的发展势头，在此背景下，为什么一定要推动数字融合？为什么要在大家工作压力都比较大的前提下，增加数字融合的新工作任务？为什么要改变已经很成熟的工作模式和流程？……在推动数字融合之初，同事们提出了诸多质疑。“做还是不做？”是摆在人卫社领导班子面前的一个重大问题。人卫社领导班子进行了认真的政策学习和深入的调查研究，组织召开中层干部研讨会，逐步统一认识、建立共识，最终明确通过顶层设计、建章立制，“全社一盘棋”协同推进数字融合工作，在集团层面实现了思想观念的深度融合。具体举措包括：一是将数字出版转型升级作为“一把手”工程，成立由“一把手”牵头的新兴媒体出版战略规划和信息化工作委员会，全社、全面、全程、全员立体协调。二是成立智慧数字中心这一职能管理部门，统筹协调全社数字化转型升级融合发展工作。三是成立自主经营自负盈亏的全资子公司人民卫生电子音像出版社有限公司（以下简称“人卫电子音像公司”）和北京人卫智数科技有限公司（以下简称“人卫智数科技公司”），创新母子公司协同管理机制，制定管理办法和制度，科学精细管理。两家数字出版子公司现均获得高新技术企业认定，不仅承担起了集团数字化融合的主体任务，同时实现了自身的高质量发展。四是将融合工作情况纳入各业务部门的考核指标，把“可融可不融”转变为“必须融”。

（二）为数字融合统筹全社资源

随着数字出版转型升级的持续深入，对资源融合的要求不断升级。在内容资源层面，人卫社通过对现有内容资源的版权清理、数字化转换、多样化产品生产等，探索全媒体、全版权内容资源挖掘利用，建立“内容为王”的新载体和转化平台，努力实现内容资源价值最大化。在编辑资源层面，建立部门间编辑协同工作机制，培养编辑的互联网思维、资源整合和应用能力，打造出符合媒体融合时期新要求的新型编辑队伍，实现编辑资源总动员。在专家、作者资源层面，推动专家从文字编著向富媒体资源编著、在线创作转化，由医学专家、数字专家、教育专家和技术专家融合共建创作团队，通过创客形式推动“作者—编辑—读者”的团队融合、思维融合、出版融合。在组织机构层面，组建全国高等学校医学数字教材建设指导委员会和相关专家委员会、中国医学教育慕课联盟，联盟、平台、基地融合对接。在用户资源层面，实现了统一用户管理，坚持以用户为中心，致力于向用户提供终身服务，通过大数据对用户进行画像及分析，精准满足用户需求，不断深挖用户潜力。在对外合作层面，人卫社先后与百度、腾讯、阿里健康、科大讯飞、北大方正、中国移动、丁香园、健康界等互联网企业达成战略合作，进一步提升人卫社数字平台和产品的服务能力，形成了内容为“王”、技术为“介”的创新合作模式，实现了“内容服务＋技术服务＋互联网服务”的较好融合。

（三）构建卫生健康数字融合服务体系

作为传统出版强企，人卫社在各业务领域积累了丰富的资源，建立了用户认可的品牌价值基础。人卫社以“人卫 e 教”、中国医学教育题库、人卫慕课、思政案例库、教学素材库等为抓手，构建“互联网＋教育”医学教育数字融合服务体系；以“人卫助手”APP、人卫临床知识库、人卫电子书等为抓手，构建“互联网＋学术”医学学术创新数字融合服务体系；以“人卫健康”微信公众号、健康知识库等为抓手，构建“互联网＋健康科普”大众健康数字融合服务体系；以医考课堂、药考课堂等为抓手，构建“互联网＋考试”国家级考核评价数字融合服务体系；以“中医走出去文库”等为抓手，构建“互联网＋国际”数字融合服务体系等。

（四）探索建设数字出版规范和标准

人卫社将成立70余年来形成的“九三一”质量控制体系全面复制到数字出版体系中，从选题源头开始推动数字出版的供给侧结构性改革，优化融合选题，培养融合作者，整合融合资源，精编融合内容，优选融合技术，遴选融合平台，坚持内容为王，严格三审三校，严格质控质检，严把质量关口，打造人卫数字融合品牌。同时，参照国家数字出版管理规定，总结人卫社数字化转型的经验与不足，形成了一整套数字出版质量控制体系和质控标准，包括《人卫社医学数字资源制作技术标准》《人卫融合教材增值服务制作标准和相关技术标准》《人卫慕课课程建设标准》《人卫社数字资源建设评价办法及验收标准》《人卫社数字产品稿酬支付标准》等，不断加强数字产品内容、流程和新兴业态的质量控制，力争提炼并升华为行业标准，打造“人卫品牌＋”数字出版规范和标准，实现融合发展的全面服务、全面转型、全面效益。

（五）下好新时代融合发展的先手棋

未来时代是数字时代，是大数据、人工智能和人类智慧交互融合、创新创造的时代，更是媒体“全程、全员、全效、全息”深度融合纵深发展的时代。出版人要以新思想为引领，紧紧抓住中华民族伟大复兴之战略全局和世界百年未有之大变局的新机遇，以媒体融合发展拥抱未来，下好新时代创新融合发展之先手棋，继续写好深度融合纵深发展这篇大文章。

尤其是新冠疫情暴发时期，凭借传统出版和融合出版形成的应急出版体系，人卫社经受住了大考，形成了纸数同步出版、电子版优先发布、纸质版精准推送、国内外同步传播的“互联网＋抗疫出版”的深度融合发展新模式。纸质数字融合、线上线下交互、国内国际互动的数字出版体系谱写了“执笔出征、出版上阵、知识服务、科学战‘疫’”的主题华章，形成了“互联网＋出版＋科普＋学术＋教育”的纵深融合发展新格局。这充分说明了数字融合出版的资源、产品和平台优势，充分证明了利用移动互联网和物联网重构网上出版生态链、产业链、营销链、社区链的重要意义，充分昭示了数字出版融合发展开创未来出版新时代的勃勃生机和强大活力。

二、坚持创新驱动，九步迭代融合逐步深入

人卫社以习近平新时代中国特色社会主义思想为指引，深入学习贯彻落实党的十八大以来习近平总书记关于媒体融合发展重要讲话精神，探索出版深度融合发展的机制、体制、模式和治理体系，在总结

传统出版、电子音像出版、数字出版和近年来全面深度融合发展的实践经验和标准规范的基础上，形成了“三步跨越、四步迈进、九步迭代”融合发展的深度融合创新之路，创新推动传统出版和新兴出版的深度融合发展。

(一) 第一步迭代：国家级医学数字教材建设

2013 年，人卫社创新启动和率先出版了国内首套国家级医学数字教材建设，引领医学教育手段方法变革和教学模式创新。在人卫社的推动下，30 多位院士、150 多所院校、1 300 余名专家学者共同努力塑造经典，以中国医学教育“干细胞”教材——全国高等学校五年制本科临床医学专业第八轮规划教材为蓝本，全面开展医学数字化教育的探索和研究工作。

(二) 第二步迭代：中国医学教育慕课联盟及平台建设

2014 年，人卫社发起组织成立中国医学教育慕课联盟，搭建全球首个医学专业慕课平台——“人卫慕课”平台，开启了中国医学慕课元年。中国医学教育慕课联盟组织全国医学高等及职业院校参与，涵盖各相关院校和科研院所、学会协会等，联盟单位之间初步实现学分互认，在推动优势资源共建共享、促进医学教育教学改革和培养卓越医学人才方面发挥了重要作用。集中优势教育资源建设优质医学专业慕课课程，利用“人卫慕课”平台发布课程，促进优势教学资源全国范围内的共建共享，促进医学教学和人才培养模式的创新与变革，促进医学教育公平的实现，促进卓越医学人才的培养。中国医学教育慕课联盟、“人卫慕课”精品课程和“人卫慕课 2.0”平台、中国医学数字教育示范基地的建设，全面推进了“互联网+医学教育”创新模式。

（三）第三步迭代：人卫开放大学规划和建设

2015年，人卫开放大学正式启动建设。人卫开放大学以“互联网+”和“建设一流大学和学科”两大战略为支撑，以“互联网+医学教育+医学出版”为发展方向，坚持“校社联手、资源整合、共建共享、学分互认、开放共赢”的发展理念，推进医学教育“网络化、数字化、个体化、终身化”从服务院校教育入手、向继续教育延伸、服务公共卫生事业、促进全民健康教育，是实现跨单位、跨领域、跨空间的数字化、整合化、开放化的在线医学教育平台。

（四）第四步迭代：人卫融合出版建设和发展

2016年，人卫社试点“一书一码”和融合教材建设，坚持“以学生为中心、以课程为基础、以纸质为载体、以网络为纽带、以融合促共享”的理念建设人卫融合教材，通过纸质内容和数字内容的有机互动，从原来教材图文平面的内容拓展为更鲜活、更立体的融合内容，丰富的课件、微课、试题、音频、视频动画、AR、VR等数字内容加入了人卫融合教材，打造了一套“会讲课”“会说话”“会考试”的高质量立体教材，实现了纸媒与数字、线上与线下连接互动的教材服务模式创新。

（五）第五步迭代：人卫健康医疗大数据智慧平台建设

人卫健康医疗大数据智慧平台以“健康中国，数字人卫，智育内容，智慧平台，智能服务，全程终身”为指导思想，成为人卫社实现由传统医药卫生出版者向医药卫生信息综合服务提供者转型的重要支撑，也是人卫社围绕中心，服务大局，落实国家推动健康医疗大数据融合共享、开放应用，规范“互联网+健康医疗服务”的平台抓手。2016年，人卫健康医疗大数据智慧平台“医学学术”子平台——中国临床决策辅助系统正式上线。中国临床决策辅助系统，即“人卫助手”系列知识服务数字平台（目前包含人卫临床助手、人卫用药助手、人卫中医助手、人卫 inside 和人卫 CDSS）以提升基层医疗服务能力为重点，以助推医疗信息化为目标，以智能检索、大数据应用、人工智能等现代信息技术为支撑，面向广大基层医务工作者和人民群众，提供高质量、智能化、实用性、指导性、创新性的中西医临床决策参考和合理用药指导。人卫 inside 知识库自 2020 年投入市场，截至 2024 年 8 月，已在全国近千家医院和区域医疗机构安装部署，助力多家医疗机构通过电子病历系统功能应用水平分级评价五级及以上评审，知识服务总服务用户超过 200 万医务工作者，并积极参与国家健康扶贫、科技扶贫和精准扶贫工作，受到广大基层医务工作者和人民群众的广泛好评，入选国家新闻出版署数学出版精品遴选推荐计划。

（六）第六步迭代：人卫医学 AR、VR、MR 及 3D 数字出版研发

人卫医学 AR、VR、MR 及 3D 数字出版充分利用前沿技术研发建设系列虚拟仿真软件，如人卫眼视光虚拟仿真实训系统（眼视光 VR）、助产虚拟仿真实训系统、人卫 3D 解剖学软件。AR、VR 和 MR 等先进技术以及人机交互完美结合的沉浸式体验，让医学生和医师如同置身真实的实验室或临床场景，解决了传统实验教学资源不

足、沉浸感不强、互动性不佳等问题，有效提升了其实际操作能力和临床实践能力。

（七）第七步迭代：健康 AI、人工智能迭代

在医学人工智能技术基础层面，人卫社数字化教材“牵手”科大讯飞“智医助理”机器人，在 2017 年国家执业医师考试中取得了 456 分的好成绩，这一成绩大幅超过当年临床执业医师考试合格线，标志着在医学专业认知智能技术研发方面取得的显著进展。此外，在人卫医学考试辅导系统、中国医学教育题库等项目中，人卫社积极应用人工智能机器学习、自然语言处理等技术。在医学人工智能技术应用层面，人卫社已经在“人卫助手”系列知识服务数字平台中探索人工智能技术场景化“落地”，如在“人卫临床助手”APP 中建设“智能诊疗”系统，在“人卫用药助手”APP 中建设“智能问药”系统，通过大数据与人工智能技术推动临床决策辅助支持系统更加科学化、智能化。

（八）第八步迭代：5G、万物互联、区块链创新技术探索

5G 浪潮席卷而至，用中国智慧、中国力量、中国方案助推互联网升级，构建了网络空间的命运共同体。从“见字如面”到“万物互联”，再到区块链创新技术，“网络强国”在“快车道”上快速前进时，人卫社积极探索 5G 技术提升平台和产品用户体验，让优质内容精准投送，让融媒体内容投放更高效。探索区块链技术打通数据信息的流通，消除多个平台和产品间的数据“孤岛”和数据“烟囱”，推动建立数字版权全生命周期服务体系，在电子书发行领域加快研发数

据“指纹”，打通版权维权的最后一公里。

（九）第九步迭代：“卫生健康出版+人工智能”大模型

强人工智能的曙光昭示着此前的传统出版和数字出版模式的深刻变革，只有积极拥抱、积极融入，才能争取主动。出版领域正处于人工智能出版（P-AI）新阶段，即“出版（Publish）+人工智能（AI）”。无论何种人工智能，均需融入思想、策划、内容、规则、版权、意识形态。第一是思想。人类的思想是AI思想的源泉，是AI赖以生成和重构的根源。无论什么样的人工智能，它都需要思想的灌注和培训，这种思想来源于人类文化。AI的思想要注重意识形态的把关，要把反映人类先进文化、主流价值观的思想注入AI。第二是策划。人类的策划是AI构造的基础，是AI赖以生存和创造的根基。第三是内容。人类的知识是AI学习的核心，是AI赖以演进和升级的阶梯。第四是产权。人类的产权是AI产权的原权，是AI赖以授权和再构的资源。第五是规则。原创的规则是AI赋能的标准，是AI生态规则的制定者。第六是意识。人类意识形态决定AI意识形态，是AI性质任务目标的核心。出版者，作为内容生产者和知识提供者，必须在思想引领、编辑策划、知识生产、版权、技术规则和意识形态方面严格把关。因此，“Publish”和“AI”可深度融合、彼此成就，从而构建“P-AI”的出版新模式。

三、坚持深度融合，持续打造数字出版新业态

近年来，全球数字出版产业发展势头依旧迅猛。国外，传统出版与数字出版的融合继续深入，数字出版市场表现抢眼，数字终端不断有新的突破，行业内部整合与企业间合作趋势日渐明显；国内，政府主管部门对产业引导力度不断加强，数字出版产值跃升新高，传统出版单位数字化转型步伐进一步加快，数字出版内容平台建设多样化特征明显，移动互联网上升为主要传播渠道。“数字出版是出版行业未来重要发展方向”已经成为出版行业的普遍共识，推动由传统出版商向信息服务提供商的数字化转型已成为许多大型出版企业的重要发展战略。

作为科学技术和医学出版（Scientific, Technical and Medical Publish, STM）重要分支的医学出版，无论在国内和国外都处于整个出版行业数字化转型的前沿，医学出版的数字化转型升级正在从技术服务商主导模式向出版企业主导模式转变。人卫社作为国内规模大、综合实力强的国家级医学专业出版社，高度重视数字出版工作，依托在卫生出版领域的品牌优势、专业优势、资源优势，通过创新体制机制、加大资金投入、丰富产品门类、探索盈利模式，进行了大量实践与探索。

（一）“学术”“教育”“大众”并举，全面拓展数字业务

在研究国际数字出版成熟模式、借鉴互联网界运营方式的基础上，人卫社不断学习创新，自主研发了一系列数字产品，尝试了多种数字化经营方式，奠定了较为坚实的业务基础。人卫社的数字出版业

务涉及学术、教育和大众三方面。

1. 学术出版领域

学术出版是人卫社的立社之基。在学术数字出版领域，人卫社主要开展了数据库、在线服务、电子书形式的数字出版。

2012年，人卫社依托全部专业出版资源，基于自主开发的医药学语义技术，推出了“西医图书数据库”“临床病例数据库”“医学诊疗指南数据库”“临床药物数据库”“医学视频数据库”“医学图表数据库”等系列数据库。数据库包括各类专著3 000多种，诊疗指南200多种，临床病例5万多例，专业视频近1万段，医学图表70多万幅，并且保持每年更新图书500本以上。“人民卫生出版社西医图书数据库”荣获第五届中国数字出版博览会最佳作品奖。

2013年，人卫社开发了“在线参考书”出版平台，平台支持多媒体内容对纸书内容的拓展，实现实时内容更新，将图书阅读的模式更新成为在线服务。

2. 教育出版领域

人卫社的医学教材和医学考试用书一直处于市场领先地位。面对数字化浪潮，人卫社重点在E-learning、教学资源库、网络增值服务三大领域扎实开展数字出版业务。

2008年起，人卫社开始实践E-learning在医学考试服务领域的应用。作为国家医学考试中心唯一官方合作出版机构，人卫社依靠各方资源，搭建了“护士资格考试培训”“执业医师资格考试培训”“医学职称考试培训服务”平台。这一平台集权威名师授课、独有核心题库、在线精准答疑、最新考试资讯四大特点于一体，大幅提高考试辅导效果，使考试通过率超越平均水平30%以上，受到考生和医学院校的广泛欢迎。

2010年，人卫社推出了“医学教学素材库”。这是一款集优质、海量医学素材和强大、便捷管理系统为一体的数字化产品。它整合了人卫社多年积累的丰富医学教学资源，得到了政府部门的有力支持和20多所医学院校的积极参与，形成了资源海量、内容权威、形式多样、功能强大的数字化教学服务。“医学教学素材库”提供本科与中高职两种版本，内容覆盖基础医学、临床医学、护理学、口腔医学、医学影像、医学检验、康复医学、药学等重点学科，共收录素材10万多条，包括图片、视频、动画和音频类型素材。“医学教学素材库”的成功运营，标志着人卫社的电子音像业务率先完成了数字化转型。

早在2000年，人卫社即开始尝试多媒体出版与传统出版的结合，为纸质教材编制配套光盘，帮助教师和学生更好地利用数字多媒体教学和学习资源，到2011年实现了人卫社规划教材配套光盘全面覆盖。2013年起，以全国高等医药院校五年制本科临床医学专业规划教材为起点，依托政府资助项目——“中国医学教育数字出版平台”项目，开发建设了“图书网络增值服务平台”，全面开展教材的立体化出版尝试。增值服务将读者与教材、数字资源“一对一”绑定，实现读者随时随地获取知识信息，为教师、学生提供更加完善的学习服务。贯彻“早临床、多临床、反复临床”的基本原则，推出教学课件、临床技能操作示教、案例教学等12类资源，帮助教师更好地准备教学素材，提高教学效率与效果，帮助学生更好地利用数字学习方式，提高学习效率。利用网络载体，实现纸质教材与数字资源无缝对接，助力立体化数字课堂建设，帮助教师、学生扩展知识视野，丰富知识储备，完善知识结构，提升教学效率，推动医学专业教育改革数字化建设新发展。

3. 大众出版领域

在大众出版领域，人卫社主要围绕健康科普开展健康网站、在线百科数据库和电子书方面的数字出版。

人卫社在“人卫医学网”开设“健康频道”，围绕常见疾病和热点健康话题向大众介绍健康科普知识。“人卫医学网”健康频道作为国家卫生健康委官方新媒体平台——“健康中国”的重要内容支撑，为其提供健康科普内容信息。此外，人卫社依托专著资源和数据库平台，建设了“人卫医学百科数据库”，为公众免费提供医学科普知识，该平台于2014年10月上线。我们还与多家电子书平台合作，将科普图书进行多渠道发布。

（二）从电子音像到“人卫云”的三大历史发展阶段

数字出版必然基于传统出版，脱离了传统出版，数字出版也就成了无源之水、无根之木，“数字化转型升级”更加无从谈起。截至2024年，人卫社实质性的数字出版业务已有17年的历史，但其基础则是30余年来的电子音像出版和70余年来的传统图书出版。基于此，可将人卫社的数字化历程归纳为3个阶段，即电子音像出版阶段、数字出版起步阶段和数字出版转型升级阶段。

1. 电子音像出版阶段

第一个阶段是1995—2007年，为电子音像出版阶段。在这12年中，人卫社承担了全部“卫生部医学视听教材”和“卫生部医学CAI课件”的出版工作，出版的1 000多种视听教材和数百种CAI课件全部列入了国家“九五”“十五”“十一五”和“十二五”音像和电子出版物出版规划，先后荣获国家音像制品奖、中国出版政府奖等多项国家级出版奖项。

2. 数字出版起步阶段

第二阶段是2008—2013年，为数字出版起步阶段。人卫社加大了配套光盘的出版力度，启动了E-learning、数据库、网络增值服务、数字教材、电子书、APP、健康网站等众多数字出版项目，研发了一批有影响力的数字产品和数字平台，培养了一支富有经验的数字出版队伍，数字出版营业收入持续快速增长。“中国医学数字出版和国际化信息平台建设”项目入选2011年国家新闻出版改革发展项目库入库项目，并获2012年财政部文化产业发展专项资金资助；“中国医学教育数字出版平台”项目入选2013年国家新闻出版改革发展项目库入库项目。

3. 数字出版转型升级阶段

2013年，人卫社数字出版进入了新的历史阶段，即数字出版转型升级阶段。人卫社制定《人民卫生出版社数字出版战略规划（2013—2020）》，确立了出版社数字出版的战略目标、战略措施、重大工程和领域布局；理顺社内机制，推动全员参与；成立人卫电子音像公司和人卫智数科技公司，创新机制体制，搭建发展平台，全面提速数字出版的发展进程。

“人卫电子音像公司”的成立和“国家医学数字教材·高等学校本科五年制临床医学专业‘十二五’规划数字教材”的启动编写是人卫社进入数字出版转型升级阶段的两个重要标志。“人卫电子音像公司”是在人卫社原有“人民卫生电子音像出版社”副牌的基础上实化而成的自主经营、自负盈亏的全资子公司，它的成立标志着人卫社在通过调整机制体制促进数字出版业务快速发展方面迈出了关键的一步。"高等学校本科五年制临床医学专业'十二五'规划数字教材"在被我国老一辈医学大家誉为医学"干细胞"教材的"全国高等学校五年制临床医学专业规划教材"基础上启动编写，标志着人卫社数字出版进入"深水区"，即数字出版工作开始触及人卫社创造营收最主要的业务板块——教材出版领域，这是人卫社推动数字出版业务的重大举措。同时，作为国内第一套国家级医学数字教材，该套数字教材启动编写也是顺应医学教育数字化变革趋势、符合教育改革和医疗体制机制改革总体方向的重大事件，对国家医药卫生人才培养模式和医学教育模式产生了重要影响，是中国医学教育发展史上一个重要的里程碑。

（三）直面全新出版业态，着力解决六大问题

数字出版是新兴业态，在实践中会碰到各种各样的新问题，持续探索和创新是发展数字出版的必由之路。基于人卫社自身经验的总结，我认为要实现数字出版转型升级就必须要解决好 6 个核心问题：

1. 机制体制问题

只有理顺整个业务运行的机制和体制，数字出版才能真正发展。人卫社将"全领域战略、整体转型战略、公司化战略和持续创新战略"作为数字出版发展四大战略，其中"整体转型战略"和"公司化战略"着力解决的就是机制体制问题。数字出版转型升级的核心是出版企业全体员工拥有数字出版意识和数字内容策划能力，在现有条件下，通过成立自主经营和自负盈亏的全资子公司，一方面利用公司化

优势促进数字出版业务快速发展，另一方面给传统出版业务起到示范作用，引领和带动出版企业整体参与数字出版业务，逐步理顺业务流程和传统出版与数字出版的业务合作关系，是数字出版转型升级的必然路径。

2. 目标定位问题

给数字出版业务一个准确的目标定位对业务发展有极大的指导作用，不仅要有国内定位、国际定位，也要结合出版企业整体发展战略制定企业内部发展目标。“国内领先，国际有影响力”是人卫社数字出版业务的目标定位，数字出版收入要达到人卫社整体业务收入的10%是发展目标。

3. 资金投入问题

数字出版投入较大，通过各种途径筹集资金是推动数字出版发展的有力保障。以人卫社建设首套国家级医学数字教材为例，其启动经费主要来源包括：人卫社申报的国家级项目资助、人卫社自主配套资金、医学院校为发展数字教育提供的配套支持。同时，人卫社也积极探索社会资本投入的可能性与可行性。

4. 版权保护问题

盗版问题是整个出版行业进入数字出版领域的巨大挑战，一些成规模、系统化的盗版行为对出版业务发展造成了极其严重的影响，获得第五届中国数字出版博览会最佳作品奖的“人民卫生出版社西医图书数据库”所面临的最大市场竞争就来源于盗版产品。人卫社国家级医学数字教材依靠的内容，是人卫社历经70余年出版积累、40余年国家级规划教材建设成就、我国几代医学专家共同打造的临床医学五年制本科教材。这是经过临床医学综合改革、课程体系科学创新、教材体系优化整合而形成的适合中国国情的国家级精品教材工程，是具有自主知识产权和原创成果的教材体系。然而，这套教材被某些不良盗版商为了恶意竞争而作为故意模仿甚至粗拙仿造的内容资源。数字出版要发展就必须解决版权保护问题，首先要加强自身数字产品设计和功能服务，在功能上打败盗版产品；其次要加强版权保护技术的开发与应用；更重要的是充分利用法律武器和技术武器，对数字盗版商进行有针对性的打击。

5. 作家维护问题

作家资源是出版业务的核心资源，对传统出版如此，对数字出版亦如此。随着国家对出版行业管理的逐步放开，竞争格局加剧，除了原有出版社之间的竞争，部分销售商甚至也开始加入竞争，而作家资源的争夺成了竞争的焦点。为了保护作家资源，除了传统的加强作家服务，针对国内图书出版同质化的问题，利用各种方式提高作家版权意识，防止一稿两出甚至多出现象，都是十分重要的补充措施。

6. 适应行业发展趋势问题

医学出版服务于整个医疗卫生和健康产业，也服务于医学教育行业，数字出版发展必须适应所服务行业的发展和变革趋势。近年来，随着科技与教育、科技与出版的日益融合，慕课蓬勃发展，网络公开课由于具有利用现代信息技术和网络技术实现教育资源重组、促进教育公平、提升学术共享与知识创新、推动优质教育资源普及等突出优点，得到了政府部门、广大院校、专家学者的高度认可和积极推动，慕课和翻转课堂正在给整个教育行业带来革命性的变化，将对整个教育模式产生革命性的影响。人卫社积极适应和服务于这种教育模式的变革，研究推动组建中国医学教育慕课联盟，搭建高质量慕课平台，以加强大规模医学网络公开课的组织领导、实施规划、编辑出版、推广使用等工作。

总之，数字出版作为出版业与现代信息网络技术相结合产生的新兴出版业态，已经成为新闻出版的战略性新兴产业和发展的必然方向，它给传统出版业带来了巨大挑战，也带来了全新发展机遇。对于身处数字化变革时代的传统出版业，我们要做的不是固守传统、消极等待，而是认真分析自身的优势、劣势，顺应潮流、主动变革、扬长避短，变挑战为机遇，大力推动数字化转型升级，实现传统出版与数字出版的最佳结合，为读者创造更大的价值，为企业带来更好的发展，为社会创造更多的效益。

参考文献：

[1] 习近平主持召开中央全面深化改革委员会第十四次会议强调：依靠改革应对变局开拓新局 扭住关键鼓励探索突出实效［N］. 人民日报，2020-07-01（01）.

[2] 柳斌杰. 把握大势 融合创新 构建传媒新格局［J］. 传媒，2015（03）：8-11.

[3] 王雪凝. 传统出版单位推动媒体融合纵深发展的思考［J］. 中国出版，2019（13）：5-8.

[4] 杜贤. 创新推动出版供给侧结构性改革——兼析人民卫生出版社有限公司的实践探索［J］. 科技与出版，2016（09）：19-24.

［5］　杜贤．探索深度融合发展之路——以人卫社创新融合为例［J］．出版参考，2020（02）：9–12.

［6］　杜贤．以习近平新时代中国特色社会主义思想为指引，创新探索出版深度融合发展之路［J］．中国出版，2022（03）：31–35.

［7］　杜贤．中国医学出版数字化转型之路的实践与探索［J］．科技与出版，2014（01）：26–29.

第八章

开放合作，积极推动中国文化走出去

党的二十大报告深刻指出，“增强中华文明传播力影响力，坚守中华文化立场，提炼展示中华文明的精神标识和文化精髓，加快构建中国话语和中国叙事体系，讲好中国故事、传播好中国声音，展现可信、可爱、可敬的中国形象”。中国出版业在推动中华文化走向世界方面承担着重要职责。

卫生健康出版作为中国文化走出去的重要组成部分，对于塑造健康中国形象具有重要作用。我们要善于运用国际平台资源和中国优势，持续创新版贸模式，深化国际交流合作，在主题出版、中医药经典、西医原创著作、公共卫生实践等方面大力推动出版“走出去”，为推动构建人类卫生健康共同体作出中国贡献。

一、善用国际平台，深化国际交流合作

面对百年未有之大变局，面对复杂多变的国际形势和科技革命推动产业变革持续深入带来的挑战，在以国内大循环为主体、国内国际双循环相互促进的新发展格局大背景下，深化出版业的国际交流合作，推动中华文化“走出去”尤为重要。

近年来，人卫社贯彻落实国家“引进来”“走出去”发展战略，积极响应“一带一路”倡议，充分利用国内外资源，深入分析国内国际两个市场，国际合作取得了一定的成果，累计签署版权“走出去”授权协议近 800 项，并于 2020 年首次实现全年版权“走出去”总量超过版权“引进来”总量的跨越式发展。合作的国家从美国、德国、意大利等欧美发达国家逐渐向共建“一带一路”国家拓展，与伊朗、波兰、印度等近 20 个共建“一带一路”国家建立了国际合作，输出语种达 40 余个。2024 年人卫社已形成了覆盖亚洲、欧洲、北美洲、南美洲、大洋洲近 50 个国家的全球国际合作网络，连续 8 年获得“年度国家文化出口重点企业”荣誉称号，60 余种出版物入选“丝路书香出版工程”“经典中国国际出版工程”“中国图书对外推广计划”等重点项目和计划。

在深入推进国际化战略中，我们主要采取了以下 3 方面措施：

（一）抓住线上书展新机遇，扩大“朋友圈”

传统的版贸工作主要依赖于线下的书展、版权交易会等活动进行。随着互联网技术的飞速发展，“互联网 +”为突破制约、

开创新的版贸模式提供了有效途径。北京国际图书博览会和法兰克福国际书展都开设了线上书展，这为国际出版人结识新的合作伙伴提供了很好的交流平台。例如，第 27 届北京国际图书博览会转为线上模式。针对这一新模式，人卫社全力协调，精心挑选展示图书内容、制定丰富的活动计划。除了技术准备、熟悉书展网上平台使用外，人卫社积极筹备线上版权约谈，邀请海外合作单位参展，组织策划了与多家知名国际出版公司在线上平台的交流活动。为了更好地展示图书产品、推广人卫品牌，人卫社还通过视频进行全方位宣传，包括重点“走出去”产品宣介、人卫特色课程介绍、“外国专家眼中的中国医学”等相关的录播活动，打造了一场精彩的中国医学文化“云上”交流盛宴。通过线上书展，人卫社突破了线下书展的国际合作洽谈的范围，突破了原有的时空限制，扩大了国际合作“朋友圈”。

（二）广泛团结合作伙伴，优化“朋友圈”

人卫社作为中国出版规模大、产品质量高、综合实力强的医药卫生专业出版社，与施普林格、爱思唯尔等国际出版公司密切合作，在传播医学文化的过程中发挥了重要作用，通过版权贸易、建立合作编辑部等多种方式，形成了成功的合作出版模式。人卫社优势的内容资源与国际出版机构成熟的营销渠道相结合，能有效地将中国优秀医学文化推向世界。同时，人卫社始终秉持国际合作的“平等”原则，保护好中国学者原创学术成果的各项知识产权。人卫社以既往合作模式为范本，在共同关切的领域开展更为深入务实的合作，推进合作出版高质量发展新格局。

（三）深度参与国际出版活动，建强“朋友圈”

人卫社通过每年线下参加法兰克福书展、伦敦书展、美国书展等10余个国际重要书展，以拜访合作单位、参加书展活动、前往书店实地调研、参加座谈交流等多种形式，与出版商洽谈版权意向，在版权引进和输出、全球出版、数字出版、可持续性出版等方面进行深入交流。近年来，通过法兰克福书展、BIBF等同步开展的线上交流平台，开启全天候直播活动，通过社交网络进行实时交流沟通，彻底打破地域障碍，使全世界共同感受集版权贸易、出版展示、文化交流、专业研讨以及阅读推广功能于一体的国际文化交流盛宴。此外，对于出版行业来说，5G将彻底改变未来的出版与阅读模式。版贸工作的“5G+”模式势必也会成为趋势，这就要求版权工作者转变工作思维，在深入了解本社产品以及合作伙伴需求的同时，建立能够实时分享信息的“朋友圈”，实现产品信息的实时分享。

2022年以来，线下书展等交流活动的逐渐恢复，传统线下活动能够提供更直观、生动的体验。未来的对外交流宣传工作，可以线上线下融合开展，打破地域限制，让更多中国医学文化和知识全方位走向世界。线上线下融合创新版贸模式为出版走出去提供了新的路径和机遇，出版人要善于迎接版贸工作方式的新转变，这不仅仅是行业发展的必然趋势，也是全球化背景下出版业自我革新和进步的内在要求。面对这一变革，要深入思考并不断探索和创新，立足优质内容，适应阅读方式的新变化，结合云计算、大数据、人工智能等新兴技术，推动中国出版业在国际舞台上取得更大成就。

二、善用中国优势，大力推动“走出去”“走进去”

当今中国已经与世界更加紧密地联系在一起，世界需要更好地了解中国，中国也需要向世界全面、真实、客观地介绍自己。人卫社作为医学出版的“国家队”，始终坚持以“根植卫生健康，服务健康中国”为引领，务实推动版权“走出去”，经过数十年的创新探索，逐步形成了覆盖中医、西医、公共卫生学科、辞书、期刊、数字产品的“走出去”出版产品线，取得了中西医并举、多语种并重、独立与合作共行的“走出去”成果。与此同时，顺应国际出版趋势的变化，在“经典中国国际出版工程”“丝路书香出版工程”“国家出版基金”等支持下，不断创新开拓“走出去”的途径和范围，发挥中国优势，致力于宣传、介绍、推广中国在医学领域取得的丰硕成果和成功经验，向世界传播中国医学文化和中国方案，讲好中国故事，进一步推进中华文化自信自强、塑造健康中国形象，让世界了解健康中国。

（一）传播中国医学文化，中医图书是“主力军”

2023 年 2 月，国务院办公厅印发《中医药振兴发展重大工程实施方案》，强调重点支持中医药产学研用开放发展，提升中医药国际影响力，推动中医药传播、应用与发展，助力构建人类卫生健康共同体。近年来，人卫社积极响应国家文化“走出去”号召，配合国家“一带一路”倡议，深化拓展国际合作，面向国际社会，出版反映我国医药卫生及大众健康领域成就的国际图书精品，其中以中医图书为主，占比 50% 以上，版权输出的主要国家为日本、韩国等亚洲和“一带一路”沿线国家。

人卫社从 2005 年开始实施中医药“走出去”战略，至今已出版了中医药外文版图书及相关产品 300 余种，在中医“走出去”出版领域树立了良好的品牌形象。《石学敏针灸学》《张仲景 50 味药证》《实用针灸穴位手册》等图书被多个国家引进版权，这些著作题材选取上极具中医药特色，内容经过精心规划和设计，能够准确传达中医药精髓，并做到了语言本土化，从而取得了较好的市场反馈，深受海外读者欢迎。《石学敏针灸学》被美国针灸考试委员会指定为考试指导用书，《石学敏针灸学》西班牙语版、法文版入选“经典中国国际出版工程”。

这些“走出去”的中医图书充分体现了中医药的深厚底蕴和原创动力，向世界展示了中医药的独特魅力。未来，更多的优秀出版物、优秀作者将从“走出去”到“走进去”，在国际社会上继续传播中国医学文化，必将有助于提升中医药的国际影响力。

（二）传播中国方案，助力人类卫生健康共同体构建

习近平总书记强调：“人人享有健康是全人类共同愿景，也是共建人类命运共同体的重要组成部分。”人类卫生健康共同体与人类命运共同体一脉相承，是人类命运共同体在卫生健康领域的生动阐释。人类卫生健康共同体是人类为了生命安全基于普遍的道义和利益原则而形成的集合体，是全球化的产物，涉及全人类的健康福祉，具有恒久的生命力。人卫社坚持以出版为媒，总结、分享中国医学经验、原创成果和理论，传播中国方案，为人类卫生健康共同体构建贡献“人卫力量”“中国方案”。

1. 应急出版成果构筑人类卫生健康长城

2020年，新冠疫情蔓延全球，成为国际关注的突发公共卫生事件，中国始终本着公开、透明、负责任的态度，向世界及时发布疫情信息。人卫社紧密结合全国战“疫”和全球战“疫”的知识需求，遵循新发突发传染病发生、发展、防控、诊治、转归、常态、总结和反思的规律，充分发挥人卫社作为国家卫生健康委直属医药卫生专业出版社的引领、示范作用，启动应急出版机制，面向社区、面向一线、面向临床、面向行业、面对全局、面向全球，策划出版系列抗疫出版物。通过“走出去”“走进去”和版权输出的全球传播，人卫社实现了抗疫出版的国际传播总动员，为世界各国提供了科学防控的中国模式和方案，分享了科学诊疗的中国经验和规范，以优秀的应急出版成果构筑人类卫生健康长城，展现了中国出版业的责任与担当，向世界传递了中国智慧和中国力量。

2. 精品学术专著助力中国原创走向世界

随着中国原创科技成果逐渐受到国际社会学术界的关注，反映我国西医临床发展和学术研究现状的图书正在走向世界。人卫社出版了一系列反映我国医学原创成果、向世界发出“中国声音”的优秀专著。

其中,《经自然腔道取标本手术学》多语种系列图书向国际推广了我国原创手术技术，其编写历程生动反映了我国外科专家思想创新的过程，真实反映了中国科学家原创成果和创新技术凝练出版、全球传播的过程。人卫社先后出版该书中文版第1~4版、英文版第1~3版及韩文版、日本版、俄文版、法文版及越文版6种版本，其英文版与施普林格 · 自然（Springer Nature）合作出版。

3. 彰显中国精神的图书受到国外关注

2021年5月31日，习近平总书记在主持十九届中央政治局第三十次集体学习时强调，讲好中国故事，传播好中国声音，展示真实、立体、全面的中国，是加强我国国际传播能力建设的重要任务。要深刻认识新形势下加强和改进国际传播工作的重要性和必要性，下大气力加强国际传播能力建设，形成同我国综合国力和国际地位相匹配的国际话语权，为我国改革发展稳定营造有利外部舆论环境，为推动构建人类命运共同体作出积极贡献。习近平总书记指出："要加快构建中国话语和中国叙事体系，用中国理论阐释中国实践，用中国实践升华中国理论，打造融通中外的新概念、新范畴、新表述，更加充分、更加鲜明地展现中国故事及其背后的思想力量和精神力量。"

"讲故事，是国际传播的最佳方式。"习近平总书记的这一观点强调了"讲故事"的方式在跨文化沟通和国际传播中的重要作用。故事包含情感元素，情感的传递有助于增进人与人之间的共情和联结，进而提高知识及信息传播的有效性和接受度。中国作为世界上历史最悠久的国家之一，五千年的璀璨文化提供了丰富且优质的故事资源，不同历史时期的故事也展现着不同的中国精神，彰显中国精神的图书越来越受到国外关注。

2020年，席卷全球的新冠疫情对世界各国是一次国家制度、综合国力、国家治理能力的大考。我国充分发挥中国特色社会主义制度优势，形成了抗击新冠疫情的中国经验、中国模式、中国方案和中国精神。人卫社组织编写的"白衣执甲 逆行出征——致敬最美战'疫'医务工作者"丛书，以小切口展现大视野、以小事件反映大时代、以小故事体现大主题、以小案例彰显大精神，描绘医务工作者可歌可泣的战“疫”篇章，唱响了“一切为了人民健康”的英雄战歌，彰显了“生命至上，举国同心，舍生忘死，尊重科学，命运与共”的抗疫精神，反映了中国特色社会主义新时代的精神面貌。该系列丛书出版不久即获得国际社会关注，已输出了阿拉伯文版、马来西亚文版版权，这是人卫社主题出版物“走出去”的重大突破，也是以出版为媒，讲好中国抗疫故事，助力全球疫情防控，共建人类卫生健康共同体的重要组成部分。丛书获得第五届中国出版政府奖图书奖提名奖、2020年度“中国好书”、第五届全国党员教育培训教材展示交流创新教材奖等多项荣誉。

2021 年，人卫社主题出版物《大医马海德》出版，同年即输出阿拉伯文版和英文版，法文版正在翻译中。该书抓住了一个非常好的适合国际推广的选题，讲述了阿拉伯裔美国医学博士乔治·海德姆于 20 世纪 30 年代来到中国行医，加入中国红军，加入中国共产党，改名马海德，加入中国国籍，并为中国卫生健康事业奋斗一生的故事。读者可以通过马海德的视角，更深入地了解中国革命史、新中国史及卫生健康事业的发展史，通过弘扬大医精神、国际主义精神、人道主义精神，更好地推动世界文化的交流融合、互信互鉴。该书入选 2021 年中宣部主题出版重点出版物选题、“庆祝中国共产党成立 100 周年好书荐读书单”、2022 年国家出版基金专项主题出版项目，荣获 2021 年度“中国好书”等荣誉。

（三）加强准入把关，加大对国际顶尖医学出版物的引进力度

长期以来，中国出版国际化以“引进来”为主。国际优秀出版物的引进，为推动中外学术交流与合作，推进中国出版的改革与发展发

挥了重要的作用。随着中国科学技术水平的持续提升，中国出版业的高质量发展，我们要进一步加强引进选题的质量把关，把“水平高、学术精、技术尖、进展新、层次深、实用强”的出版物引进来。比如人卫社近年来在“引进来”工作中，通过亚马逊图书销售排行榜、国内外同类图书的比较、专家评议等多种方式，加强“引进来”选题的遴选和把关，严控数量，严把质量。

（四）共享中国经验，积极构建人类卫生健康共同体

随着全球化的不断推进，国际交流与合作的重要性日益凸显。在出版行业，跨国界的合作不仅促进了文化交融，更成为有效推广本国文化与知识的重要途径。人卫社通过多种策略，积极拓展国际影响力，与世界卫生组织的深度合作及在各大国际出版活动中的积极身影，使人卫社成为卫生健康国际传播关注的焦点。

人卫社于2014年成为世界卫生组织卫生信息和出版合作中心，在国家卫生健康委国际合作司的指导和支持下，以与世界卫生组织知识管理和分享司深度合作为抓手，与世界卫生组织在国际图书合作出版、国际权威卫生信息传播、医学名词术语规范、公共卫生应急信息出版传播、医学出版写作培训、西太区国家区域合作6个领域开展广泛深入合作，以推动、拓展、深化中国在卫生信息传播出版领域与世界卫生组织的全方位合作，促进国际权威卫生信息在中国和世界的及时传播，向世界推广中国疾病预防、治疗和健康促进方面的成功经验。

中国出版国际化是一个系统工程、长效工程，虽然目前取得许多令人瞩目的成绩，但中国图书版权与实物的输入与输出比与国际接轨

的程度明显低于出版强国，在图书进出口方面存在贸易逆差。中国出版的国际化仍面临着语言障碍、国内编辑与国际接轨程度不足、出版企业跨界发展能力不强、融合发展程度不深等诸多问题。

新时代，中国出版企业要继续坚持以习近平新时代中国特色社会主义思想为指引，推动中华文化“走出去”“走进去”，同时将国际优秀文化成果“引进来”，推动世界文明交流互鉴，不断开辟国际传播创新之路，持续向国际社会传播优秀的中国文化、宣传中国方案、讲好中国故事，为推动构建人类卫生健康共同体作出中国出版企业的贡献。

参考文献：

［1］蒋丽君．中国出版走出去高质量发展路径研究［J］．中国编辑，2024（01）：28–32.
［2］吴迪．中国文化“走出去”战略下图书版贸工作探析［J］．传媒论坛，2020，3（07）：87–89.
［3］杜贤．善用国际合作平台 创新版贸模式转变［N］．中国出版传媒商报，2020–09–25（06）.
［4］杜贤．人卫社：版权“走出去”总量超越版权引进总量［N］．中国出版传媒商报，2021–08–27（10）.
［5］杜贤．看人卫社如何构建“健康中国 数字人卫”品牌［N］．出版商务周报，2018–09–23（04–05）.
［6］杜贤．探索深度融合发展之路——以人卫社创新融合为例［J］．出版参考，2020（02）：9–12.
［7］杜贤．以结果导向推动出版企业智库建设探析——以人民卫生出版社为例［J］．出版发行研究，2016（01）：16–19.

［8］ 李江，张晨瑜．坚定文化自信 践行“走出去”战略——浅谈对新时代医学出版“走出去”的思考［J］．新闻传播，2023（11）：77–79.

［9］ 宋秀全，李海凌．为中国医学文化传言立声 让世界了解健康中国［J］．新阅读，2023（09）：15–16.

［10］ 李婧璇．人卫社分享抗疫主题出版经验［N］．中国新闻出版广电报，2020–09–10（02）．

［11］ 陈永森，陈博影．人类卫生健康共同体释义及其构建的理由［J］．广西大学学报（哲学社会科学版），2023，45（05）：135–144.

［12］ 杜贤．执笔出征 出版上阵 知识服务 科学战“疫”——新冠疫情防控出版实践和创新探索［J］．中国出版，2020（13）：14–21.

第三篇

以文格物致知

物格而后知至，知至而后意诚，意诚而后心正，心正而后身修，身修而后家齐，家齐而后国治，国治而后天下平。

——《礼记 · 大学》

第九章

实施出版供给侧结构性改革，推动质量变革、效率变革、动力变革

在建设文化强国、出版强国的今天，如何以更多不负时代、不负人民的精品力作推动出版更高质量发展？如何更好地拥抱新技术，使技术服务于内容、服务于更高水平的传播，实现传统出版和新兴出版的深度有机融合，形成新时代出版的新质生产力？实践经验和研究结果均告诉我们：应从选题源头抓起，实施从编辑开始的编印营管全程全员的出版供给侧结构性改革，实现去产能提升编辑创造力、去库存提升编辑创新力、去杠杆提升编辑生产力、降成本提升编辑管理力、补短板提升编辑营销力，以质量提升和效益增长为目的，以规范标准建设为目标，大力推动出版高质量发展。

一、紧抓选题源头，推动质量变革

书籍是知识的承载者。从上古时期的亚述泥板、殷墟的甲骨文、古埃及的纸莎草卷、罗马时期的羊皮书，到青铜书、简牍、中世纪的册子本、近代的印刷本，至当今的电子书、互联网出版和云阅读，书籍承载着传继历史、传承文明、传播文化、传授知识、传扬科技、传递信息的重要使命，凝结着人类智慧的结晶，闪耀着人类文明的光辉，成为人类文明的重要载体和进步的历史阶梯。

书籍形态的不断演变是出版业发展与进步的真实映照。编辑是书籍出版的直接责任人，是文化传播链条的关键环节，而选题是出版活动的源头和核心。选题是出版的龙头、效益的源头，选题策划是一项复杂的系统工程，始终贯穿在知识传播的全流程中，不仅需要编辑提出选题策划创意，还要根据用户需求创意生产内容，以满足用户体验和市场需要，实现线上线下互动、虚拟现实结合、作者用户融合、创作众创兼容，实现“选题策划 + 互联网”出版新格局。

（一）业态转换：“互联网 +”时代传统出版和新兴出版融合发展的创新重构

“互联网 +”的本质是将互联网视为社会构造要素和行业建构力量，按照互联网法则和逻辑来重构社会或者行业的运作模式。就出版业而言，在“互联网 +”的时代背景下，随着传统出版与新兴出版不断深入融合发展，互联网的思维逻辑和技术手段已经成为重构出版业态的重要元素，而作为出版核心环节的选题策划工作，更是深受“互联网 +”思维和技术的影响。

“互联网 +”时代对传统出版产生的最大影响莫过于传播渠道和传播方式的转变，快速膨胀的用户信息消费需求与传统的知识生产、传播方式之间的矛盾日益突出，倒逼出版业进行数字化转型升级和“互联网 +”、大数据的改革。互联网传播方式的移动化、便捷化、碎片化和社交化，催生出更多新的出版契机，形成了更多新的出版业态。当传统出版业与互联网技术完美融合，出版业态的边界不断拓展，选题策划的内容及形式也在不断创新，由此衍生出丰富的全媒体出版选题和产品的策划及生产。

人卫社经历了“三步跨越、四步迈进、九步迭代”创新探索的传统出版和新兴出版融合发展之路。从 2013 年全面启动数字融合工作，到打造中国首套国家级医学数字教材，组织成立中国医学教育慕课联盟、搭建全球首个医学专业慕课平台——“人卫慕课”平台，开启中国医学慕课元年，到筹建人卫开放大学，再到积极尝试运用大数据、云计算等新技术，组建“人卫医药健康大数据智慧综合服务平台”，以“健康中国，数字人卫，智育内容，智慧平台，智能服务，全程终身”为理念，立足医药卫生行业改革和发展，整合各方资源等，运用互联网思维、智慧服务理念，搭建前台综合服务、后台多系统立体化支持的大型综合服务体系。在人卫社“三步跨越、四步迈进、九步迭代”的业态创新重构中，编辑是重点、选题是源头、策划是引领、理念是关键，选题策划的创新和引领对推进传统出版与新兴出版融合发展起到至关重要的作用。

（二）角色转换：新业态中策划编辑理念、思维及工作模式的革新

科学技术的发展推动了人类文明进步和文化繁荣发展，出版从“告别铅与火，实现光和电”到“告别光和电，实现云计算”，迈入了互联网时代，科学技术的革命推动了出版产业革命，更带来了编辑任务和使命的革命。

在“互联网 +”时代背景下，编辑面临的最大挑战是必须在选题策划理念、思想观念、内容表达、载体形式、技术业态和实现模式上实现自我革命和迭代更新。出版业作为文化创意产业，编辑的思想境界、发展观念、创新理念，选题策划、学术引领和实现“两个效益”的能力决定了出版业的出版方向、发展导向和“两个效益”的实现程度。

编辑是源头、生产是保障、营销是关键、管理是核心，尤其在“互联网 +”时代，应该从编辑源头开始，充分突出编辑龙头地位并发挥编辑引领作用，以选题为重点、以读者为中心、以质量为根本，以“把社会效益放在首位、社会效益和经济效益相统一”的两个效益标准形成倒逼机制，创新引领，编印营管联动，提高质量效益，全程立体推动选题策划工作。

新时代的编辑需具备一专多能、补齐短板、融合发展、创新引领的能力，努力成为时代的先觉者、先行者、先倡者，文化的引领者，出版质量效益的实现者，融合发展的践行者，最后成为“互联网 +”时代的创客编辑，全面提升编辑胜任力。编辑强则选题策划强，选题策划强则出版物强，出版物强则品牌强，品牌强则出版社强，最终收获丰硕的政治效益、社会效益、经济效益及人才效益。

为了应对“互联网 +”时代出版工作的新业态和顺应新的发展趋

势，编辑必然要进行角色的转换，且这一转换是思维、理念和工作模式的综合转换。理念是我们对某种事物的观点、看法和信念，编辑的职业理念决定其工作态度和工作方向。在保持和传承专业编辑风采和严谨工作作风的同时，策划编辑的理念必须与时俱进，在理念和认知上有更高的追求。策划编辑需要站在时代前沿，把握科技发展态势，引领出版潮流，创新谋划发展，成为政策主张的传播者、时代风云的记录者、社会进步的推动者、公平正义的守望者。同时，也应该看到，随着知识和信息内容数量和传播速度的不断激增，策划编辑更需要对知识和信息进行严格的甄选和审核、科学的整合和重组、灵活的制作和封装，发挥引领作用，为新时代背景下的读者或用户缔造更加优质的精神食粮。

此外，以传统文字内容策划和纸质出版为工作核心的“平面”编辑工作思维，不断受到实时互动、精准立体、智能化互联网技术的冲击，因此编辑选题策划的工作思维也需要加速“转型升级”。编辑不应仅以书籍或纸质出版为导向，而应将图片、声音、影像、动画、3D等全媒体资源融入新兴出版的产品，以创新引领传统媒体和新兴媒体的融合，努力实现一个内容多个创意、一个创意多次开发、一次开发多个选题、一个选题多个产品、一个产品多个业态、一个业态多个销售、一次销售多个渠道、一次投入多次产出、一次产出多次增值。

在传统编辑状态下，策划编辑的工作模式主要以“作者→编辑→读者”单向的线性方式进行；而在数字化时代，由于信息的链接是立体的、网状的，因此作者、编辑和读者之间具有更加丰富的交互方式。随之必然带来策划编辑工作模式的转变，在信息流动的过程中，编辑可以快速整合作者的优质资源，紧密围绕读者或用户的需求和体验，实时调整选题策划的设计和实施方式，使作者、编辑、读者处在一个良性友好的互动循环圈，实现以编辑为桥梁和纽带联系作者和读者的创作和众创融合的社区，从而构建“互联网＋”时代选题策划的生态圈。

（三）模式转变：强化用户思维，实现“互联网＋选题精准策划”

在“互联网＋”时代，出版业面临着如何精准对接需求，如何生产和传播更优秀的内容和载体，如何既提高出版质量又提升出版效率，如何推动业态创新实现融合发展等一系列亟待破解的难题。

实践经验告诉我们，必须从编辑策划开始、从选题源头抓起，务实推进编印营管全程全员的出版供给侧结构性改革，实现去产能提升编辑创造力、去库存提升编辑创新力、去杠杆提升编辑生产力、降成本提升编辑管理力、补短板提升编辑营销力，全面提升编辑选题策划水平和能力，使编辑成为“互联网＋”时代的创客编辑。在“互联网＋”制高点把握选题策划的源头关键点，以质量提升和效益增长为目的，以规范标准建设为目标，创新推进“数字化强社战略”“大数据发展战略”和“出版＋互联网”行动，推动传统出版和新兴出版的产业创新和融合发展。

“出版＋互联网”不仅带来产业结构的调整、新媒体的加速融合跨界发展、业态的创新和技术手段的精进，也带来思维、职能、技术的转变，也让我们重新认识生产和消费的关系——阅读是出版的终极消费，我们正在经历从出版业到内容服务业、从资源获取到内容消费、从用户分析到产品定制、从内容提供到知识服务的重大转型升级。互联网改变了社会生活模式和文化生态体系，“用户需求”对出版产生了巨大的影响，决定了互联网时代新的出版生态模式，用户提出需求，需求牵引市场，市场引导供给，供给决定选题，选题改变策划，而策划理念与产品形态的变化对编辑的能力提出了全新的要求。

因此，编辑必须以市场为导向、以用户为中心转变选题思想、优化策划思路、打造精品力作。无论时代和技术手段如何更迭，只要有用户思维和市场意识，有“互联网 +”理念和创新技术，就能优化选题策划的工作思维逻辑，重构工作模式，让“互联网 +”为选题策划工作插上腾飞的翅膀，实现大数据背景下编辑从选题策划开始就成为阅读体验的参与者和缔造者、优质资源的管理者和经营者、读者和作者大数据的掌控者和分析者，推进传统出版和新兴出版的融合发展，从而实现“选题策划 + 互联网”的数字化发展格局。

“互联网 +”时代的质量控制和标准建设也是选题策划的重要组成内容，策划编辑应该始终立足于选题策划的质量提升，永远落脚在数字化选题策划的优化拓展，最后落实在社会效益首要、“两个效益”有机统一的创新发展平台上。从编辑源头至全程全面实施立体的质量控制，严抓编辑质量，严守质量的“生命线”，提高出版物的品质和价值，源源不断地形成精品，输送给广大读者和用户，供给并满足他们对知识和信息的需求。

“互联网 +”时代自媒体的兴起，推动了网络社群的崛起，“电商 + 社群”也称网络社群营销，这一新型营销模式就此兴起，网络社群营销借助虚拟社群中的人际关系，通过品牌聚拢、内容吸引、社交转化，通过更加个性化、精准化的产品和服务，获得社群成员的认同，从而形成以用户为中心、以口碑为媒介、以互动为手段的营销架构，出版营销模式有望实现突破。这需要培养编辑在“互联网＋”时代的创新营销能力，在确保科技图书内容质量的基础上，实现“科学的思想”“文学的描述”“艺术的表达”“暴力的想象”“疯狂的传播”的融合推送，达到“精准营销”的目的，从而提升编辑选题策划营销力。

二、提升专业能力，推动效率变革

（一）去产能提高编辑创造力

1. 坚持导向，化“高原”为“高峰”

出版供给侧结构性改革必须坚持正确导向，包括坚持正确的政治导向、科学导向、行业导向、改革导向、质量导向、融合导向、创新导向，推进人卫编辑在理念、内容、体裁、形式、方法、手段、业态、体制、机制的九大创新，坚持导向，明确目标，坚持社会效益首位原则，实现社会效益和经济效益有机统一，促进数量规模向质量效益转化，实现图书“高原”向图书“高峰”攀登，打造精品力作，实现宏观去产能。

2. 强化“三三一一”选题论证

去产能重点在选题源头的优化、精简、精准，关键在减少低质低效选题，去掉无效重复选题，增强编辑选题策划力，实现选题从数量规模向质量效益的转变。从编辑策划理念、选题思路和精品意识抓起，从选题源头优化、结构性整改做起，严格执行编辑部门内部选题三级论证、部门间协商论证、高级编辑选题工作小组论证，最后报出版社选题规划审批委员会论证，从而关口前移、源头把关、逐级优化、严格评审、加大淘汰，控制选题数量，提升选题策划水平，提高选题质量效益，实现选题源头去产能。

3. 创新出版供给侧机制体制改革

人卫社选题规划审批委员会是人卫社编辑出版工作的智囊团，肩负选题的顶层设计、质量评估、结构优化、评审把关等重任。因此，人卫社选题规划审批委员会的建设一直是我作为总编辑的工作重中之重。第一，持续提升社选题规划审批委员会全体委员的大局意识。每月例会均对本月选题、生产、营销、版权、融合等情况进行全面梳理和汇报，以帮助全体委员了解人卫社发展大局。第二，增强全体委员的担当精神和责任意识。建立较为完善的管理机制，保障委员的参与率、参与度及参与质量，创新选题策划机制、论证机制、优化机制、淘汰机制、审批机制、执行机制、质控机制和考评机制。第三，成立高级编辑选题论证小组，增强选题评审的客观性和学术水平。第四，全面考核“选题六率”，即选题优化率、选题通过率、重点选题率、版权开发率、数字开发率和利润实现率，发挥编辑标杆引领和效益示范作用，充分激发编辑的创造力，引导编辑策划高质量选题。

（二）去库存提高编辑营销力

我国出版业普遍存在“多高原、少高峰”“多数量、少质量”“多库存、少利润”的问题。如何突围库存困境？答案唯有一个——通过出版供给侧结构性改革去库存！我认为，图书库存可分为“僵尸库存”“无效库存”“有效库存”“优质库存”4 种类型，而要有效去库存，编辑应学会做“减、除、加、乘”四法。

1. 做减法——坚决去掉“僵尸库存”

编辑应学会做减法，认真甄别“僵尸库存”图书种类和品种，坚决减掉无学术价值、无实用价值、无市场价值、无收藏价值的“僵尸库存”图书存量，进行报废处理，并分析产生“僵尸库存”的症结和原因，引以为戒，从选题源头开始优化选题结构、降低选题品种、减少选题数量、提升选题质量，杜绝策划“僵尸库存”的选题、避免“僵尸库存”图书出版、减掉“僵尸库存”图书增量。

2. 做除法——坚决转化“无效库存”

编辑应学会做除法，对“无效库存”图书种类和品种认真细分、评估分析，遴选出仍有学术价值、实用价值、收藏价值、市场潜力的图书，积极精准营销，实现“无效库存”向“有效库存”转化，发挥最大效益；对仍有学术价值、实用价值、收藏价值，但无市场潜力的图书，可以捐献或赠送；对无学术价值、实用价值、市场价值、收藏价值的图书，则转为“僵尸库存”报废处理。培养和锻炼编辑营销能力，不断推进“无效库存”向“有效库存”的转换，减少“无效库存”，增加“有效库存”。

3. 做加法——力争增加“有效库存”

编辑应学会做加法，从选题源头抓起，积极主动策划学术价值、实用价值、市场价值、收藏价值均高的选题，编印营管协同打造“双效益”精品，精准投放市场，满足市场需求，实现图书合理流转和良性循环，构建编印营管结构优化、创新协同、良性循环的新常态，形成不仅有数量规模而且有质量效益的“有效库存”，并保持合理的增速，增加“有效库存”。

4. 做乘法——不断创造"优质库存"

编辑应学会做乘法，从选题源头策划学术创新、适销对路、市场欢迎、读者喜爱的"优质库存"图书选题，做到精准策划、精准生产、精准投放、精准营销，实现精准效益、打造精品图书、塑造优质品牌、实现优质效益。这是编印营管协同创新的最佳模式和最高境界，也是去库存的最终目标——不断增加"优质库存"，以乘法叠加的模式实现"优质库存"最大化。

通过"减、除、加、乘"四法去库存，培养编辑"互联网＋学术营销"的创新营销能力，在确保图书内容科学性和质量的基础上，达到"精准的营销"目的，从而提升编辑营销力。

（三）去杠杆解放编辑生产力

去杠杆的目的是要调整无效的、不合时宜的、阻碍发展的机制体制，把制约发展速度和约束发展效率的条条框框去除，把妨碍生产力发展和创新力迸发的桎梏打碎，从而激励人才、优化资源、鼓励创新。

1. 创新人力资源管理

人卫社通过创建双创工作室，选拔培养高级编辑师，开展编辑岗位竞聘、"策加一体"（即策划和加工编辑一体）深度融合、纸数编辑创新协同、项目编辑制探索等一系列编辑人力资源结构性创新举措，努力为每位编辑搭建自我设计、自我创新、自我奋斗、自我发展、自我完善的平台，为编辑提供职业生涯发展与干事创业的舞台，创建鼓励创新、容许失败的人才成长氛围，推动去杠杆解放编辑生产力。

2. 激发创新创造活力

在大众创新、万众创业的出版氛围和编辑环境下，激发编辑创新激情和创造活力，要求编辑实现一个内容多个创意、一个创意多次开发、一次开发多个选题、一个选题多个产品、一个产品多个业态、一个业态多个销售、一次销售多个渠道、一次投入多次产出、一次产出多次增值，最后实现最佳社会效益和最大经济效益，并为此形成一系列激励机制和保障制度，鼓励创新、激励创业、催人奋进、促人成才，营造想干事、能干事、干成事的人才发展格局。

3. 寻找撬起创新发展的支点

去杠杆的目的不是不要杠杆，而是需要寻找科学合理高效务实的杠杆，承担起"四两拨千斤"的重担，正如阿基米德的名言"给我一个支点，我能撬起整个地球"。这正是我们推进出版供给侧结构性改革的出发点和落脚点，是一切改革的目的。通过创新机制完善体制、优化人力资源结构、激活思想创新理念、鼓励创新宽容失败等一系列有力措施，充分解放编辑生产力，激活编辑创新力，寻找撬起出版社创新发展重任的支点，实现供给侧结构性改革发展。

（四）补短板提高编辑胜任力

1. 寻找短板提高胜任力

编辑胜任力是政治素质、科学素养、创新精神、策划能力、选题水平、统筹协调、执行实施、全程质控、融合发展、营销能力等诸多方面综合形成的能力。我们通过对这些因素的研究和反思，寻找编辑存在的不足和短板，比如创新创业意识不强、团队协作能力不够、全程营销理念不足等问题。人卫社通过编辑工作会议持续提高编辑政治站位、培养先进的编辑工作思想，通过任务指标制订和绩效考核机制创新指引部门及编辑的重点工作方向，通过举办系列编辑出版学术活动和竞赛推动部门协作与部门间学习等，有针对性地提高编辑胜任力。

2. 长短板相济融合发展

在“互联网+”时代，编辑要正视“木桶效应”，胜任融合出版工作的关键在补齐短板。传统出版编辑要在把自身长板做到极致的同时，通过与数字编辑的合作，持续学习融合出版的知识、技能和方法，多角度弥补自身短板。出版社要加大力度培养一专多能、融合发展、创新引领的编辑，同时建立传统出版编辑和数字出版编辑协同工作的机制及路径，使编辑们互为支撑补齐对方短板，发挥优势做强自身长板，从而做到长短板相济，为融合出版奠定坚实的人才基础。

（五）降成本提高编辑贡献率

1. 预结算管理控制成本

在出版社公司化经营、集团化发展格局中，我们对编印营管实施全程全员预算决算管理，每年年初做好各部门预算，精细到每一个重大选题启动、每一次重要会议召开、每一项重要营销宣传活动，精细做好科学预算、成本预测、利润测算等，中期评估调整，年终结算考核，培养编辑成本意识、市场思维、效益理念，同时也让编辑自觉控制成本、节约开支、提高利润、实现效益，显著提升编辑贡献率。

2. 精细化管理降低成本

全面实施编印营管全员全程的精细化管理，细化流程、分解环节、模块对接、扁平管理、建章立制、责任到人、精准定位，实施数字化办公和网络化运转，实现由粗放式管理向精细化管理转化、由粗放式经营向集约化经营转换、由数量规模型向质量效益型转变，直接降低管理成本，实现低成本运营管理和创新服务，精细提升编辑贡献率。

3. 单品种核算降低成本

全面实施选题图书单品种核算，用成本效益预结算模式，实现一个部门一本账、一位编辑一本账、一本书一本账，及时、实时监控每一本书生命周期变化和成本效益曲线图，从而及时掌控图书成本，提升单品种贡献率，进而全面提高编辑贡献率，全面实现“两个效益”的提升。

三、以高质量为核心，推动动力变革

新时代，中国出版业走上高质量发展之路。如何生产更高质量的内容，创造更高效率的出版载体和途径？如何做到出版质量的有效提升和数量的合理增长？如何持续推动业态创新，真正实现传统媒体与新兴媒体的交融发展？供给侧结构性改革为出版业的深化改革和创新发展提供了思路、方法和路径，即以市场为导向，以满足读者需求为目标，以提高质量和提升效率为目的，以动力变革持续增强发展能力，努力实现最好社会效益和最大经济效益。

（一）以质量立社

供给侧结构性改革的目的就是提高质量、提升效益。质量是一个国家、一个民族、一个行业、一个企业、一个人生存和发展最重要的根本和基础，没有质量就没有生存之根本、发展之基础，也就没有社会和经济之效益。出版供给侧结构性改革的目的就是为读者提供高质量的优秀读物，不仅要有一定数量规模的品种，更需要的是“高原”上呈现“高峰”的精品力作；不仅需要满足市场需求的畅销实用，而且需要满足精神文化需求的品牌经典，实现“两个效益”。

（二）以融合强社

移动互联网与信息技术的广泛应用和飞速发展，对出版业改革发展尤其是出版供给侧结构性改革提出了严峻挑战。人卫社根据“网络强国”战略制定并实施了“网络强社”战略；根据“国家大数据战略”制定并实施“人卫大数据发展战略”，构建“人卫大数据智慧平台”；根据“互联网 +”国家行动制定并实施了“互联网 + 卫生出版”“互联网 + 医学教育”“互联网 + 健康服务”行动。人卫社在总结传统出版、电子音像出版、数字出版转型升级的经验、模式、规范、标准及大数据资源基础上，务实推进数字出版转型升级，实现“互联网 + 医学出版”向“医学出版 + 互联网”的战略跨越。

（三）以标准兴社

标准决定质量，有什么样的标准就有什么样的质量。习近平总书记提出，“只有高标准才有高质量”，多次强调要通过推动供给侧结构性改革提高质量和效益，加快建设质量强国。谁把住了标准，谁就把住了方向，谁就把住了发展导向权和竞争主动权。一流企业做标准，二流企业做品牌，三流企业做产品。人卫社的目标是要做一流文化企业，必须坚持质量强社、实现质量效益、创新行业标准，就必须通过供给侧结构性改革，对人卫社建社以来的教育、学术、科普、考试、期刊、数字出版领域的成果和经验，进行全面梳理、系统总结、理论提升、标准升华，形成人卫出版模式、规范、标准和质量评估体系，最终为国家及行业的规范标准作出积极贡献。如人卫社在国家出版相关质量管理规定和要求的基础上，结合人卫社医学图书编辑出版工作的实际，积极创新和完善出版物质量管理，形成出版物质量管理要求和控制的顶层设计框架——“九三一”质量控制体系，实现了质控管理全覆盖，有效提升了人卫社出版物的质量和品牌，形成具有中国特色的人卫质量控制体系和质控标准。

经过出版供给侧结构性改革、传统出版与新兴出版融合创新发展，人卫社质量品牌和两个效益进一步提升，取得了国内一流、国际知名的发展成果。

参考文献：

［1］ 唐绪军．中国新媒体发展报告［M］．北京：社会科学文献出版社，2015.

［2］ 陈灿，曹磊，郭勤贵，等．互联网＋：跨界与融合［M］．北京：机械工业出版社，2015.

［3］ 杜贤．“互联网＋”时代的选题策划［J］．科技与出版，2017（02）：47–50.

［4］ 杜贤．中国医学出版数字化转型之路的实践与探索［J］．科技与出版，2014（01）：26–29.

［5］ 段维，严定友．“互联网＋”时代出版选题策划新思路［J］．中国出版，2016（01）：16–19.

［6］ 陈贤义．坚持专业化 拓展多元化——人民卫生出版社有限公司数字出版转型的实践探索［J］．中国出版，2014（09）：47–50.

［7］ 杜贤．坚持“九三一”质量控制体系，全程全员全面提升图书出版质量［J］．科技与出版，2013（03）：4–6.

［8］ 任松筠．做优供给侧，传统纸媒刻不容缓［J］．新闻战线，2016（05）：71–74.

［9］ 冯志峰．供给侧结构性改革的理论逻辑与实践路径［J］．经济问题，2016（02）：12–17.

［10］ 杜贤．执笔出征 出版上阵 知识服务 科学战“疫”——新冠疫情防控出版实践和创新探索［J］．中国出版，2020（13）：14–21.

第十章

建立“九三一”质量控制体系，坚持走高质量发展之路

质量是出版物的生命。生命相托、健康所系的医药卫生出版物质量不仅是出版物的生命，更攸关人民群众的生命安全和健康安危，所以质量就是生命，重于一切，高于一切。

图书质量管理一直是中宣部（国家新闻出版署）出版管理的重中之重，也是图书出版单位管理的重中之重。人卫社经过长期的探索、实践和积累，在国家出版工作质量管理规定和要求的基础上，以全程全员理念为核心，结合医药图书编辑出版工作的实际不断创新和完善图书质量管理体系，逐渐形成了具有人卫特色的、完整的、可操作性强的质量管理控制体系——“九三一”质量控制体系。

改革开放以来，我国图书出版行业空前繁荣，出版企业面临着前所未有的良好发展机遇，也面临着出版竞争空前激烈、出版质量下滑等一系列严峻挑战。现在全国每年出版新书约 20 万种，其中有不少精品和传世之作。大量优秀图书的出版，对于提高我国教育质量、丰富人民精神文化生活、推动社会进步、使优秀的民族文化薪火相传发挥了重要作用。然而在看到成绩的同时，也应正视出版行业存在的问题，如图书质量问题。影响和制约图书质量的原因是多方面的，有体制、观念、人才等方面的原因，但最主要的还是出版单位质量管理理念欠缺、管理体系不完善、管理措施不到位。

医药卫生出版是出版行业较为特殊的领域，它肩负着健康所系、生命相托的医药卫生人才的培养重任，质量尤其需要严格把控。确保医学图书质量，关键在于出版流程的创新建设和严格管理。

一、坚持“九三一”质量控制体系，全面保障出版质量

人卫社在国家出版相关质量管理规定和要求的基础上，结合医药图书编辑出版工作的实际，不断创新和完善图书质量管理体系，近年来逐渐形成了具有人卫特色的图书质量管理控制体系，概括为“九三一”质量控制体系。

（一）选题的“三次策划”

选题的“三次策划”是指“根植卫生健康，服务健康中国”

的宏观策划，针对图书市场的中观策划，针对读者、作者的微观策划。编辑要在社会大背景下思考目标市场需求，在策划中要首先考虑国家政策与宏观导向，教育教学改革发展方向，科技与学科发展引领，社会热点与读者需求等宏观因素；也要关注本社同类书出版发行情况、其他社同类书出版发行情况等图书市场中观因素；最终落脚到针对读者学历背景、认知与阅读习惯、普遍爱好与兴趣点等微观精细的读者策划。“三次策划”需全程全员参与，贯穿图书出版始终。

（二）选题的“三级论证”

选题的“三级论证”是人卫社精品战略的重要保障，指每个选题须经过选题部门内论证、部门间论证、社选题规划审批委员会论证的三级论证评审体系。①选题部门内论证，包括编辑策划论证、行业专家论证、编辑部论证 3 个环节；②部门间协商论证，包括营销部门对市场需求的论证，版权管理部门对版权开发的论证，数字融合部门对开发相关数字融合产品的论证；③社选题规划审批委员会论证，确定选题是否能够在人卫社立项。

三级论证的核心原则是科学、客观、公正，对出版物社会价值、学术价值、市场价值综合考量。为保证“三级论证”科学精细，我们进行了系列管理机制的探索：

1. 重点选题、行业发展新趋势选题、有学术争议的选题等，邀请人卫社专家咨询委员会、全国高等医药教材建设研究会专家开展同行专家匿名评议。

2. 在社选题规划审批委员会下建立高级编辑选题工作小组，在选题报社论证前，须报高级编辑选题工作小组论证，采取盲评的方法对每一个选题提出是否通过的评审意见和优化建议，以提高选题评审的客观性、科学性、指导性。

3. 部门间论证体现部门间协同提升选题质量。如生产销售部门的论证则是对图书生产成本、市场预期等进行精算，市场营销中心对选题具有一票否决权等。

4. 部门内部的论证，强调每个部门每月须召开部门选题论证会，策划编辑要系统介绍作者学术水平、行业影响力等，选题价值、主要内容与特点等，对印数、定价、利润进行预期，并回答由业内专家、资深编审、生产印制专家、营销专家、高级编辑等提出的问题，持续提升选题策划水平。

5. 为了保证“三级论证”落到实处、不走过场，选题经过批准后，编辑不能随意变更书名、主编、字数、内容框架等重要事项。如需对审批通过后的选题信息进行变更，一般信息须提交选题信息变更申请；重要信息变更须重新进行选题申报，再次进行“三级论证”。

（三）编写团队的“三级遴选”

编写团队的“三级遴选”是指对图书主编、副主编和核心作者进行三轮筛选。教材主编、副主编、编者的三级遴选首先在开办相关专业院校内部遴选，各院校需要综合考虑被推荐者的学识、精力、能力、影响力等方面因素，选出本校最合适的主编、副主编、编者人员；随后，全国高等医药教材建设研究会核心专家和秘书处根据全国申报情况进行第二轮遴选；最后，本专业教材评审委员会对申报人员进行最终遴选。学术专著编写团队的遴选和教材一样，需要综合考虑主编学术水平、编者行业影响、团队创新能力、专著权威经典等多方面因素，确保主编权威性、副主编代表性、编者覆盖性。

（四）稿件管理的“三次会议”

“三次会议”是指书稿管理坚持开好书稿主编会、编写会和定稿会。医学科技著作常由相关学科领域多个专业学术带头人共同撰写，如何将不同侧面、不同格调、不同文风的个人学术思想及表达形式整合重组、编辑成为在同一选题思想指导下的一部专著，实现作者学术思想、编辑策划思想的最佳结合和完美体现，开好“三次会议”十分重要。

主编会是系列教材、丛书或大型专著的主编们与编辑共同召开的会议，这个会议决定图书的方向、高度和广度，并要确定路线图、时间表。编写会则是各分册图书主编、编委和编辑共同召开的会议，编写会上将细化编写分工、落实编写进度、讲解编写要求等，编写会后，书稿即正式开始编写。定稿会则是书稿完成初稿，编委间交互审，主编审读全稿后召开的书稿管理会议。定稿会上要逐节逐段确定书稿内容，如有尚存在问题的内容，主编需给出明确修改意见。“三次会议”是图书“田间管理”的抓手，也是贯彻策划意图、确保编写阶段图书质量的关键。

（五）交稿、发稿、付型的三个关口“齐、清、定”

图书交稿、发稿、付型三个关口“齐、清、定”也是图书在编辑出版阶段质量的关键控制点。“齐”是要求文稿、图稿和附件（前言、目录、后记、附录等）都齐全无缺；“清”是要求文稿或图稿等缮写、描绘清晰，符合排版的需要；“定”就是要求内容确定，发稿后不再改动。这是图书编辑出版的传统要求，但随着编辑出版印制全面电子化，同类图书市场竞争日趋白热化，我们可以适当调整三个关口中对“齐、清、定”的要求，除付型阶段必须坚持“齐、清、定”外，其他两个关口可根据实际情况调整。

（六）书稿的“三审制”

编辑审稿是保障图书质量的最重要环节之一。人卫社在做好初审、复审“规定动作”的同时，充分发挥高级编辑人才作用，特别强化稿件终审工作。人卫社终审要从全局角度，负责对稿件的内容质量、对书稿能否发稿出书作出评判，具体有 5 个方面：审查书稿的政治思想内容是否符合党和国家的政策法律规定；审查书稿的科学性和学术质量，杜绝伪科学和学术质量低下的图书出版；审查书稿的封面、内封、版权页、内容提要、出版说明、前言或序、编者的话等重要的文前内容；审查初审、复审审稿记录，对初审、复审审稿质量进行评价，对初审、复审提出的重大问题提出处理建议；终审要写出书面的“终审意见”，对书稿的整体质量情况进行评价，为总编、副总编终签提供依据。

（七）书籍设计的“三级审核”

书籍设计的“三级审核”是指图书装帧设计经由美术编辑和版式设计人员审核、策划编辑和书稿作者审核、部门主任或公司领导审核。书籍设计是创造力，更是生产力。人卫社通过“三级审核”制度全面推进图书整体设计。人卫社追求的整体设计是从现代设计学、编辑学、传播学、美学及工艺学等多种角度，对图书从策划设计到最后完成的整个出版过程中各个环节的统筹考虑、整体设计和有条理的视觉再现，以实现外在形式和正文内容的有机统一，这也是人卫社全程全员提升图书质量的具体体现。

（八）清样的“三审三校”

清样的“三审三校”是指主编、编辑和校对三方面共同对清样进行审校，且校对人员要进行三个校次的校对。清样是作者和出版社修改书稿的最后环节，人卫社清样审读的基本要求是控制审阅时间，有错误的一定要改，可改可不改的一定不要改。

（九）书稿付型、样书、入库的“三段质检”把关

付型、样书、入库是图书生产印制过程中质量控制的关键点。人卫社首先在图书将要进入批量生产环节，即付型环节对清样进行质检；之后在图书单页印制完成后，先装订几本样书，送编辑进行 24 小时样书检查，确定无误后开始装订；最后在所有图书装订完成后，入出版社库房前对图书进行抽检，严把入库关。人卫社通过三段质检、三段把关，基本实现周期、质量、成本三方面的控制。

（十）书稿编校“一对一”的质量互检互扣

编校互扣是通过奖惩强化编辑和校对间“一对一”的质量互检质控。清样校对为匿名进行，在校对阶段，校对人员如发现编辑在审稿

中未改出的错误，则扣责任编辑的绩效工资，并补贴给校对人员；在清样核红阶段，如编辑发现校对人员在三校中未发现的错误，则扣校对的绩效工资，并补贴给编辑。编校互扣是将质量控制精、准、细、严的具体体现，实现从图书“基因”层次的质量控制。

在新的历史时期，如何更好地完善和创新图书质量管理体系，对每个出版单位都十分重要。人卫社作为全国首批优秀出版单位、中国出版政府奖先进出版单位、全国百佳图书出版单位，单位集体、产品和个人获得国家级各类奖项达 1 000 多项，这与人卫社多年来实施严格的“九三一”质量控制体系是分不开的。这一体系基本涵盖了从选题策划到选题实施、从书稿审定到图书印装等各个环节，是一个完整的、操作性强的质量管理控制体系，体现了人卫社近年来在质量管理中一直强调和实施的全程策划、全程质控、全程成本、全程营销、全程服务“五个全程”的理念和精细化管理的模式。

二、抓实质量管理年，统筹全年质控工作

（一）以质量专项年统筹全年质量管理工作

按照国家出版质量管理的总体工作部署，结合人卫社实际，我们从 2013 年开始实施质量专项年活动，到 2024 年已经坚持了 12 年。12 年的主题分别是：2013 年，质量保障年；2014 年，质量专项年；2015 年，质量提升年；2016 年，质量效益年；2017—2020 年，质量品牌年；2021—2024 年，质量精品年。

通过实施质量专项年活动，从制订计划、实施计划和结果评估，以完成每年出版物质量检查为基础工作，人卫社建立了完备的质量管控制度体系、管理机制、人才队伍，并通过每年的质量年重点活动，做到重点领域补短板、全面提升质控能力，全程全员守好质量生命线，实现“人卫制造”向“人卫创造”的跨越发展。人卫社从编辑源头开始全程全面全员全媒实施立体化的质量控制，严抓编辑质量，提高出版物的品质和价值，源源不断地打造精品，培养医疗卫生精英，形成精英和精品的良性循环，为更好地满足广大人民群众健康文化需求提供了坚实的质量保障。

（二）以提升质量为核心建体系强能力

出版社的质控工作应该如何开展，人卫社经历了十余年的探索之路。

2013—2015 年，逐步建立起质控管理体系。

2013 年，成立质量考评小组，设置部门质量监督员，质量管理成为每个部门的基本职责。

2014 年，组织召开全员的质量培训会，开展出版物质量评优活动。

2015 年，成立质控工作委员会，质控上升为全社全面管理的重点工作。

2016—2018 年，在常规质控工作的基础上开始探索重点突出的质量提升活动。

2016 年，策划优秀审读报告评选活动，着重提升书稿审读能力。

2017 年，开展优秀选题策划方案评选活动，重点提升选题策划能力。

2018 年，开展营销成功案例分享活动，推动编发融合的营销理念。

2019 年至今，建立起全面的质控体系、质控队伍，质控工作制度化，同时紧密围绕当年的编辑出版工作重点突出质控重点。

2019 年，围绕第七届韬奋杯全国图书编校大赛这一重点工作，开展青年编校竞赛暨第七届韬奋杯全国图书编校大赛初赛。质控关口前移，进一步增强质控力量，成立退休编审质检工作组，建立起发稿前质检、发印前质检和成书质检完整的质检体系。

2020 年，开展人卫编辑微课竞赛，推动编辑业务学习走向深入。

2021 年，开展人卫青年编校竞赛，以赛促学夯实编辑业务基本功。

2022 年，开展教材意识形态检查、插图排查等系列工作。

2023 年，开展人卫青年编校竞赛，为全国编校大赛作好准备。

2024 年，开展人卫社分社质量制度建设与检查工作等。

三、问题导向夯实基础，开展编校“三基”培训

人卫社成立于 1953 年，有悠久的办社历史和编辑工作传统，但面对出版高质量发展的要求和人卫社自身不断发展壮大的需求，我们必须不断审视自身的不足，强化编辑出版队伍的能力建设，才能以不变应万变，做好迎接任何挑战和机遇的能力准备。我不断思考，能力提升应该从哪里开始？基础不牢，地动山摇。自 2018 年开始连续 7 年，我推动“三基”培训，带领全体编校人员结合不同时期编辑工作重点和特点，系统学习编辑出版的基本知识、基础理论和基本方法。

2018 年，第一轮“三基”培训以人卫社公司领导班子和社外专

家讲授为主。我讲了第一课《夯实“三基”、完善质控、提升质量》。人卫社公司领导及社外专家、主要业务部门负责人分别围绕选题策划、作者遴选、组稿、初审、复审、终审、校对、印制、营销、数字出版、教材建设、新闻出版业主要奖项等主题进行授课。

2019年，第二轮“三基”培训以各编辑部及相关部门主任讲授为主。16位编辑部门主任走上讲台，围绕审稿规范、重点知识性问题、关键书稿质量管理、稿件全流程质量管理、不同类型书稿审稿特点与要求等主题进行授课。

2020年，第三轮“三基”培训由来自生产第一线的编辑讲授为主。20余位优秀编辑担任教师，分享一线工作质量管理的重点和痛点问题。如前言审读中的常见问题、大型原创学术专著的关键环节、期刊文稿中常见问题、插图的规范化使用及常见问题、规范用字用词、编校软件的使用等。

2021年，第四轮“三基”培训由人卫社公司领导讲授为主。人卫社分管编辑部门的公司领导再次走上讲台，结合新时期人卫社的重点工作与要求，分别以《坚持供给侧结构性改革，实现人卫社高质量发展》《守正创新，推动人卫社高质量发展》《新时代中国医学教育和教材建设》《立德树人和思政建设在教育教材工作中的重要性》《人卫集团数字出版转型升级融合发展的探索、实践与思考》为题进行授课。

2022年，第五轮“三基”培训以编辑部门主任讲授为主。他们的视野聚焦编辑工作实务和重点问题，如《坚持正确出版导向，守好意识形态阵地》《以工匠精神打造人卫教材精品力作》《将编辑工匠精神贯穿于图书出版全生命周期》《中医药书稿特点与常见质量问题分析》《医学书稿中的药物相关问题》等。

2023年，第六轮“三基”培训以生产第一线编辑业务骨干讲授为主。他们紧密贴合编辑工作实务，分享的内容具有很强的可操作性。如《警惕影像类书稿中的图片审读“陷阱”》《学术书稿处理中常见问题举例》《考试用书常见错误实例浅析》《卫生健康类书稿中隐匿性意识形态问题分析》等。

2024年，第七轮“三基”培训依然以生产第一线业务骨干讲授为主，讲课内容进一步聚焦，突出业务工作的难点和重点。如《新媒体营销实践》《人卫健康科普文章撰写交流浅析》《发扬工匠精神，提高审稿质量——从读者来信谈起》等。

通过7年7轮的“三基”培训，我对此项工作机制充满了信心，深刻认识到，新编辑需系统学习，夯实编辑出版工作基础；资深编辑需常学常新，以满足不断变化的时代对编辑工作新的能力要求；编辑需终身学习，真正做到“苟日新，日日新，又日新”，才能成为合格的新时代文化使命的承担者。

四、质量管理制度化，构筑完善的质量保障体系

（一）质量制度体系的构建

为规范质量管理，根据《出版管理条例》《图书出版管理规定》《图书质量管理规定》《图书质量保障体系》《图书编辑工作基本规程》等法规规章和人卫社编辑工作实际，我们制订了系列编辑出版管理制度，如选题、版权、审稿、发稿、设计、校对、封面、清样、样书、责任编辑、质量检查管理制度等，并根据人卫社编辑出版发展实际和

不同阶段的新问题适时修订，以保障制度体系的适用性，切实发挥以制度管理质量、保障质量的作用。本书选择几项制度加以说明：

1. 严格坚持稿件三审责任制度

审稿是编辑工作的中心环节，是一种从出版专业角度，对书稿进行科学分析判断的理性活动。在选题获得批准后，编辑需加强与作者的联系，组织召开好编写会和定稿会，支持作者完成稿件编写，做好编写阶段的质量管理。稿件交出版社后，要切实做好三审工作。每个审次都要严把政治关和政策关，确保书稿坚持正确的出版方向，无意识形态问题。同时切实检查书稿的科学性、艺术性和知识性，努力打造精品力作。三审环节中，任何两个环节的审稿工作不能同时由一人担任。严格执行每个审次对编辑人员的资质和工作要求。

为保障每个审次协同保障书稿质量，我们明确了每个审次的审稿工作要点和具体要求。如复审工作要点为：①在初审的基础上认真审读全稿，保障全稿质量。审读并解决初审提出问题或疑问。②对书稿整体结构、学术内容、文字表述、思想表达等再次审核把关。③对代封面、内封、前言类、目录、正文、图表、参考文献、索引、附录等重点审读，发现并解决政治性、科学性、思想性、学术性和原则性错误。复审结束时，要做好“复审记录”，写出不少于 300 字的“复审报告”，对初审工作做出公正评价，重点突出地记录审稿工作，对书稿质量做出正确判断和需要终审注意并解决的问题。

2. 严格坚持责任编辑制度

人卫社建立了策划编辑和审稿编辑序列，并明确策划编辑和审稿管理编辑为本书责任编辑，共同在封底责任编辑处署名。责任编辑应确保审稿质量，做好稿件的编辑加工整理和付型样的通读工作，使稿件的内容更完善、体例更严谨、材料更准确、语言文字更通达、逻辑更严密，消除一般技术性差错，防止出现政治性错误与原则性错误；并负责对编辑、设计、排版、校对、印刷等出版环节的质量进行监督。

3. 严格五个审次五级审签确保全程质控

人卫社建立了发稿五审次五审签全程质控的工作要求，要求发稿单和封面纸样须经过责任编辑、策划编辑、部门主任、公司分管领导逐一审核和质量把关并签字同意，全部稿件、工作文件及必要附件齐备后才能办理发稿，由总编辑终签后发稿。各级审签严格按要求审查书稿内容质量，不符合要求的稿件，每一层次审批人员退回上一层次修改完善。

4. 建立质量约谈机制

对于监管中发现的质量问题，开展质量提升约谈工作。公司领导和质量监管部门对责任部门和责任人进行约谈，对质量薄弱环节进行分析，督促部门履行产品质量主体责任，保障产品质量合格。

5. 坚持质量一票否决

人卫社坚持“五个一票否决”制度，“质量一票否决”是其中之一。同时，建立了对于出现质量问题的部门、个人、出版物相应的处理规定，发挥制度的警示作用。

（二）质控队伍建设

经过多年探索，人卫社建立了质量控制工作委员会及办公室、退休编审质检工作组、部门质量监督员等组成的质控队伍。质量控制工作委员会的主要职责是负责统筹公司质量管理、监督、协调和服务，制定公司出版质量管理规章制度和质量标准，组织实施公司质量相关活动，对出版物进行质量评定。质控办公室是质量管理的职能部门，完成质量管理的日常工作和质量管理年的组织实施。退休编审质检工作组负责日常质检工作。每个部门质量监督员负责落实部门的质量监督和检查工作。各个层次的质控工作重点不同，但分工协作，确保质控工作要求落实到每个部门、每个环节、每个岗位、每个员工、每个出版物。

另外，人卫社规定全体公司领导参与质检工作，质检范围为非分管部门图书，每人每季度质检图书不少于 1 种，全年不少于 4 种。建立新书常规抽检和重点图书印前质检制度，下一季度对上一季度出版的新书进行质检，采取随机抽取和重点检查相结合的方式，确定检查比例为 10%。

（三）智能编校工具的运用

人卫社努力提升数字质控能力，构建数字化、智能化质量管控模式。近年来编辑、校对两手抓，将校是非数据和质检数据与问题书稿和责任人对接，发挥数据预警作用。黑马编校和方正审校经过多年的使用和完善，辅助提升编校质量的作用已经显现。随着人工智能技术手段的不断进步，运用人工智能技术辅助审校，启动“人卫智能编校助手”研发工作，加速构建人卫医药专业词库。

参考文献：

［1］ 柳斌杰．做无愧于时代的新型编辑［J］．中国编辑，2008（03）：4–6.

［2］ 邬书林．加强学术著作出版规范 扎实推进文化繁荣发展［J］．中国出版，2012（22）：3–5.

［3］ 杜贤．创建中国特色的医药学教材建设模式［J］．科技与出版，2012（02）：17–21.

［4］ 杜贤．坚持“九三一”质量控质体系，全程全员全面提升图书出版质量［J］．科技与出版，2013（03）：4–6.

［5］ 饶邦华．强化过程质量控制 全面提高图书质量［J］．中国出版，2008（06）：73–74.

第十一章

强化智力支撑，凝聚中国医学专家力量

医药学专家是人卫社最为重要的资源和最为坚实的力量。在人卫社众多专家组织中，全国高等医药教材建设研究会和人民卫生出版社专家咨询委员会，是人卫社最具行业影响力的专家组织，其年会成为人卫社最重要的年度学术品牌活动。25 年人卫社“两会”年会的发展历程，就是人卫社携手全国医药学专家，脚踏实地、严谨求实、勇于开拓、努力前行的奋斗历程。

一、凝聚专家——人卫“两会”年会

全国高等医药教材建设研究会暨人民卫生出版社专家咨询委员会年会，我们亲切地称之为人卫社“两会”年会。人卫社“两会”年会始于 2000 年，一般于每年第四季度适宜时间在京召开，除了 2021 年因新冠疫情停办一次外，至 2024 年已经举办 24 届。经过 25 年的持续努力，人卫社“两会”年会已经成为我国医学界、教育界、出版界、文化界共同参与，得到社会广泛肯定的高水平、高规格、高影响力的人卫社学术品牌活动。

历年“两会”年会，我与人卫社同事们一起精心策划、组织、服务，邀请国家领导人和国家相关部委局领导，中国科学院、中国工程院两院医药学专业的院士，中华医学会、中国医师协会、中华口腔医学会、中华护理学会、中华预防医学会等国家级学会协会负责人和权威专家，全国医药院校、科研院所的院校长、学科带头人、学术领袖等齐聚在人卫“两会”年会这个平台上，紧密围绕医药学教材建设、医学学术创新与出版、健康科普知识服务和人才创新培养广泛、深入、权威、专业研讨，并开展了大量重要且富有成效的工作，为新世纪我国卫生健康事业高质量发展和医学人才培养作出了人卫社的贡献。

（一）不忘初心，承继创新

为了适应新时代中国医学教育改革和发展的需要，更好地做好医药学教材建设工作，人卫社在全国人大、全国政协、国家卫生健康委员会、教育部、中宣部、国家中医药管理局、国家药品监督管理局等政府部门的领导和支持下，在吴阶平、裘法祖、吴孟超、陈灏珠等老一辈医学家和教育家的倡导下，在全国广大医药卫生院校的支持和参与下，于 2000 年 4 月在北京成立了全国高等医药教材建设研究会，隶属于中国高等教育学会医学教育专业委员会。研究会在促进我国医学教育改革和医学人才培养工作的同时，在我国医药学教材建设理论研究、机制创新、模式创新、顶层设计、质量把关、编辑出版、评优荐优、扶助贫困大学生等众多方面开展工作，成为研究医学教育、引领和规范医学教材建设、凝聚医学教育工作者的重要学术组织。

为了广泛凝聚专家智慧和力量，深入整合专家资源和成果，充分发挥专家咨询和指导作用，人卫社团结中国科学院、中国工程院两院医药卫生院士，中华医学会等全国医药学学会协会的专家教授，各学科专家学术权威领军人才等，于 2003 年 11 月在北京成立了人民卫生出版社专家咨询委员会。人民卫生出版社专家咨询委员会主要围绕医药卫生事业发展、高素质医学人才培养需要以及大众健康需求，对医学学术精品与优秀科普读物的出版给予指导、咨询和把关。

25 年来，人卫社“两会”年会在政府领导的关心和支持下茁壮成长，在全国两院医药学院士、国际国内专家学者的参与和指导下创新发展，初心如磐，奋楫笃行，通过审议医药学教材建设规划，研讨国内外医学教育发展的热点、难点问题和趋势，推动医学教育及教材建设的创新发展，持续服务我国医药学教育教学质量和教学水平提升，为培养高质量、高水平、高素质的卓越医药卫生人才服务，为我国医药教育事业的改革和发展作出了重要贡献。

（二）构筑模式，熔铸品牌

1. 夯实我国医药教材建设研究基石

在全国医药院校的积极参与和支持下，全国高等医药教材建设研究会对全国医药教材进行顶层设计、整体规划、组织编写、评审推介、评优荐优，积极开展中国医学教育改革研讨、学制建设论证、课程设置研究、教材规划出版、医学教育数字化创新发展等工作，形成了具有中国特色的医药学教材建设与研究模式。在人卫社“两会”平台上，医学教育大家、专家认真研究“十五”“十一五”“十二五”“十三五”“十四五”国家级规划教材的建设方案，研讨新世纪高等学校医药本科教材、八年制教材、研究生教材、中医教材、双语教材、数字教材、融合教材的专业化、系列化、多样化问题，并以医药学教材创新建设为抓手，服务医学教育综合改革。

2. 推动中国医学教育出版与国际接轨

2008 年，北京成功举办第 29 届夏季奥林匹克运动会。这一年人卫社“两会”年会在人民大会堂举行，吸引了众多国际朋友。这次盛会既是首届国际医学院校长高峰论坛，同时也是人卫社建社 55 周年的重要活动。来自美国、英国等国际知名医学院校的院校长，以及来自中国的全国高等医药教材建设研究会和人民卫生出版社专家咨询委员会的专家学者，共同探讨中外医学教育与教材建设的现状和发展趋势，以促进双方在教育理念、教学方法、教材建设等多方面更深层次的交流与合作。全国人大常委会原副委员长桑国卫、时任美国公共卫生联盟主席 Jay H. Glasser 等领导和专家出席会议并讲话。人卫社“两会”年会努力联结国内外医学教育院校及专家，成功策划和组织召开了两届北京国际医学院校长高峰论坛。“两会”

年会品牌和高峰论坛源于教材规划和建设，走向教育发展和改革，从理论务虚走向创新务实，从国内医药学教育发展走向与国际医药学教育接轨，逐步形成以教材建设为主要抓手，研究医药学教育发展与改革，联结国内外医药学院校的学术会议机制。2009 年、2010 年两届人卫社“两会”年会上，连续召开了第二届、第三届国际医学院校长高峰论坛，推动了中国医药学教育和教材建设的国际化进程。

3. 礼赞华章满载中国医学教育的荣誉和感动

回眸人卫社“两会”年会发展历程，满载荣誉、满怀感动。犹记得 2004 年我们向敬爱的吴孟超院士颁发“医药教材建设特殊贡献奖”，2005 年为首届全国高等学校医药优秀教材主编颁奖，2019 年向全国高等医药教材建设研究暨人民卫生出版社专家咨询年会 20 年突出贡献奖的 20 位专家献上最美的鲜花，2020 年向抗疫出版物编者团队致以崇高的敬意，2021 年隆重表彰第五届中国政府出版奖、“中国好书”、首届全国教材建设奖获奖出版物作者，2023 年举行人卫社 70 年精品力作表彰仪式……无论是一线教师、临床工作者，还是主编、院士，每一部获奖出版物都闪耀着中国学者的信仰与智慧、匠心与执着、汗水与梦想。在获奖者的身上和获奖作品中，我们看到的是中国医学教育事业永不停歇的改革探索，感受到的是中国卫生健康事业改革与发展的磅礴力量。

4. 情系社会帮扶全国医药院校优秀学生

在 2013 年人卫社“两会”年会上，我们正式启动“全国医药卫生院校优秀学生扶贫工程”，这是人卫社“十一五”发展规划重点工程，计划在全国医药院校中，以“先试点，后扩展，最终覆盖全国医药院校”的形式，逐步实施为优秀贫困生无偿赠送教材的工程。首批 10 所受助院校为新疆医科大学、内蒙古医学院、中国医科大学、河北医科大学、泸州医学院、昆明医学院、广西医科大学、江西医学院、贵阳医学院、天津医科大学。“全国医药卫生院校优秀学生扶贫工程”这一公益性社会活动的重要意义不仅在于我们为贫困大学生提供了经济上的帮助，更重要的是帮助他们完成学业，树立对社会、对职业、对人民的责任意识，为成为一名品德高尚的医务工作者打下坚实的基础。

5. 传播和弘扬中国卫生健康职业精神

2020 年是特殊的一年，这一年新冠疫情暴发，这是一场突如其来的危机，也是一场前所未有的大考。作为国家卫生健康委直属医药卫生专业出版社，人卫社发挥了出版领域防控新冠感染国家队的引领、示范作用，迅速启动了应急出版机制，推出了系列防疫战疫出版物。在这一年的人卫社“两会”年会上，“人民英雄”国家荣誉称号获得者、中国工程院院士张伯礼教授，中国工程院院士李兰娟教授等专家莅临会议现场。大会设置了一个特别环节——向“最美战‘疫’医务工作者”致敬，来自战“疫”第一线的医生、护士、疾控人员走上人卫社“两会”年会舞台，以真情讲述真实故事，会议现场充满温暖和感动，传递了中国抗疫正能量。

6. 推动传统出版向数字融合纵深发展

人卫社“两会”年会见证了人卫社由传统出版向数字化、智数化跨越式纵深发展的重要事件——

2014 年，“中国首套国家级医学数字教材”全套出版发布，“中国医学教育慕课平台”上线发布。

2015 年，启动人卫开放大学建设，医药健康大数据智慧综合服务平台上线。

2016 年，人卫开放大学开课，“人卫临床助手”——中国临床决策辅助系统面向我国广大基层医疗机构启动使用，人卫健康科普平台面向人民健康上线服务。

2017 年，人卫开放大学正式开课，与国家健康医疗开放大学助力全民健康和学习型社会建设；人卫社与中国移动、奥鹏教育、科大讯飞启动战略合作。

2018 年，成立中国临床决策辅助系统专家委员会，与腾讯公司开展战略合作，研讨智慧医疗推动医疗变革重点问题。

2021 年，人卫继续医学教育网上线。

2022 年，人卫慕课专家委员会、人卫模拟医学专家委员会成立。

2023 年，人卫社卫生健康思政教育建设工作启动暨专家委员会成立，围绕“立德树人”的根本目标，加快课程思政案例库建设，助力医学院校思政教育。

2024 年，举行全国高等医学教育课程思政案例库临床医学专业上线及护理学类专业启动仪式。

一路走来，人卫社通过人卫社“两会”年会不断凝聚共识和力量，团结全国医学专家，把数字融合出版的理念厚植于专家思想中，把创新实践一步步推向深入。

二、敬重专家——时刻把专家作者放在心上

人卫社作为国家级医药教材建设和医药卫生人才培养基地，持续创新完善人卫社“两会”组织建设和工作机制，根据工作需要陆续成

立中国医学教育慕课联盟、全国高等学校医学数字教材建设指导委员会、全民健康促进和科普教育专家指导委员会等系列重要专家组织。这些组织成为人卫社多个领域工作的重要智力支撑。团结专家、依靠专家、充分发挥专家的作用，成为人卫社每一位编辑的重要职责。我向全体编辑提出要求，要尊敬和重视每一位专家，认真对待专家的意见和要求，成为专家与人卫社之间的桥梁纽带。正是在与专家无数次的沟通与合作中，专家成为了我们的良师益友。

（一）君子之交

2001 年，我收到一封手写的投稿信，经查是中国医科大学退休老教授林兆谦的亲笔信。他介绍自己下放基层卫生院工作 20 多年，实践不断学习不止，阅读了医学杂志期刊 1 400 多种，收集了 4 000 多例发热疾病案例，自己进行了案例分析、正误判断和诊疗措施解读，编著成了一部关于发热疾病分析解读的实用性专著，找了几家出版社都需要经费支持才考虑出版，他走投无路，最后希望寄托在人卫社。我阅读了书稿，发现内容对基层医生和年轻医生认识发热并正确处理疾病有很好的参考价值和实用意义。同时我还了解到这是林兆谦教授下放劳动期间的精神寄托，是他用毕生心血完成的一件大事。了解了书稿的写作背景和学术价值后，我果断地推动选题立项，列入人卫社的出版计划，并通过书信和林教授多次沟通书稿内容细节，修改完善书名，最后以《发热疾病的诊断与病例分析》的书名正式出版。

2006 年，我带队去中国医科大学调研，向参加调研的同志们讲述了这个故事，并表示希望拜见林兆谦教授，才实现了和林兆谦教授见面的夙愿。当我手提果篮手捧鲜花见到白发苍苍、步态蹒跚的林教授时，他放下手中的东西，激动地快步上前紧紧握住我的双手。多年才相见，专著已两版，相拥话真情，以文聚相知。沈阳别过，林教授给我来了一封真挚感人的信，他说：“君子之交淡如水，君子之交清如水；食君水果口感甜，口甜没有心里甜。”

（二）亦师亦友

每年的人卫社“两会”年会，只要裘法祖院士、吴孟超院士、陈灏珠院士到会，我都会推掉手中一切工作，早早地到机场去迎接他们。当他们在机场和我紧紧握手时，当我搀扶他们缓步走进会场时，当他们虽然年岁已高仍坚持全程参加会议时，当他们胸怀天下、甘为人梯、奖掖后学时……每一个瞬间似乎就在昨天，和他们的每一次相处，都成为我高山仰止、学习提升的良机。他们的言传身教、金玉良言和严格鞭策，让我时刻启智增慧、铭记在心，并常常以老人家的话语来激励其他年轻学者专家和人卫社的年轻编辑。

（三）胜似亲人

2019 年，为了做好全国高等医药教材建设研究会暨人民卫生出版社专家咨询委员会年会 20 年突出贡献奖的表彰工作，我带领着“两会”年会工作组的同志们加班加点地筹备。为了系统总结 20 年的“两会”历程，我们邀请拟表彰专家录制视频。吴阶平院士和裘法祖院士已经仙去，当从历史材料中找出他们的照片时，我饱含热泪；当来到上海，在吴孟超院士的办公室架起摄像机，他中气十足一气呵成时，我满心欢喜；当看到陈灏珠院士有些疲累时，我又担心不已……他们在我的心目中，不是亲人胜似亲人，因为我知道他们为了中国医学教育事业付出了多少心血。

2020 年 6 月，当我听说正在审校清样阶段的《黄家驷外科学》第 8 版主编、98 岁高龄的吴孟超院士病危住院，我紧急组织总编辑总经理办公室、编辑部、生产调度中心的同事们加急赶制了一套第 8 版《黄家驷外科学》样书送到吴老病床前。在与疾病艰难抗争的吴老竟然顿时眼睛为之一亮，精神的振作对老人家病体的恢复起到了好的作用。听到这个消息，参与这项工作的编辑们都非常感动，感动于老人家对《黄家驷外科学》的牵挂，并更深切地体会到了出版的力量和编辑奉献的价值。

编辑和作者、专家之间的交往，首先是基于书稿出版价值的研讨，是“君子之交”；随着对出版的了解和出版渠道的建立，一部分作者能持续地创作和产生出版的需求，因此就会和编辑多次沟通和合作，成为互相信任和支持的合作伙伴，形成“亦师亦友”的关系；有的作者成为专家、成为大家，他们的成长历程与出版结下了不解之缘，他们成为出版社最忠实的作者、最有力的后盾，他们和编辑形成了不是亲人胜似亲人的关系。这也是编辑工作带给我们的极其重要的获得感，我们通过工作认识了这个领域最优秀、最富创造力的一群人。专家与编辑合作产生的成果不仅仅助力了专家的成长，更重要的是为学科发展及人才培养发挥了文化的价值与作用。

三、服务专家——出版智库建设

智库是国家软实力的重要组成部分，智库的建设是一个单位、一个行业、一个国家、一个民族创新发展、取得成功的坚实基础和重要平台。出版行业的文化产业和文化事业的特点决定了一个优秀的出版企业必须是研究创新型企业，以科学研究的工作和智库的建设工作为核心的智力资源建设是出版企业全面推动传统出版与数字出版融合，实现跨越式发展的重要动力。

人卫社一直积极贯彻落实中央的指示精神，在创建“人卫智库”的过程中，高度重视新型智库的组织形式和管理方式，注重智库系统性、整体性、协同性，努力造就一支坚持正确政治方向、德才兼备、富于创新精神的队伍，注重科研成果转化为生产力。人卫社立足于党和国家卫生健康事业和出版事业全局性、战略性和前瞻性的发展需要，紧跟卫生健康与出版行业发展的新趋势、新业态、新模式、新技术、新需求，紧密围绕人卫社高质量创新发展的重点难点痛点问题，以成果为导向，创新开展研发和智库建设机制的探索和实践，以智库力量推动企业快速发展。

（一）探索智库建设，实现“三步跨越”

2013 年，人卫社成立卫生出版传播研究发展中心，作为职能管理部门全面负责开展卫生出版传播规律和发展策略的研究，制定公司战略发展规划，研究编印发等出版发展策略、政策，及时转化、应用科研成果。

在中国新闻出版研究院、全国高等医药教材建设研究会、人民卫生出版社专家咨询委员会等机构、协会和平台的帮助和支持下，人卫社融合医药卫生、出版传媒等多方面智力资源，以医药卫生出版为抓手，以服务健康中国为目标，通过全球医学教育反思、中国医学教育反思、中国医药卫生出版传媒反思，创新适合中国国情的医药卫生出版传媒理念和方法，全面推进传统出版与新兴出版融合，努力推动文化体制改革、服务教育体制改革、助力医药卫生体制改革。

为响应中共中央、国务院《关于深化体制机制改革 加快实施创新驱动发展战略的若干意见》要求，营造大众创业、万众创新的政策环境和制度环境，人卫社从自身工作实际出发，以“观念、思路、机制创新为先”进一步推动人卫社科研工作，建立健全企业科研创新管理工作机制，制定《科研创新工作管理办法》，加强科研管理协调，通过科研课题设置、协调、管理，调动全社各方的科研创新热情，形成每人都是“智库专家”的全社创新的新局面，科研创新工作全员化、常态化、成果化的新局面。人卫社组织了 2015 年度人卫社第一批科研课题申报和研究工作，组织全社员工围绕“人卫开放大学建设研究”等 21 个课题进行了深入研究，并逐步实现成果转化。

为落实党的二十大精神，落实习近平文化思想以及习近平总书记关于贯彻新发展理念、创新与标准建设、中国特色新型智库建设等重要论述，进一步深化出版智库建设，人卫社经过深入调查研究，于建社 70 周年之际正式成立专职研究机构——人卫研究院，并自主出资设立人卫创新发展研究项目作为科研创新工作的平台和阵地。人卫研究院基于人卫社卫生健康出版的深厚积淀，坚持以人民健康为中心，以文化强国为己任；坚持弘扬科学家精神，凝聚智库专家力量；坚持深入调查研究，推动行业高质量发展。作为出版企业智库，人卫研究院以研究为支撑，以卫生健康行业标准出版物研究、人卫标准研究、文化出版企业高质量发展研究、出版新业态新技术新产品研究为核心，坚持高起点谋划、高标准建设、高水平推进，为人卫社高质量创新发展开辟新领域新赛道，形成新动能新优势，以卫生健康文化软实力提升科技硬实力，以标准支撑人卫社为健康中国、质量强国、文化强国建设贡献更大力量。

（二）坚持结果导向，推动“六大融合”

人卫社正在充分发挥研发智库的发动机作用，以结果为导向，以成果转化为目标，不断推动企业创新发展。2024年是实现“十四五”规划目标任务的关键一年，人卫社主动适应新时代经济社会发展，进一步深化体制机制改革，依靠改革创新应对变局、开拓新局。特别是数字出版转型升级方面，人卫社以传统出版为积淀，通过内容资源融合、专家资源融合、编辑资源融合、产品平台融合、组织机构融合、生产流程融合“六大融合”，快速推进数字出版转型升级。人卫社已顺利完成涵盖学术、教育、健康、考试、期刊等九大频道的人卫智网建设，积极推动“中国医学教育慕课联盟暨中国医学教育慕课平台”等10余项文化产业发展专项资金项目和国有资本经营预算项目建设，紧跟科技动态和行业发展趋势，开发多媒体、多终端的数字化服务，构建人卫大数据和人卫云，全面推动人卫社由传统的医药卫生出版者向医药卫生信息综合服务提供者转型升级。

（三）坚持改革创新，倡导“八种精神”

人卫社取得这样的成绩，与智库建设和创新工作的“八种精神”是分不开的：

一是科学精神。求真务实的科学精神是人卫社一直恪守的价值标准和行为规范。我们只有坚持科学精神，才能以严谨务实的态度遵循编辑出版工作的规律，才能切实推动事业沿着正确的方向前进和承担起“六传”使命。

二是原创精神。原创意味着“首创”，只有坚持问题导向，深入调查研究，才能发现真问题，才能创造性地解决问题，这也是出版深度融合、转型升级的必然要求。

三是批判精神。批判精神是对所做工作的反思和对未来工作的深入思考。批判精神可以让我们审视自我、超越自我。人卫社在发展过程中时刻保持批判精神并坚持自我“革命”，在坚守主阵地的同时，不断寻找自身的短板，寻求相应的对策，谋求更高质量的发展。这正如人卫创新发展研究项目设立的初衷——科学前瞻，心怀“国之大者”；问题导向，聚焦主责主业；成果转化，形成创新动力。人卫创新发展研究项目的研究重点均为影响人卫社与行业高质量发展的关键问题，我们要带着评判精神去发现问题，进而分析问题、解决问题。

四是融合精神。海纳百川，有容乃大。人卫社高度重视医学专家、数字出版专家、教育技术专家队伍融合；注重建立部门间的协同工作机制，培养互联网思维、资源整合和应用能力，打造适应融合新要求的新型编辑队伍；建立用户数据统一标准，整合现有用户资源；贯通“中国医学教育数字出版平台”“中国医学教育慕课平台”等国家级平台，实现现有各个平台的融合。

五是开放精神。开放精神是企业发展的动力，企业能否发展壮大，是否有与时俱进的开放精神是关键。如人卫开放大学的建设宗旨是“学习自主、学分互认、成果共享、开放共赢”，让用户在没有围墙、消除壁垒、集合全球优质医学教育资源的人卫开放大学里随时随地自主学习。

六是转化精神。成果如何转化为生产力是人卫社研究工作重点考虑的问题。人卫社围绕卫生健康、新闻出版中心工作重点，将社会效益放在首位，以企业发展需求为导向，开展重点攻关，注重成果转化，完成了转企改制、集团化建设、投资融资、精细化管理、单品种核算等多个关系企业发展的重大问题研究，并取得实效。

七是精准精神。人卫社始终坚持问题导向，深入调查研究，在解决问题的同时不断反思，发现自身短板，全方位、接地气地推动改革发展，逐渐形成了良性循环和迭代发展。如人卫社在原有“中国医学教育慕课联盟暨中国医学教育慕课平台”项目的成果基础上，升级和延续“人卫开放大学和中国医学教育慕课平台升级及课程建设”项目，并于2015年进一步整合数字教材、教学素材库、慕课等多种数字资源，成立人卫开放大学，同时进一步开发各运营管理平台。精准的研发促进了人卫社的良性循环发展，同时良性循环和迭代发展相辅相成，使人卫社实现观念、体制、机制、人才、服务的顶层规划、全盘运维。人卫社用一流的教材、一流的教师和一流的学科，推动一流的大学建设、一流的学术创新和一流的学生培养。我们紧跟移动互联网时代特点和发展趋势，将“互联网+”思维落实在工作中，顺应时代发展趋势，精准服务“卫生健康出版+互联网+医学教育+文化繁荣”，为我国卫生人才培养、医药科技进步、文化发展繁荣、人民群众健康作出积极贡献。

八是双效精神。人卫社充分发挥卫生健康出版国家队的示范引领作用，在推动“把社会效益放在首位，实现社会效益和经济效益相统一”中走在前列。“十四五”时期，人卫社进一步适应从数量规模增长向质量效益提升的转变，把握全球新一轮科技革命和产业变革机遇，出版理念和管理体制更加成熟稳健，发展战略、目标和路径更加明确；公司发展资源更加丰富，人才、资本、技术、管理等要素基础雄厚；传统出版效率提升，数字出版动能增强，服务卫生健康行业发展的能力和水平不断提高；人卫品牌建设和专业技术队伍建设持续加强，为提高公司核心竞争力奠定了基础。

特别是在企业智库建设和研发过程中，人卫社顺应形势，紧抓机遇，创新性地开展工作，带着问题精准研发，通过不断反思发现自身短板，推动成果转化，实现双效益，形成长效发展机制和良性循环。这一循环是人卫社研发工作的落脚点和智库建设的着力点。

参考文献：

[1] 杜贤．以结果导向推动出版企业智库建设探析——以人民卫生出版社为例［J］．出版发行研究，2016（01）：16-19.

第十二章

人才是第一资源，驰而不息建强出版专业队伍

党的二十大报告明确提出："教育、科技、人才是全面建设社会主义现代化国家的基础性、战略性支撑。必须坚持科技是第一生产力、人才是第一资源、创新是第一动力，深入实施科教兴国战略、人才强国战略、创新驱动发展战略，开辟发展新领域新赛道，不断塑造发展新动能新优势。我们要坚持教育优先发展、科技自立自强、人才引领驱动，加快建设教育强国、科技强国、人才强国，坚持为党育人、为国育才，全面提高人才自主培养质量，着力造就拔尖创新人才，聚天下英才而用之。"

人卫社历来高度重视出版人才的培养，坚持以习近平新时代中国特色社会主义思想为指引，坚持正确的政治方向和科学的出版导向，以创新为引领、融合为渠道、质量为根本、双效为目标，大力培养新时代优秀出版人才队伍。

一、总编辑：坚持政治导向，保证精品出版

我始终认为，出版社总编辑是时代风气的先觉者、先行者和先倡者，是编辑出版主业的决策者、领导者和责任人之一。如何更好地承担起出版社出版思想代表者、文化精神引领者、出版战略设计师、选题规划实施者、编辑业务掌控者、质量监控责任者、编辑人才培育者的神圣职责，肩负起新的历史时期赋予总编辑传继历史、传承文明、传播文化、传授知识、传扬科技和传递信息，以实现文化大发展大繁荣的新的神圣使命和历史重任？我是这样想的，也是这样做的。

（一）坚定履行政治责任和文化使命，坚持正确出版方向，构建社会主义核心价值体系

出版社总编辑要坚持以习近平新时代中国特色社会主义思想为指引，坚定贯彻落实习近平文化思想；要积极认真学习并坚定贯彻执行习近平总书记系列重要讲话精神，推动文化产业改革发展；要认真学习领会并坚定不移地贯彻落实党的路线方针政策，尤其是党的十八大以来关于文化体制改革和加快文化大发展大繁荣的一系列中央文件精神；要坚定按照 2011 年新闻出版总署发布的《关于进一步加强出版单位总编辑工作的意见》精神自觉担负出版社总编辑的政治责任，坚持政治家办社办刊办报的思想和理念，坚持坚定的政治立场和观点，坚持媒体的政治敏锐和觉悟，坚持正确的出版方向，坚守正确舆论和理论主阵地，弘扬时代先进主旋律，提供积极健康科学向上正能量，构建社会主义核心价值体系。

构建社会主义核心价值体系是全面建设小康社会、努力构建和谐社会进程中的根本思想基础，是中华民族伟大复兴的共同精神力量。出版物作为精神文化产品是构建社会主义核心价值体系的重要组成部分，作为总编辑应该统领全局、把握方向，以出版物为载体把社会主义核心价值体系转化为社会群体意识，通过语言、文字、图片、动漫、影视贯穿到各级各类出版媒体传播之中，渗透到精神文化产品创作生产之中，使社会主义核心价值体系内化为人们的价值观念，外化为人们的自觉行动。

面对复杂的国内外社会、经济、政治、军事、科学、文化、技术和民生的发展格局和潮流趋势，总编辑作为出版导向的引领者和把关人，需要拥有全球视野、大局意识和战略思维，因势而谋、顺势而为、应势而动，牢牢把握正确的理论方向和舆论导向，正确引导社会理论和舆论。尤其是在传承历史文明、传播文化精粹、传授知识成果和传递科学资讯等方面，以及宣传思想理论、推广先进技术、推动文化交流和引进来走出去等领域，总编辑需要政治智慧、科学思想、学术敏锐、渊博知识、鉴别能力、国际视野、掌控艺术和管理水平，整合资源、综合力量，牢牢把握出版导向，支持原创、推陈出新、辨别真伪、吸取精华、剔除糟粕，以不断丰富完善的精神产品出版物为载体，构建社会主义核心价值体系，奏响满足人民需要的时代主旋律，夯实服务人民群众思想精神文化需求的主阵地，为提升中华民族文化软实力、实现中华民族伟大文化复兴的中国梦贡献力量。

（二）坚持以社会效益为最高准则，实现社会效益和经济效益有机结合

在转企改制后，出版社经济规模的扩大和经济效益的增长是经营

性文化单位的责任，作为市场主体追求经济效益最大化符合市场经济规律。但出版社在生产经济产品同时也产生了精神产品，在生产经济效益同时也产生了社会效益，具有重要的社会文化属性和社会政治责任，是文化建设的主要重镇、意识形态的重要阵地、精神产品的创新基地。总编辑的重要责任，就是实现对出版物赋予更大更多的道德力量、体现更大更多的精神价值、凝聚更大更多的正能量，最后实现更大更多的社会效益，并坚持社会效益首位原则，实现社会效益和经济效益有机结合。

总编辑应首先从政治责任高度，结合出版社的专业属性和任务目标，从出版总体思想上把握出版导向，从出版规划战略布局上坚定出版方向，从选题源头上严控内容质量，从作者编者遴选上严守出版队伍正能量，从出版环节上严格流程管理，从市场营销上严抓主旋律的宣传传播，实施总编辑导向责任制和方向负责制，实现在总编辑主抓下的始终以社会效益放在首位为最高准则的出版体系和运作流程，确保社会效益与经济效益的有机结合。事实证明，只有最大化地发挥总编辑的重要作用，才能确保实现出版社的最高社会效益，同时实现出版社产品经济效益的最大化，并实现两者的有机结合。

科技出版的两个效益是辩证统一的，只要选题遵循了科学技术发展规律、内容上满足了市场读者需求、结果上推动了科学技术发展进步，效果上实现了理论成就、技术手段和实践经验的成果转化，那么该选题图书就一定有较好的社会效益，就一定有较好的市场需求，就一定能实现较好的经济效益。

（三）制订出版战略规划，并负责规划的战略布局、战略实施和监督执行

总编辑岗位的特点决定了总编辑在出版企业发展战略决策中应发挥十分关键的作用。出版战略发展规划是出版社发展规划的核心，是指导出版社各项工作有序、高效运作的纲领性文件。总编辑要根据国家方针政策、行业发展战略和企业总体目标，在领导班子的集体领导下带领团队科学、清晰、准确制定出版战略规划，并分解目标和任务，建立项目责任制、实施团队负责制，逐级逐层负责落实，确保战略规划的落实和执行。

总编辑要有全球化、大数据、互联网思维，全局性、前瞻性、战略性视野，创新性、原创性和敏锐性意识，带领编辑出版团队，努力落实出版战略发展规划，推动出版社的改革和发展。总编辑要组织制订并落实中长期选题规划、年度选题计划和出版计划，确保编印发主业流程执行有力。还要组织选题策划和产品研发，特别是加强具有原创性内容的选题策划和产品研发；组织选题的论证和审批；组织重点选题的立项工作。专业出版社总编辑应该经常思考如何根据所在学科的专业发展需求和市场变化情况，推陈出新，优化结构，规划选题策划的方向，引导本社的选题策划、营销宣传、品牌塑造。总编辑要亲自抓重大选题、重点选题和创新选题的顶层设计、整体策划、工程立项和战略实施的规划工作。

（四）坚持完善质量控制，实现数量规模效益向质量精品效益转化

决定出版社核心竞争力的不仅是出版物的数量和规模，还有出版物的质量和品牌。质量是出版物的生命，也是决定出版社生存发展的

关键。总编辑是出版社质量第一责任人，确保并不断提升出版物的质量、打造出版社质量品牌是出版社总编辑的重要职责。

总编辑必须坚持出版物质量优先原则。首先，确保出版物内容质量，坚持正确的出版方向，坚持正确的政治导向，坚守内容科学、正确、准确和规范，坚持重大选题备案审查制度，确保出版物内容质量符合国家方针政策、符合国家法律法规、符合科学文化技术发展规律。其次，确保图书编校质量，建立健全编校流程和“九三一”质控体系，坚持三审三校制度，全程全员实施质量控制和质量管理。再次，确保出版物装帧设计质量，坚持书籍设计理念和精品设计质量。最后，确保印制质量，实施图书生产全流程监控、全流程负责、全流程质控。

（五）创新编辑流程管理，不断建立健全编辑出版流程和管理制度

当今的出版社已不同于以往传统意义上的出版社，我们从单一的编辑、出版、发行的产业链向以编印发为主的产业链延伸、内涵式拓展、外延式扩张、多元化发展转变，正在形成由单一的内容提供商向内容服务商转变，由传统媒体出版向新兴媒体出版转变并深度融合发展的新格局。总编辑要根据不断发展变化的大出版、新媒体、数字化等趋势，在传承基础上不断创新完善编辑出版流程，根据市场竞争需要适时调整和完善一系列规章制度，适应改革和发展的需要创新编辑机制、完善出版体制，建立健全策划、组稿、审稿、编辑、校对、设计、生产、营销和质控等一系列管理体系和制度，确保编印发业务流程各环节传承创新、畅通有序、保障有力，并确保新媒体、新技术、新手段在出版业务中的推广运用，促进出版主

业新质生产力建设，推动出版主业的高质量发展。

（六）推动数字化转型升级，实现传统出版传媒与新兴出版传媒的融合发展

总编辑在推动出版社数字化出版转型升级中的地位和作用非常重要。总编辑要及时学习掌握大数据、互联网和云计算的相关知识，树立互联网思维，为出版社数字化发展和转型升级做好理念、知识和思想准备。总编辑要清醒地认识到，首先要做好传统出版、汇聚出版资源、形成特色内容、凝聚作者力量、保护内容资源，为出版社数字化出版转型奠定“内容为王”的基础；之后，科学分析研究出版社数字化的优势和劣势、机遇和挑战，做好数字化顶层设计和战略规划；然后分步实施、科学布局、项目推动，务实地推进传统媒体出版和新兴媒体出版的逐步融合发展。人卫社首先对已有传统资源深度挖掘整理，构建素材库和数据库，然后建设数字化平台，之后实现书配盘、网络增值服务、APP、数字教材、网络课程、慕课课程和慕课平台建设等，一步一个脚印地向前推进，逐步实现出版社数字化转型升级。

（七）加强学术品牌营销，推动出版社科学经营、学术营销和绩效管理

出版业市场竞争重要的是品牌图书的竞争，其实质是出版社综合实力的竞争、选题质量的竞争、编辑能力的竞争、专家水平的竞争，最后也是出版社总编辑思想、意识、能力和水平的竞争。面对来自市场的挑战，总编辑的学术思想、市场意识、竞争意识、品牌意识、经营理念、营销思维和管理能力都是出版社重要的核心竞争力。首先，

总编辑要对出版企业的主业发展和多元化拓展有战略思考和决策考量，不仅应思考内容生产和质量监管等具体问题，还应考虑出版企业的整体战略、品牌建设和学术营销等宏观问题。其次，总编辑应通过内部管理的变革和创新，从编辑源头上抓起、从选题学术营销开始，加强编辑管理、优化部门机构、强化制度建设、改进管理方式和增加激励手段，增强学术营销意识、增强企业竞争活力、增强企业营销能力。再次，总编辑的职责涵盖了从选题到营销、从产品到服务的全程。总编辑要从选题策划到市场营销的产品生产链延伸拓展，实现从提供产品到以产品为载体和抓手的科学文化技术的综合服务的转变，争取最大市场份额，实现产品生产链向内容服务链的延伸拓展，从而实现双效统一。

（八）培养编辑出版人才，建立编辑规范化培训制度、实施人才强社工程

出版的使命是传继历史、传承文明、传播文化、传授知识、传扬科技和传递信息，这样的出版过程也是人才成长、培养的过程，出版社不仅要出书，而且要培养编辑人才，不仅要出精神产品，而且要出编辑思想和学术成果。总编辑是出版社出版思想的代表者、文化精神的引领者、编辑人才的培育者，培养编辑出版人才是总编辑的重要历史使命和神圣职责。

总编辑必须要思想领先、技高一筹、立德树人，方才能为人师表、编辑楷模。总编辑要将自己的宏观视野、策划思想、学术理念、市场意识、洞察能力、编辑实务、质量观念、营销思维和管理经验通过会议、讲课、报告、谈话和编辑活动，通过自己的总编辑工作言传

身教、师授口传，培养年轻编辑。总编辑要建立起编辑出版人才发现、培养、使用、提高和激励的长效机制，要形成多种形式学习、多种层次成才、多种方式激励的人才培养氛围和人才发展渠道，构建人才强社工程。总编辑要主抓编辑人才的规范化培训工作，形成培训制度和培养机制，要建立适合出版社实际的培训课程体系和考核评估机制，逐步建立起行业或专业出版社编辑准入、培养、晋升和激励的培训标准，形成考核标准和编辑执业标准对接、学习过程与编辑流程对接、编辑培训和职业教育对接、传统出版课程和数字网络出版技术对接、人才培养和出版社实现效益对接的培养模式。通过人才培养，建设一支具有卓越创新能力、学习能力和工作能力的编辑出版队伍，以改革和创新的精神来推动出版企业的人才强企工程，使这支队伍更好地担负起推动文化大发展大繁荣的历史重任。

通过学习机制和培养机制的建设和完善，营造了出版社学习、进取、向上的文化环境和学术氛围，建设了一支学习型、思想型、创新型编辑出版队伍，推动了人才强企战略的有力实施和成果转化，实现了出版社作为文化企业，既出精品图书又出精英编辑、既出精神产品又出精英人才、既出社会效益又出经济效益、既出规范标准又出理论思想的大社强社之梦。

二、名编大家：引领编辑群体的榜样力量

（一）出版强国建设呼唤名编大家

习近平总书记指出：“文化是一个国家、一个民族的灵魂。文化

兴国运兴，文化强民族强。没有高度的文化自信，没有文化的繁荣兴盛，就没有中华民族伟大复兴。”在 2035 年建成文化强国和出版强国的远景目标下，出版工作作为党宣传思想文化工作的重要组成部分和基础阵地，以建设出版强国为先导推动文化强国建设，是出版界的共识，更是我们这一代出版人的使命和责任。

《出版业“十四五”时期发展规划》提出，“展望 2035 年，我国将建成出版强国，出版创新创造活力充分激发，优质内容供给能力显著增强，出版服务大局服务人民能力凸显，出版业实力、影响力、国际竞争力明显提高，出版领域治理体系和治理能力基本实现现代化，出版在增强国家文化软实力和中华文化影响力中的作用更加彰显”。这一目标的实现，呼唤更多能承载中华民族现代文明使命，体现中华文明连续性、创新性、统一性、包容性、和平性的精品力作；呼唤更多的出版创新，以出版技术革命性突破、生产要素创新性配置、产业深度转型升级催生出版业新质生产力；呼唤出版以更高质量的内容、更优质的载体形式、更广泛深入的传播效果，产生更深刻的文化创造力和影响力。

出版以文化人传承文明，编辑以文载道传播文化。要实现出版强国的建设目标，必须牢牢抓住人才第一资源，培养大量德才兼备的高素质的创新型、应用型、复合型编辑出版人才，建设一支更高素质、更大规模、更可持续的出版人才队伍，造就一批新时代名编大家。名编大家，要勇立时代潮头，做出版行业先锋，从思想、行动、实践中影响和带领他所在集体、单位、行业的出版同道，切实承担起建设中华民族现代文明的历史使命，回答好出版强国建设的时代命题。

（二）新时代名编大家的基本特质

1. 具有新时代出版工作的大情怀

北宋思想家、教育家、理学家张载在《横渠语录》中写到："为天地立心，为生民立命，为往圣继绝学，为万世开太平。"冯友兰先生称之为"横渠四句"。一千多年来，"横渠四句"成为历代中国知识分子的理想追求。

纵观历史，不难发现，一切革命都是从思想觉醒开始，一切行动都是从文化引领出发。中国共产党创始人中不少是编辑出版人，他们用一本本书、一篇篇文章唤醒沉睡的国人，点燃实现国家独立、民族解放、人民幸福的燎原之火，他们的力量来自他们对人民、对中华民族、对中国最热烈的爱！

原新闻出版总署署长、中国出版协会原理事长柳斌杰同志指出，中国出版家是中国历史的记录者和裁判者，是中国思想文化传播的选择者和担当者，也是中华文明的创造者和展示者，他将中国出版家的"大情怀"总结为：敬畏经典的文化情怀、尊重知识的学术情怀、勇担社会责任的职业情怀、关爱生命的人文情怀、深明大义的家国情怀、命运与共的人类情怀、追求真理的科学情怀。

古代思想家的智慧、当代出版家的思考，汇聚成新时代名编大家应具有的"大情怀"，即践行习近平文化思想，把国家、民族和人民放在最重要的位置，以出版为阵地，推动中华优秀传统文化创造性转化、创新性发展，建设中华民族现代文明，推动文化繁荣、建设文化强国，自觉担当起新时代文化使命。

2. 具有经得起历史检验的大作品

作品是编辑安身立命之本。所谓"名编辑""出版大家"，不是因为他们“知名”“引人注目”，而是因为他们编辑出版的作品具有重要的文化价值，他们为出版行业的发展作出了突出贡献，发挥了重要的文化引领与推动作用。司马迁无疑是“名编大家”的突出代表，他用18年时间成就《史记》，对中国历史研究影响至今，这就是经得起历史检验的大作品，当之无愧为“史家之绝唱，无韵之离骚”。邹韬奋先生创办《抗战》，张静庐先生编辑《中国近现代出版史料》，赵家璧先生编辑《中国新文学大系》，胡愈之先生编辑《西行漫记》《鲁迅全集》等等，无一不在历史的长河里留下深刻的文化印记。

3. 具有引领编辑群体的大力量

名编大家是编辑人才队伍中的突出代表，是编辑学习的榜样。榜样的力量是无穷的，以邹韬奋为代表的老一辈名编大家影响了一代又一代的出版人。因此，新时代的名编大家要以自身高尚的品德、专业的工作、突出的成就、优良的作风，成为同行及后辈的楷模，发挥示范引领作用；要具备强大的编辑专业的黏合力，吸引优秀人才自觉向他学习，发挥以点带面形成辐射引领之作用。

4. 具有创新出版业态的大能力

创新是第一动力，是实现突破、引领发展的关键。比如商务印书馆张元济先生就是出版业改革的先锋，他推动新式教育落地，推动出版企业管理等，为商务印书馆的发展奠定了重要的基础，同时也成为其他出版社争相学习的对象，引领了行业的发展。历史是最好的老师，虽然时代发生了变化，但发展的规律依旧可循。

在中国各行各业加快发展新质生产力，实现数字化、智能化、绿色化高质量发展的新时代，我们应深刻理解出版新质生产力的特点是创新、关键在质优、本质是先进生产力，必须统筹教育、科技、人才三大战略，牢牢抓住人才第一资源。站在出版人才队伍最前列的名编大家，更应具备敏锐的感知力、迅速的行动力和推动发展的变革力，成为出版行业站在时代前沿的引领者、把握科技态势的驱动者、引领出版潮流的创新者、创新谋划发展的实干者、政策主张的传播者、时代风云的记录者、社会进步的推动者、公平正义的守望者，才能具备为中华民族现代文明插上“创新”和“质优”双翼的力量。

（三）精心培养新时代名编大家

名编大家是编辑出版人才队伍里的关键少数，需要出版界做好出版人才队伍的发展规划，目标明确地系统布局和重点培养。

编辑是连接作者和读者的纽带，首先要有优秀的政治素养、职业操守、文化情怀，同时需具备调查研究能力、选题策划能力、专业把关能力、编辑业务能力、资源整合能力、市场开拓能力、团队管理能力、组织协调能力、创新能力等综合能力。在新时代，编辑不能仅仅是“杂家”，更要成为学者、专家。编辑出版素养与能力的养成绝不是一蹴而就的，从一名新编辑到合格编辑、优秀编辑、名编辑、编辑家、出版大家，需要时间和实践的磨砺，需要历史与文化价值的检验，需要尊重编辑人才成长的规律。

1. 尊重编辑成长规律

首先，要夯实编辑专业工作基础。从“三基”即基本理论、基本知识、基本技能抓起，扣好编辑的第一粒扣子，形成敬业、创业、专业的编辑工作氛围，才能熏陶和培养一代又一代合格编辑。第二阶段，要紧密围绕精品力作和融合出版培养编辑能力，坚持“内容为王”，善于运用不断涌现的新技术服务出版，培养出版先觉、先行、先倡的优秀编辑。第三阶段，要从文化自觉、文化自信的高度为造就名编大家指明方向。当优秀编辑的作品不断涌现，对时代产生较大影响时，名编辑就产生了；从名编辑到编辑家，再到出版大家，就要在编辑学术、理论创新、业态创新、专业人才培养上下功夫，其作用就不仅是精品力作，而是编辑思想产出、文化创新创造、推动出版学科建设与促进出版事业发展的力量。

2. 创造编辑成才环境

习近平总书记强调："要积极营造有利于干事创业的良好环境，敢于为担当者担当、为负责者负责、为干事者撑腰，善于发现、培养、使用敢担当善作为的干部，着力消除妨碍干部担当作为的各种因素，让愿担当、敢担当、善担当蔚然成风。"出版界要聚焦编辑出版人才工作中的痛点、堵点，如吸引优秀人才加入编辑队伍的难度加大，出版专业毕业生很难进入专业出版社从事编辑工作，科技出版社的编辑多未经过出版专业的系统规范训练，如何在把社会效益放在首位的前提下充分体现编辑工作的价值等，都需要我们创新体制机制，构建人才成长通道，增强编辑的获得感、幸福感，解决编辑人才培养的"卡脖子"问题，营造识才、重才、爱才、护才的浓厚氛围。

3. 打造编辑成"家"平台

"一年之计，莫如树谷；十年之计，莫如树木；终身之计，莫如树人。"名编大家的培养是一个长期的过程，我们要坚持"刀在石上磨，人在事上练"，按照"实践、认识，再实践、再认识"的规律，对具有潜力的编辑人才委以重任，如承担国家重点规划项目和重大课题研究，并适度给予容错空间，帮助他们在干事创业中练就真本事、磨出实功绩，激发他们持续的热情和创造力，脚踏实地地走上成为名编大家之路，从而更有力地自觉担负起新时代的文化使命。

立时代之潮头，通古今之变化，发思想之先声，出版强国建设需要更多的名编大家，这是新时代的呼唤，亦是我们这一代人的使命。

三、编辑队伍：承载出版使命的根本力量

编辑是出版社第一资源，编辑强则出版社强，编辑兴则出版社兴。因此要高度重视编辑在出版社的核心作用和重要地位，以编辑为源头，促进编印发管联动，推动出版社改革。

（一）坚持正确政治方向

在新形势下，我们必须坚持正确的出版方向，以习近平新时代中国特色社会主义思想为指引，充分发挥编辑的积极性、主动性、自觉性和创造性，推动出版单位和行业的改革和发展。不忘编辑初心，牢记文化使命。在任何时候都要推动编辑和技术的融合，实现融合发展。在内容为王的时代，编辑要坚持内容的严肃性、科学性、权威性和原创性，牢记习近平总书记对新闻舆论工作提出的“48 字方针”，牢固树立政治意识、大局意识、核心意识和看齐意识，全面提升出版传播力、引导力、影响力和公信力，争取在意识形态、思想文化、新闻出版领域占领主阵地、传播正能量、弘扬主旋律以及提升软实力，自觉承担起举旗帜、聚民心、育新人、兴文化、展形象的使命任务，通过编辑出版来担当并履行传继历史、传承文明、传播文化、传授知

识、传扬科技、传递信息的使命职责。

编辑坚持“一本书主义”，一生一世做好一本书。这是新时代对编辑人才的工匠精神要求。首先，我们要培养编辑的新能力——“12项能力”，即专业能力、语言文字能力、编辑业务能力、选题策划能力、资源融合能力、市场开拓能力、市场营销能力、沟通协调能力、团队运作能力、组织管理能力、职业修养能力、政治修养能力。这“12项能力”是有机的整体，拥有了一专多能的素养和能力，就会拥有更加丰富、宽广和多彩的编辑人生。其次，我们要树立编辑的新意识——“12项意识”，即品牌意识、营销意识、精品意识、服务意识、开拓意识、超越意识、创新意识、引领意识、竞争意识、学术意识、质量意识和融合意识。出版社要创造“品牌高峰”“精品高峰”，编辑就必须要具备这“12项意识”，尤其是创新、引领、质量、融合意识。同时，我们在培养新时代高素质的编辑人才时，必须从“三基”即基本理论、基本知识、基本技能抓起。要从编辑进入出版行业的入口和源头开始抓起，坚持从编辑的基本功入手，必须扣好编辑的第一粒扣子，全方位地从“编辑三基”抓起，形成学习、研究、敬业、创业的氛围和环境，熏陶和培养一代又一代合格编辑。

（二）引领科学出版导向

必须按照习近平总书记对宣传思想工作者提出的要求，着重培养编辑的脚力、眼力、脑力和笔力。让编辑立足实践一线了解人民的期盼，站在时代发展前沿把握科技的动态，根据学科发展和读者需求精准策划原创内容，发挥大国编辑工匠精神打造高质量精品，从而引领出版潮流，创新科技文化。因此我们要求培养先觉者编辑、先行者编辑、先倡者编辑、引领者编辑。

培养先觉者编辑。先觉者编辑要做到具有政治先觉、文化先觉、科技先觉、行业先觉、潮流先觉、发展先觉、市场先觉、创新先觉。我们要时刻保证编辑工作者处于一种先觉的状态，能胸怀大局、把握大势、着眼大事、预测前瞻、把握未来，有助于编辑的选题先觉、出版先觉、市场先觉。

培养先行者编辑。作为先行者要做到思想先进、理念先创、观念先至、实践先行、行动先启、事业先导。精神产品的创造者，既要理论先行又要务实实践，既要志存高远又要脚踏实地，既要创新思想又要创新实践。只有这样，才能让我们的编辑能够引领学科专业的发展，引领科学的出版导向。

培养先倡者编辑。要做到首倡创新、坚倡原创、时倡精品、长倡品牌、严倡质量、高倡双效、提倡奉献，让我们编辑以身作则、率先垂范、身体力行，要出更多有筋骨、有温度、有水平、有高度、有厚度的精品。这就是我们对编辑的要求，也是我们培养优秀编辑的方向。

培养引领者编辑。编辑要永远站在时代的前沿，把握科技态势，引领出版潮流，规划发展战略。编辑应以敏锐的编辑思想、扎实的编辑技能和丰厚的文化功底，明确学科发展的方向，瞄准读者市场的需求，策划优秀原创选题，打造高质量原创精品，引领科学的出版导向。

（三）培养创新改革的编辑

以编辑为源头，推动编辑出版结构性创新。创新领域包括编辑结构性改革、选题结构性改革、产品结构性改革、生产结构性改革、业态结构性改革、市场结构性改革、产业结构性改革、营销结构性改革，从而营造编辑创新氛围、培养编辑改革思想、树立编辑变革思维。

以选题为重点，推动管理体制机制创新。从选题策划、论证、优化、淘汰、审批、执行、质控、考评这八大机制入手进行编辑管理体制机制创新。“互联网 + 编辑”，编辑就是被动的；而“编辑 + 互联网”，编辑是主动的，用每位编辑去加互联网，形成一个网络，汇总形成“出版社 + 互联网”。同时还应积极推进编辑人力资源结构创新调整，从而形成一个鼓励创新、允许失败、大众创业、万众创新的创新发展格局。

激励编辑不断创意创新。通过编辑的创意和创新，实现一个内容多个创意、一个创意多次开发、一次开发多个选题、一个选题多个产品、一个产品多个业态、一个业态多个销售、一次销售多个渠道、一次投入多次产出、一次产出多次增值，实现编辑创意创新的蝴蝶效应，最终实现编辑价值最大化和编辑效益最佳化。

创新打造编辑品牌 IP。我们希望每一位编辑都是一项知识文化资产（IP），通过培养创新的编辑，打造编辑品牌 IP。通过编辑 IP+ 专家 IP+ 产品 IP，形成品牌 IP，实现出版社品牌 IP 创新运营。编辑 IP 需要编辑人员以工匠精神创新培养、精心打造，才能实现编辑品牌的创意、创新和创造。

（四）培养融合发展的编辑

鼓励编辑多范围、多方式、多渠道融合。出版社应致力于培养拥有融合思想、融合思维、融合技术、融合能力的编辑。融合的范围包括：思想观念的融合、选题战略的融合、专业知识的融合、技术能力的融合、版权资源的融合、产品业态的融合、营销渠道的融合、全程服务的融合、创新团队的融合，编辑要实现由专业性编辑向全科型、复合型编辑的转变。

出版社要致力于推动全员全程全面全媒的融合发展。在推动编辑资源融合时，要立足于出版社的实际，建立部门间传统编辑与数字编辑、技术人员协同工作机制，培养互联网思维、强化资源整合与提升应用能力；通过项目协作实施锻炼团队，培养团队管理创新能力、新媒体创作加工能力，打造出符合新媒体融合时代新要求的新型编辑队伍。

出版社要为努力打造国家级转型升级融合平台。致力于创新整合六方资源，把政府、专家、系统、组织、教育、国外资源这六大资源融合，形成创新的资源、抓手和动力。每一位编辑都要围绕这六大资源做足功课，以教材出版为载体和抓手，打造各行业人才培养的国家平台和人才创意创新基地；以学术出版为载体和抓手，打造专业研究人才培养的国家平台和学术创新驱动基地；以科普出版为载体和抓手，打造大众健康教育的国家平台和全民健康促进基地；以考试出版为载体和抓手，打造人才考试准入的国家平台和行业评估考核基地；以国际出版为载体和抓手，打造版权贸易的国家平台和引进来走出去基地；以数字出版为载体和抓手，打造传统出版新兴出版融合发展的国家平台和新旧动能转换、新质生产力创造及升级迭代发展基地。

（五）培养高质量发展的编辑

新时代呼唤新发展，实现从高速增长向高质量发展的重大转换，要求编辑实现自我变革，参与出版社以编辑为重点、以选题为源头的出版供给侧结构性改革，在改革实践中提升编辑选题策划能力、创新创意能力以及市场敏锐力，通过编辑质量变革、效率变革和编辑动力变革，实现编辑出版新旧动能转换和高质量创新发展。

编辑要牢固树立图书质量是出版物生命的质量理念，增强编辑质量意识，提升编辑能力水平，落实并完善“九三一”质量控制体系，全程严格遵守、严格要求、严格把关。坚持每一个质控环节一个都不少并环环相扣形成闭环，坚持每一个质控点一点都不漏并点点相连形成质控线，从而确保每一环每一点都有质量控制和质量保障。通过质量检查、质量考核、质量评估和成果应用，奖励质量优秀者、处罚质量差错者，实施质量一票否决。我们坚持责任编辑质量负责制度，完善逐级责任传导和问题追究问责制度，实行总编辑质量谈话制度，问题导向约谈相关质量问题的编辑、部门主任和分管社领导，强化质量控制和责任落实。实现编辑质量效益，打造权威品牌，为出版社高质量发展和质量品牌建设发挥重要作用。

（六）争做效益优先的编辑

坚持把社会效益放在首位、实现两个效益最佳结合。编辑要始终不忘以全媒体实现全周期、全方位服务并生产优秀精神文化产品的初心，始终坚持把社会效益放在首位、实现两个效益有机统一最佳结合，始终坚持正确的政治方向和科学的出版导向不动摇。从选题到出书，编辑只完成了出版工作的一半，还有一半需要编辑积极投身产品营销，既为读者找最好的作者出最好的书，又要能为好的书找到最适合的读者，这样才能实现最好的社会效益和最佳的经济效益。

在大数据、人工智能时代，要不断探索“编辑 + 互联网”的融合发展之路，培养创新、融合、质量、效益的编辑，打造双效益品牌精品，以融合编辑创新模式实现融合效益的全面提升。以人卫社为例，通过“编辑 + 互联网”的创新模式，以“互联网 + 医学文化”为载体、以“互联网 + 医学教育”为渠道、以“互联网 + 医疗卫生”为目标，全媒体全周期全方位实现“互联网 + 卫生健康”，实现全媒体、全周期、全方位服务并保障人民的健康。

四、校对队伍：保障出版质量的重要力量

（一）在大局中准确定位校对的作用与价值

建设校对队伍，要自觉提高站位，在大局下思考和行动。从战略全局看，我国正处于实现中华民族伟大复兴的关键时期，正处在推进中国式现代化的新征程上，经济正处在转变发展方式、优化经济结构、转换增长动力的攻关期，高质量发展成为我国目前的首要任务。要实现高质量发展，必须依靠人才。从行业大局看，习近平文化思想的提出、新时代新的文化使命对出版高质量发展提出了新要求。出版物须担当起以文化人的使命，同时承担起思想政治教育和意识形态主阵地的建设职责，因此质量要求只会越来越严。从人卫社布局看，人卫社面向新的发展阶段，我们以什么样的姿态，以什么样的目标，以什么样的精神和什么样的力量来发展人卫社？关键是人才。人卫社已经形成总社分社“1+6”的出版主业布局，完成战略目标需要大量经过规范化、专业化培训的人才，不仅需要高质量高素质高水平的编辑

人才，也需要高质量高素质高水平的校对人才，这是人卫社高质量向纵深发展的必要支撑。

而校对工作是出版物内容建设十分重要的基础性环节，更是知识服务领域具有创造性的工作，直接影响出版业质量好坏和高质量发展水平，是出版企业质量作为核心竞争力的重要保障。提升校对水平是出版社高质量发展的必然要求，高素质、专业化的校对人才队伍是出版社高质量发展不可缺少的力量。

（二）校对工作者要自觉提高站位服务大局

首先，校对工作者要始终保持高度的政治敏锐性和政治鉴别力。校对工作者在出版一线，要提高政治站位，须自觉学懂弄通习近平新时代中国特色社会主义思想，增强“四个意识”、坚定“四个自信”、做到“两个维护”；须坚定不移地贯彻落实党的路线方针政策，落实党对出版意识形态的领导权，落实出版管理的各项要求；须自觉坚守正确舆论的主战场和科学理论的主阵地，全方位落实意识形态安全责任制，建立安全质量责任长效机制。

其次，要持之以恒培养全局观。身处出版一线，既要深入实际，及时发现工作中的问题，更要加强学习，时刻关注党和国家大政方针政策以及集团发展战略规划，力求在宏观层面提升“审时度势”的能力；要将自己肩负的责任融入大局，深刻理解局部与整体、短期与长期的关系，力求在判断时站得高，在决策时看得远，在落实时抓得早；要有团结协作意识和甘于奉献精神。“不谋全局者不能谋一域，不谋万世者不能谋一时”，只有树立了全局意识，才能将校对工作做好做精。

最后，要始终怀有敬畏之心。常怀敬畏，才会有高度负责的工作态度、成就高超的专业技能、养成敏锐的职业洞察力，真正为出版事业保驾护航，以匠心成就精品。

（三）多措并举培养高水平校对人才

“十年树木百年树人”，任何专业人才的培养都是一项长期的系统工程，经过70余年积累，人卫社在校对人才培养方面，形成了不少宝贵经验。

一是建立专门校对人才队伍。人卫社通过组建编校公司，将外包的校对业务逐步回收，通过自有校对队伍的建设，大力提升校对业务水平和校对管理能力。

二是建立规范化校对人才培养模式。注重培养校对人员敬业的职业操守、专业的校对能力、崇高的校对追求，通过师带徒、校对人员业务竞赛等机制，形成具有人卫特色的校对人才传帮带培养体系。

三是建立编校互扣机制，倒逼校对人员业务能力提升。编校互扣机制是人卫社在编辑和校对之间通过惩奖方式进行的“一对一”的双向质量互检质控机制。这一机制既是为了保障出版质量，也是希望通过奖惩措施从客观上倒逼编校人员主动学习，提升编校业务素质；从主观上实现他律到自律的转变，真正达到编不厌精、校不厌细的状态。

四是激发校对人员精细校对积极性。在完成“校异同”基本职责外，对发现的“校是非”差错进行校对人员奖励。“校是非”发现的相关问题及时在编辑群体中集中反馈和学习，在彰显校对人员工作价值的同时，提示编辑人员注意防范编辑工作漏洞。

五、营销队伍：实现出版效益的关键力量

（一）坚持实施全程全员营销战略

人卫社从出版企业的整体发展和品牌建设出发，把“全程营销”理念落实在出版发行的始终，在进一步提升社会效益的同时，设法提高经济效益。

首先，精准开展三段式营销。在选题立项后，从组稿开始即根据项目特点，在特定专业圈或一定范围内，加强与目标读者的互动；在定稿后到正式出版前，开展各种形式的预热活动；在出版后，通过新书发布会、学术会议、媒体报道等各种形式集中开展立体式营销活动。

其次，注重从项目和作者两条主线开展营销，不仅注重对项目本身内容和特色的营销宣传，还要从作者方面，通过对作者的宣传报道，提升项目的影响力。

此外，加强以点带面的营销，通过一个项目带动系列学科产品的营销，实现多赢。

（二）运用“互联网 +”思维全面提升营销力

“互联网 +”深刻重塑消费者行为和市场环境。出版企业要想在激烈的市场竞争中获得优势，需要不断创新和改进，充分运用“互联网 +”思维模式多角度打造营销团队，提升营销力。

提升编辑全程全媒营销力。在“互联网 +”时代，营销绝不仅仅是营销人员的工作，也应成为编辑的重要工作内容。编辑要以读者为中心开展选题全程策划，明确目标读者，相对精准地设计选题双效益目标，探索“互联网 + 营销”模式，创造性实现纸数捆绑、融合推送、组合营

销，才可能打造出读者需要的、满意的产品，也才能精准实现双效益。

打造线上线下结合的全媒体营销团队。多年来，人卫社培养了一批精明强干、具有丰富经验和高度专业性的经销服务团队。从2013年起，发行团队就开始进行线上+线下一体化营销，与各大网络平台开展合作，并根据平台特点开展特色定制项目。此外，还积极探索利用社群营销、新媒体平台营销、直播营销等多种新方式，宣传推广重点图书。

打造信息化仓储物流系统。人卫社以新发展理念为引领，以信息网络为基础，以技术创新为驱动，建设现代化智慧仓储物流中心，扩展服务范围，提升服务质量。通过引进现代化仓储物流设备和技术，融合网络信息技术，打造智能、高效、专业的医学图书供应链体系和物流大数据应用中心。

（三）深入开拓人卫特色市场空间，打造人卫品牌体系

强化人卫市场营销团队服务意识。营销团队秉持服务读者、传播健康的理念，建立了一套完整的售前、售中、售后服务质量控制体系，最大限度满足不同读者的需求。建立读者购买后的质量评价与信息反馈等体系，为我们工作的持续改进创造条件。也正是润物无声的贴心服务，无形中成就了人卫社的良好口碑及品牌价值。

建立人卫特色的全品系差异化营销渠道。人卫社营销部门采取“精耕细作”“渠道下沉”等策略，不断调整图书的营销政策，加大面向市场的力度，增加销售网点，稳步提高人卫社图书市场的占有率。目前人卫社的教材、考试品类，主要由经销服务团队进行线上和线下的销售，并为院校和学生提供服务；参考书和科普书面向C端用户，以网络销售途径为主，差异化的营销策略整体收效明显。

参考文献：

［1］ 杜贤．新时期出版社总编辑的地位和作用［J］．科技与出版，2015（02）：35–39.

［2］ 杜贤．培养新时代编辑人才刍议［J］．中国出版，2019（03）：15–17.

［3］ 杜贤．落实“全程营销”理念，创新项目呈现形式［N］．中国出版传媒商报,2018–03–30（22）.

第十三章

创新是第一动力，与时俱进推动出版管理改革

人卫社已发展成为我国出版规模大、产品质量高、综合实力强，涵盖医药教材、学术专著、科普图书、医学期刊、外文图书、数字新媒、多元产业为一体的国内领先、国际上有重要影响力的医药卫生出版传媒集团。人卫人以一流的作者、一流的质量、一流的服务，打造了“人卫”品牌，赢得了全国广大医药院校师生、医药工作者和人民群众的信任。人卫社的每一个进步，与人卫人刀刃向内、自我革命，始终与时俱进地推动改革与创新，打造一流的管理模式是密不可分的。

一、走内涵式发展道路：1993—2003年人卫社改革发展综述

1993年1月，人卫社拉开了改革的序幕，走上了内涵式发展的高速快车道。通过十年改革和发展，人卫社发生了翻天覆地的变化，在历届、各类图书评奖活动中，人卫社一直名列科技出版行业前茅，生产总值由1992年的7 000万元上升到2003年的6亿元，取得了社会效益和经济效益的双提升双丰收。自1993年以来，荣获国家科技进步奖、国家图书奖、全国优秀科技图书奖、全国优秀教材奖、全国优秀畅销书奖、全国优秀电子音像制品奖等奖项400多种，人卫社是原国家新闻出版总署授予的全国首批15家优秀出版社之一，同时连续6年被授予中央国家机关精神文明建设先进单位。

经过十年的改革和发展，通过走内涵式发展的道路，人卫社已发展成为高效、务实、集约的国内一流、国际知名的，在医药卫生出版界位居龙头地位的名社、大社、强社和品牌出版社，并通过内涵式延伸、扩张，向医药卫生出版集团发展。总结这十年改革和发展的经验，人卫社主要做了以下三方面的工作。

（一）改革促进发展，管理实现效益

不断转换观念，面向市场，编印发各业务找准改革重点。编辑部以市场为导向策划、落实选题，以读者需求为中心打造精品，不断调整和优化选题，在确保社会效益的前提下，力争经济效益的最大化。出版部的工作重点放在降低成本、缩短周期和提

高印刷、装帧质量上。发行部则以不断调整图书的发行政策，加大面向市场的力度，增加销售网点，稳步提高人卫社图书市场的占有率为工作重点。行政部门围绕管理出效益的原则把精简人员、机构设置、提高办公效率和强化服务意识作为工作内容的核心。

工作考核注重“质量、数量和效益”。人卫社科学、合理地制定了各业务部门的考核指标，解放了生产力，调动了员工工作的积极性。各部门以发展为目标，调动积极因素，投身到激烈竞争的医药卫生专业出版领域，主动参与市场竞争。

稳步推进 3 项制度改革。在国家现有体制和社会环境允许的条件下，人卫社在人事、劳动、分配制度上积极探索，不断推进其内部改革。中层干部根据工作需要和业绩，能上能下，并建立了岗位交流制度。专业技术职称实行个人申报、社会评价、单位聘任。分配上，严格与效益、效率挂钩。2002 年人卫社开始推行岗位工资制度，将职工分为 6 类，设计出 6 类 27 档的工资制度，按岗定薪、易岗易薪。

全社紧紧围绕“效率、质量、成本、效益”，不断强化内部管理。十年来，人卫社所进行的改革充分考量职工的满意度和承受能力，确保改革积极稳妥推进。人卫社十年改革和发展所取得的显著成绩，充分说明了改革是发展的动力，只有在发展的基础上，才能解决工作中所遇到的各类问题，才能奠定目前出版社员工积极性高、生活富足的良好局面。

（二）走内涵式发展道路，向人卫出版集团发展

2000 年前后，新闻出版单位纷纷组建集团，但由于体制上的问题，如出版单位的条块分割，各自隶属关系的不同，使得专业出版社之间的集团组建成为空谈，难以按照经济规律去运行，只能是政府机

构的硬性行为，这种集团缺乏活力。在这一背景下，人卫社时任社长刘益清提出了人卫社走内涵式发展道路的指导思想，并明确了力争用3年时间逐步剥离各业务部门，实现各业务部门独立核算、自身做大做强的奋斗目标。

1. 内涵式延伸的组织变革和体制创新

人卫社在进一步转换观念和继续推动以分配为中心的3项制度改革的基础上，根据国内外出版业的新形势，并结合本社实际情况，进行了内部体制的改革和机制的创新。在推进3项制度改革的同时，将原有的编辑部门进行逐步的剥离、整合和重组。经过3年的改革，对原编辑部门实施第一年的初步剥离、第二年的进一步剥离和第三年的彻底剥离，从第一年的编辑室改编为第二年的编辑部，到第三年整合和重组为编辑分社。

2. 内涵式发展的机制创新和深层次改革

在实施逐步剥离的同时，人卫社不断地建立和完善运转机制和管理模式，真正实现这种剥离不仅是组织形式上的剥离，更为重要的是每个员工的思想观念与陈旧的计划经济观念相剥离。实践证明要实现彻底的剥离，还有一定的距离和需一定的时间，还必须进行深层次的改革和伤筋动骨的调整。

比如，此阶段人卫社启动了无纸化审稿的改革工作。此项工作完全改变了传统纸质审稿的方式，启动之初遇到了很大的阻力，但我们坚定地认为推动无纸化审稿，对提升审稿质量和审稿效率，加强审稿管理是很有帮助的，因此坚定地推进了此项改革。我们为所有编辑配齐电脑，多次进行电脑审稿工作培训，制订电脑审稿的规范和要求，并不断发现问题、解决问题，也为不会使用电脑的老编审保留了审纸稿的权利，从而推动了此项工作在人卫社逐步落地。时至今日，再看此项工作，充分说明改革的必要性和有效性，它为人卫社建立出版的在线管理生态奠定了坚实基础。

3. 实施综合目标责任制管理

对各部门（单位）严格按照改革方案核定部门效益，实施综合目标管理和项目责任制。彻底剥离的部门如期刊分社和所属公司等，在人、财、物等方面完全独立面向市场，独立核算、自负盈亏。对暂不能剥离或不直接面向市场的部门或群体，采取任务指标导向的目标管理，发挥指标指挥棒作用和自身的最大能动性。

4. 内涵式发展催生人卫社集团化发展

经过 3 年的改革和发展，人卫社的干部队伍建设、科室人员配置、各编辑部门图书市场的占有率都得到切实增强，职工的思想观念也逐步发生了变化，市场意识明显加强。到 2003 年，通过内涵的延伸和发展，人卫社实际上已发展成为具有医学教育分社、现代医学分社、药学分社、预防科普分社，中医分社、电子音像分社、期刊分社、广告公司等二级核算单位，以及龙潭饭店、开发公司和社印刷厂等二级法人单位的集团，这是走内涵式发展道路的必然结果。在这种好的形势下，人卫社提出了组建人卫出版集团的方案。该方案成功获批后，人卫社启动了集团筹建工作。

（三）建立市场营销的创新运营机制和创新管理机制

1. 建立健全有人卫社特色的市场营销机制和管理办法

出版社作为文化企业必须进行市场化运作和企业化管理，必须大胆地学习和借鉴国外出版业成功的模式和先进的经验，尤其应学习国外出版公司市场营销的理念和运作模式。但在此之前，人卫社多年来的组织形式、管理模式和运作机制都是在按“编辑部—出版部—发行部”的体制进行。虽然“编—印—发”有上下程序的联系，但依然是条块分割，联系的有机性因人而异；虽然“编—印—发”有协调的配合，但为完成各自的任务，各部门依然各自为重、各自为阵。究其根本原因，是制度、机制和体制所导致的。如此，全局的宏观协调和整体的优势发挥，都靠人治的水平和力度，而不是靠机制的运转和制度的管理，仍然属于粗放式的经营而不是集约化的管理，不是现代企业的经营管理模式。为此，在进行内涵式延伸和发展的同时，人卫社进一步解放思想，大胆改革，将市场营销的理念和机制引进社内，进行制度、机制和体制的创新，从整体和宏观上将编辑部、出版部、发行部的组织结构、人员结构、知识结构和素质结构进行调整和重组，将选题策划、教材规划、生产印制和发行战略均纳入市场营销的体系，建立了有人卫社特色的市场营销的创新运营机制和创新管理机制。

2. 将市场营销的理念和机制贯穿参考书运作始终

按照控制选题数量、调整选题结构、提高选题质量、增加图书印数的总体思想，在市场营销机制运作下，开展参考书的选题策划、组织管理、审稿发稿工作。通过实行策划编辑工作制，人卫社初步形成了以市场为导向、以营销为主线、以学科建设为基础的参考书选题和出版的体系，进一步加大了参考书面向市场的力度，参考书选题得到进一步优化。

3. 在市场营销的理念和机制运作下，全面开展教材的整体规划、管理和运作工作

人卫社高度重视全国高校重组后教材建设面临的重大挑战和机

遇，清醒地认识到在竞争日益激烈的严峻形势下人卫社教材建设存在的不足和差距，必须以改革和创新的精神，调整教材办内部的人员结构和素质结构，引进高学历、懂教育、有教学经验的人才充实教材策划和管理工作岗位。调动一切积极因素和力量，在政府主管部门的支持下，充分发挥"全国高等医药教材建设研究会"的作用，使其成为联系教育部等政府部门与各出版医学教材出版社的桥梁和纽带，开展规范医学教材出版、协调各出版社、合理配置出版资源和指导各高等医学院校教材使用等工作，并承担医药教材的规划、组织和评审等工作。在巩固教材原有阵地基础上，争取教材建设的创新和突破。

4. 用创新的思路和办法，进一步加强图书生产和销售工作

随着入世后外资进入图书发行领域，国内图书发行市场的竞争更加激烈，人卫社的销售工作也面临着挑战和机遇。而如何应对这些严峻形势的挑战，有些同志认识还不够、准备还不足、措施还不得力，人员的知识结构和营销能力还难以完全胜任。因此，人卫社根据市场营销的需要进一步改革和创新，调整面向市场人员的结构和素质，提高其业务知识水平和营销能力。所有促销人员都要转化观念，大胆创新，要时刻研究市场的变化，及时调整营销政策和策略；对国营、集体和个体的图书经销者，都应支持、鼓励和发展，以扩大人卫版图书的发行量和覆盖面；改变过去比较单一的促销手段，转变为医院、学校、药厂、学术会议、图书馆等多个途径销售，借鸡下蛋，进一步扩大市场，增加销售渠道。在巩固原有发行阵地的基础上，实现营销业绩的新突破。

生产部在进一步降低成本、缩短周期和保证质量的同时，推进出版手段的现代化，进一步提高了效率；封面设计和版式设计较以前更有新意，呈现出系列化、多样化和新颖性，提高了图书装帧设计的质量和水平。

5. 不断建立规章、完善制度和加强管理

建立和完善规章制度，是提高工作效率、保证出版物质量的重要措施。为保证“编—印—发”市场营销机制的运作，人卫社制定了相应的规章制度和管理办法，建立了相应组织机构和质量监控体系，进一步加强出版物整体运作的力度和质量的管理。对选题质量、审稿质量、编校质量、印制质量和发行绩效实行全程的监控和把关，并制定考核和绩效评估办法进行量化管理。使编、印、发 3 个部门通过完善的机制进行有机的配合和协调，使一些重要环节通过健全的制度进行衔接和协调管理。对其他管理部门则根据各自的分工，在人事、财务、行政管理、基本建设等方面，根据改革的需要和自身的情况及特点，制定和完善了相应的管理办法，实行了集约化的管理。建立和完善了“经营围着市场转，管理围着经营转，员工围着顾客转，二线围着一线转”的运转机制，进一步推动了人卫社的内涵式发展，促进了人卫社向医药卫生出版集团化的发展。

二、走高质量发展之路：2004—2024 年人卫社出版改革综述

2004—2024 年，人卫社在十年改革的基础上，传承创新，不断解放思想、实事求是、与时俱进，集中全社每位同志的智慧和力量，聚精会神搞建设，一心一意谋发展，真正做到了发展有新思路，改革

有新突破，各项工作有新举措，使人卫社从内涵式发展走向了高质量发展之路。20余年来，人卫社始终坚持党的领导，坚持把社会效益放在首位、实现社会效益和经济效益相统一，充分发挥卫生健康行业重点文化企业的示范引领和表率带动作用，在推动两个效益相统一中走在前列。

（一）12个行之有效的工作模式

人卫社注重实践总结、理论探索、模式重构，然后再进行理论总结、实践升华、模式创新，形成了12个基于实践产生理论、理论指导实践的成功模式；接续不断地拓展新领域，开辟新赛道，激发新动能，营造新优势，形成党建引领业务，主业融合多元，总社协同分社，整合专家资源，人才为第一资源，创新是第一动力的蓬勃发展势态。

这12个模式分别是：①党建引领业务发展模式；②编辑出版人才培养模式；③以选题为源头编印发管联动的出版供给侧结构性改革模式；④以高质量发展为核心的质量管理控制提升模式；⑤坚持国之大者的教材传承创新建设模式；⑥以文化软实力提升科技硬实力的传承经典打造精品模式；⑦以人民为中心服务人民健康的健康科普传播促进模式；⑧创新驱动的深度融合纵深发展模式；⑨创造效益创建品牌的双创工作室模式；⑩全国布局的总社分社集团化战略布局模式；⑪问题导向问计于民的全国调研成果转化模式；⑫接续整合资源夯实人卫品牌的人卫“两会”年会建设模式。

12个模式在前序内容中已有介绍，本章不再赘述，主要和大家分享几项重点改革举措。

（二）社会效益考核全面纳入考核体系

2018 年 12 月，中宣部印发《图书出版单位社会效益评价考核试行办法》（以下简称《试行办法》），从宏观层面指明了图书出版单位要切实把社会效益放在首位、社会效益和经济效益相统一的发展路径；从中观层面构建了社会效益评价考核的 4 个一级指标（即出版质量、文化和社会影响、产品结构和专业特色、内部制度和队伍建设）、若干由一级指标分解出的二级指标及其分值；从微观层面明确了考核内容扣分或计分的评分标准。《试行办法》将出版单位的社会效益评价考核由定性分析转变为定量考核，极大地推动了出版社落实把社会效益放在首位的工作要求。

基于对出版管理政策的认真研究，人卫社于 2016 年开始将社会效益指标纳入各部门考核指标体系，并经历了各部门社会效益考核指标分值相同、不同部门不同分值、不同部门不同指标不同分值的 3 个发展阶段，经过 8 年的探索实践，人卫社形成了社会效益、经济效益考核相统一的指标体系。这项工作很好地支撑了人卫社在全国出版单位接受社会效益考核中，每年均能取得优异的成绩，多次获得满分。

在推动此项工作的过程中，我认为以下做法值得总结：

一是出版企业的社会效益是一个整体，需要通过各部门（单位）协同完成。因此需要对上级主管部门下达的社会效益考核指标体系进行认真的研究和分解，将具体指标落实到相关业务部门（单位），确保全年社会效益指标有布置、有落实，能顺利完成。

二是不同部门（单位）职责不同，承担的社会效益任务应该不同。比如，人卫社的医学考试中心以出版考试用书为主，在评奖评优中鲜有相关奖项的设置。因此应实事求是，不能将获奖相关社会效益

 指标的责任放在所有部门。

三是应充分发挥考核指标的指挥棒作用，加大对短板弱项的考核力度。各部门（单位）的年度工作评价与任务指标考核密切相关，如何将全社的重点工作融入其中，是出版社制订指标时应重点考量的方面。如在考核原创选题占比时，内部考核的分值可大于中宣部相关社会效益指标考核分值，以引导各部门在日常工作中将主要的资源和精力配置在开发原创选题上。

（三）编辑工作会议催生新动能

人卫社编辑工作会议始于 1997 年，至 2024 年已经召开了 14 次。从早期的不定期，到 2015 年开始每年 3 月召开编辑工作会，期间因新冠疫情中断 3 年至 2023 年恢复，逐渐形成了以编辑工作会议统一编辑出版工作思想，研讨编辑出版工作重点与难点，启动全年编辑出版工作的模式。

为了开好这个会议，切实发挥其引领作用，我们主要采取了以下措施：

一是认真论证和严格审批会议，形成共识。每次编辑工作会议方案，我都会带领总编辑总经理办公室的同志们广泛征求人卫社各级领导和各部门（单位）意见，结合人卫社的年度编辑工作重点，形成会议方案，报总编辑办公会研究，提交人卫社董事会通过后执行。方案经过这样的流程，既能以问题为导向，设置高质量的会议内容，又能得到全社上下的高度重视，为开好会凝聚了智慧和力量。

二是每次大会均紧密结合人卫社当年工作重点设置主题，党委书记、董事长做动员讲话，总编辑做动员报告，邀请全体社领导和业务人员参加。如 2024 年第 14 次编辑工作会议的主题是：深入学习贯彻领悟习近平文化思想，以传承中华民族古代文明、发展中华民族现代文明的科技编辑文化使命担当，奋力推进新时代文化自信自强，实现人卫社高质量发展。

三是结合重要活动总结和表彰，激发编辑荣誉感和使命感。如 2019 年第 12 次编辑工作会议，举行了退休编审质检工作组成立仪式、第一届“人卫杯”十佳营销案例颁奖仪式等活动。

四是凸显学术交流特点，确保每个学术报告的质量。每次编辑工作会议，作为总编辑，我都会紧密结合大会主题做动员报告。每次报告都是自我挑战的过程，经过 1 个多月的数据收集分析、政策研究、问题思考、举措提出等多维度准备，我才能充满信心地走上讲台。我想，当我以高度认真的态度和极其专业的精神讲好这次课时，就是给人卫社的编辑上了一堂理论指导实践的思政课。

（四）创立系列双创工作室

为了打造编辑品牌，培养名编辑，人卫社 2016 年创立了中医双创编辑工作室，2020 年创立科普双创编辑工作室和图文双创工作室，2021 年创立少儿双创工作室。这项改革始终坚持创效益创品牌的双创战略，选拔优秀编辑成立专门团队直面竞争；制订专门制度和创新管理机制，为打造精品和提升单品种贡献率打开通路；支持优秀编辑成长为名编辑、编辑大家，同时打造人卫编辑子品牌，创造突出的社会效益、经济效益、人才效益。

此项改革举措在不同的双创工作室取得了不同的效果，如科普双创编辑工作室每年均有多个产品获得“中国好书”、全国优秀科普作品等奖项，产生了突出的社会效益；如图文双创工作室，承担了人卫社重点产品的整体设计工作，大幅度提升了出版物设计水平，获得中国出版政府奖装帧设计奖正奖；如少儿双创工作室全新开拓了人卫社少儿板块等。

（五）创立人卫社六大分社

人卫集团成立后，围绕主业拓展多元，人卫社所属单位持续增加。2015 年，开始立足主业，推动京外布局，在上海成立华东分社；2021 年，在广州成立华南分社；2022 年在西安成立西北分社；2023 年启动西南分社、东北分社、华中分社筹建工作；2024 年，人卫社京外六大分社完成布局。成立分社，是人卫社开辟新领域、创造新赛道、激发新动力的重要部署，是编辑出版主业突破自身实现创新、创造、创业“三创”跨越式发展的重要改革举措。如何实现总社和分社的协同高质量发展，我提出了“十个统一”的管理要求。

1. 党建要求统一

各分社须坚持和加强党的领导，要在人卫社党委的统一部署下，成立党支部，以党建引领工作、推动发展，走出党建引领下分社建设的新模式。

2. 纪检要求统一

各分社处于改革前沿，要牢牢把握党的建设，把纪律挺在所有工作前面，按照党纪党规严格、科学管理。党的自我革命引领社会革命，要通过加强党的建设，不断锻造党的先进性和纯洁性，继续革除生产关系不适应生产力的弊端，最终实现生产力的高度发达和人的全面发展。尤其是支部书记要常抓不懈，把党的管理和自我革命融入编印发全流程，焕发出分社的生机。

3. 选题要求统一

各分社要严格按照人卫社选题“三三一一”论证流程进行选题论证，不断地优化、挖掘、创新、创造选题，选题的归口管理在总社。

4. 出版流程管理要求统一

各分社的整个出版流程严格按照人卫社“九三一”质量控制体系和编印发联动机制推进，严格规范三审三校流程，确保出版物质量。

5. 质量管理与要求统一

各分社须按照人卫社质量控制体系及质量审核标准来严格把控质量。质量方面的要求不能松，只能更严，这一点必须毫不松懈、绝不含糊。

6. 人才培养标准统一

人才是最根本、最核心的基础，所以各分社在总社人才培养机制的基础上，要加快编辑出版人才的引进和培养。同时要重视培养专家教授如何编写教材、专著、科普图书，帮助他们尽快成为一名优秀的作者，扩大分社的专家资源。

7. 销售渠道管理统一

分社的销售工作要在全社层面来进行合理的部署、融合、推进，这也是一个亟待研究的课题。既要坚持归口管理，同时又要积极创新发展；既要渠道共享、资源共享，又要创造性地、分层分类地针对不同目标人群开展销售工作。

8. 财务管理统一

各分社业务包括出版主业和多元业务，这需要有足够的改革创新精神，围绕主业，找准数据化、信息化、人工智能等方向，瞄准项目、瞄准方向，提高投资的效率和效益。财务管理严格合规，在容错的合理范围内，保障国有资产保值增值。

9. 国际事务管理统一

只有国际归口才能够让分社站在国际平台上。比如华南分社有得天独厚的粤港澳大湾区发展重大国家战略的政策优势，应紧紧抓住粤港澳大湾区的国际化发展和交流平台，凝聚国际资源、国际人才和国际品牌，从而更好地服务大湾区卫生健康事业发展，为人卫社的国际化战略注入新的活力。

10. 规章制度统一

人卫社总社分社一盘棋，规章制度全覆盖，统一管理、统一要求、统一监督、统一考核和评估，从而为人卫社集团化、规范化和集约化的高质量发展提供强大力量和制度保障。

参考文献：

[1] 杜贤. 走内涵式发展道路——人民卫生出版社十年改革发展的回顾和总结［C］// 中国科学技术协会，首届科技出版发展论坛论文集. 北京：中国科学技术出版社，2004：23-28.

[2] 杜贤. 在人民卫生出版社华南分社的讲话［R］. 广州：人民卫生出版社，2023.

第四篇

以文载舟强国

“且丘闻之，君者，舟也；庶人者，水也。水则载舟，水则覆舟，君以此思危，则危将焉而不至矣？”

——《荀子·哀公》

第十四章

新时代，新使命，新作为

党的二十大报告指出，“加快构建新发展格局，着力推动高质量发展”“推进文化自信自强，铸就社会主义文化新辉煌”和“建设教育强国、科技强国、人才强国、文化强国、健康强国”。新时代，应当如何开辟医学出版的新领域新赛道，不断塑造医学出版高质量发展的新动能新优势？必须坚持理论联系卫生健康实践、密切联系人民群众健康、紧密结合人卫社出版工作，才能构建起面向世界科技前沿、面向国家重大需求、面向经济主战场、面向人民生命健康的学科体系、学术体系、话语体系，从而构建起具有中国底气、中国气派、中国风格、能够服务于推进中国式现代化的中国自主知识体系，以更高标准发展卫生健康出版新质生产力。

一、以习近平文化思想为指引，驱动新时代思想解放和科技创新

在人类的历史长河中，最能够代表或者体现民族精神、民族力量、民族底气的，就是一个民族的文化。习近平总书记多次提出并反复强调历史自信、文化自信，从而构建起道路自信、理论自信、制度自信，这是实现中华民族伟大复兴的重要精神内核。

2023 年 6 月 1 日，习近平总书记在文化传承发展座谈会前到中国国家版本馆中央总馆考察时强调，我十分关心中华文明历经沧桑流传下来的这些宝贵的典籍版本。建设中国国家版本馆是我非常关注、亲自批准的项目，初心宗旨是在我们这个历史阶段，把自古以来能收集到的典籍资料收集全、保护好，把世界上唯一没有中断的文明继续传承下去。盛世修文，我们这个时代，国家繁荣、社会平安稳定，有传承民族文化的意愿和能力，要把这件大事办好。建设中国国家版本馆，是文明大国建设的基础工程，是功在当代、利在千秋的标志性文化工程。

6 月 2 日，习近平总书记在北京出席文化传承发展座谈会并发表重要讲话，为中华文明的传承与发展指明了方向，极大地增强了中华民族的文化自信。

■ 中国文化源远流长，中华文明博大精深。只有全面深入了解中华文明的历史，才能更有效地推动中华优秀传统文化创造性转化、创新性发展，更有力地推进中国特色社会主义文化建设，建设中华民族现代文明

■ 中华优秀传统文化有很多重要元素，共同塑造出中华文明的突出特性。中华文明具有突出的连续性，从根本上决定了中华民族必然走自己的路。如果不从源远流长的历史连续性来认识中国，就不可能理解古代中国，也不可能理解现代中国，更不可能理解未来中国。中华文明具有突出的创新性，从根本上决定了中华民族守正不守旧、尊古不复古的进取精神，决定了中华民族不惧新挑战、勇于接受新事物的无畏品格。中华文明具有突出的统一性，从根本上决定了中华民族各民族文化融为一体、即使遭遇重大挫折也牢固凝聚，决定了国土不可分、国家不可乱、民族不可散、文明不可断的共同信念，决定了国家统一永远是中国核心利益的核心，决定了一个坚强统一的国家是各族人民的命运所系。中华文明具有突出的包容性，从根本上决定了中华民族交往交流交融的历史取向，决定了中国各宗教信仰多元并存的和谐格局，决定了中华文化对世界文明兼收并蓄的开放胸怀。中华文明具有突出的和平性，从根本上决定了中国始终是世界和平的建设者、全球发展的贡献者、国际秩序的维护者，决定了中国不断追求文明交流互鉴而不搞文化霸权，决定了中国不会把自己的价值观念与政治体制强加于人，决定了中国坚持合作、不搞对抗，决不搞“党同伐异”的小圈子

■ 在五千多年中华文明深厚基础上开辟和发展中国特色社会主义，把马克思主义基本原理同中国具体实际、同中华优秀传统文化相结合是必由之路。这是我们在探索中国特色社会主义道路中得出的规律性的认识，是我们取得成功的最大法宝。

第一，“结合”的前提是彼此契合。马克思主义和中华优秀传统文化来源不同，但彼此存在高度的契合性。相互契合才能有机结合。第二，“结合”的结果是互相成就，造就了一个有机统一的新的文化生命体，让马克思主义成为中国的，中华优秀传统文化成为现代的，让经由“结合”而形成的新文化成为中国式现代化的文化形态。第三，“结合”筑牢了道路根基，让中国特色社会主义道路有了更加宏阔深远的历史纵深，拓展了中国特色社会主义道路的文化根基。中国式现代化赋予中华文明以现代力量，中华文明赋予中国式现代化以深厚底蕴。第四，“结合”打开了创新空间，让我们掌握了思想和文化主动，并有力地作用于道路、理论和制度。更重要的是，“第二个结合”是又一次的思想解放，让我们能够在更广阔的文化空间中，充分运用中华优秀传统文化的宝贵资源，探索面向未来的理论和制度创新。第五，“结合”巩固了文化主体性，创立新时代中国特色社会主义思想就是这一文化主体性的最有力体现。“第二个结合”，是我们党对马克思主义中国化时代化历史经验的深刻总结，是对中华文明发展规律的深刻把握，表明我们党对中国道路、理论、制度的认识达到了新高度，表明我们党的历史自信、文化自信达到了新高度，表明我们党在传承中华优秀传统文化中推进文化创新的自觉性达到了新高度

■ 党的十八大以来，党中央在领导党和人民推进治国理政的实践中，把文化建设摆在全局工作的重要位置，不断深化对文化建设的规律性认识，提出一系列新思想新观点新论断。这

些重要观点是新时代党领导文化建设实践经验的理论总结，是做好宣传思想文化工作的根本遵循，必须长期坚持贯彻、不断丰富发展

- **在新的历史起点上继续推动文化繁荣、建设文化强国、建设中华民族现代文明，要坚定文化自信，坚持走自己的路，立足中华民族伟大历史实践和当代实践，用中国道理总结好中国经验，把中国经验提升为中国理论，实现精神上的独立自主。要秉持开放包容，坚持马克思主义中国化时代化，传承发展中华优秀传统文化，促进外来文化本土化，不断培育和创造新时代中国特色社会主义文化。要坚持守正创新，以守正创新的正气和锐气，赓续历史文脉、谱写当代华章**

这些重要的论述，需要文化相关行业的所有从业者认真学习、反复体会，做到知行合一，融入具体工作实践，才能真正承担起在新的起点上继续推动文化繁荣、建设文化强国、建设中华民族现代文明的新的文化使命。出版是思想智慧成果传播、科学文化技术推广的重要基石，承载着传继历史、传承文明、传播文化、传授知识、传扬科技、传递信息的重要文化使命和历史责任。“第二个结合”是又一次的思想解放，让我们能够在更广阔的文化空间中充分运用中华优秀传统文化的宝贵资源，探索面向未来的理论和制度创新，并在文化构建中给予我们重大启示，即要把中华文化突出的“连续性、创新性、统一性、包容性、和平性”融入到医学出版中，以此来不断驱动思想解放和科技创新。

新时代，无论外部环境和内部管理体制如何变化，我认为中国出版业要始终做到6个坚持：一是坚持中国出版业的发展方向，以“两个结合”传继中华民族优秀传统文化，发展社会主义先进文化，建设中华民族现代文明。二是坚持正确的政治方向和科学的专业导向，坚持党的领导，坚持以人民为中心，坚持“双百”和“二为”方针，牢牢把好社会主义出版文化事业的意识形态关。三是坚持担负起构建社会主义核心价值体系的政治功能，以文载道，传播时代正能量。四是坚持把社会效益放在首位，以文化人，服务人的全面发展，为中华民族伟大复兴集聚人才力量。五是坚持内容为王、技术为介，坚持人才为本、创新驱动，以文格物，传播科学与真理，推动人类文明进步和人类命运共同体建设。六是坚持精益求精、久久为功，打造不负时代、不负人民的精品力作，以文载舟，建设出版强国、文化强国，为强国建设、民族复兴伟业注入文化伟力。

二、“后疫情”时代的总编辑出版战略

新冠疫情是中华人民共和国成立以来传播速度最快、感染范围最广、防控难度最大的一次重大突发公共卫生事件。在以习近平同志为核心的党中央的坚强领导下，全国上下众志成城、同舟共济、精准施策、科学防控，取得了疫情防控人民战争、总体战和阻击战的重要胜利。科技出版界执笔出征、出版上阵、知识服务、科学战疫，推出一系列助力疫情防控方面的图书，为战胜疫情提供精神食粮和知识武器，为抗疫作出出版界应有的贡献。进入“后疫情”时代，如何创新推动出版工作，各出版单位总编辑应及时总结、凝聚共识、找准方向，制定并优化出版单位的总编辑出版战略。基于人卫社抗疫出版实

践，我提出以提升九大能力为重点，凝聚出版力，构建“后疫情”时代出版的核心竞争力。

（一）提升科技力，践行科技出版新使命

科技是战胜困难的有力武器。当新冠疫情突如其来、蔓延肆虐时，作为科技出版社的总编辑，须做到大局当前站位高、危急关头勇担当，用冷静的思维和科学的思考，遵循科学的规律来指导、引领科技抗疫出版。人卫社遵循新发突发传染病发生、发展、防控、诊治、转归、常态、总结和反思的规律，制定总编辑抗疫出版战略，启动应急出版机制，依靠科学的力量，遵循科学的规律，组织权威的专家，根据疫情防控要求和疫情防控不同阶段特点，推动科学策划、科学组织、科学出版、科学传播、科学宣传、科学普及的出版传播工作，出版了一批疫情防控、心理疏导的权威普及读物，一批加强健康理念和传染病防控知识教育的科普读物，一批宣扬生态保护理念、革除滥食野生动物陋习、倡导健康文明生活方式的大众读物，一批讴歌一线医护人员和科研人员、展现广大党员干部和社会各界万众一心抗击疫情的优秀作品，用科学应急出版的体系和成果建立科学呵护健康、科学防控疫情、科学诊治患者、科学救死扶伤的卫生健康长城。

我们要放眼长远，科学总结经验、吸取教训，全面提升科学预防、科学应急、科学防控、科学诊疗的能力。这场对国家治理体系和治理能力的大考，带给国家公共卫生体系建设的启示逐步明晰，带给健康中国战略实施和医疗卫生能力提升的思考逐步明朗，带给科技出版和文化传播的反思逐步明确。总编辑必须遵循科学规律、依靠科技力量、提升科技出版能力，才能为人民安全奠定坚实的知识基础，才

能为国家安全夯实坚定的科学基石。只有科学谋划健康科普大众出版战略，做好大众科普出版工作，才能全面弘扬科学精神、提升大众科学素养、提倡健康科学生活方式，才能构筑全民的免疫力；只有构建强大的公共卫生出版体系，健全预警应急响应出版机制，才能全面提升防控和救治能力；只有深刻反思、系统总结、吸取教训、织网补墙，才能借助科技出版结晶智慧、创新成果、知识服务、传播推广。只有结合百年未有之大变革，遵循科技发展规律和出版科学规律，提升出版科技力，才能通过科学战疫的出版实践，创新实施“后疫情”时代总编辑出版战略，创新践行科技出版的初心和使命。

（二）提升应急力，构建公共卫生出版新机制

防控新发突发传染病是人类永恒的主题，新冠疫情给我们的警示是必须完善重大疫情防控体制机制，建立健全公共卫生应急管理体系，也必须建立与之相适应的应急出版体系。作为总编辑要有应急理念和公共卫生意识，时刻保持清醒的科学头脑，依靠专家资源和出版资源，在重大疫情防控机制体制建设和重大公共卫生事件应急方面，建立公共卫生和预防医学专家咨询指导委员会，建立疫情预测研判应对出版机制，制定科学前瞻的选题规划，从重大疫情防控、重大传染病救治、公共卫生应急等维度开展选题工作，建立相关选题储备、相关大数据资料积累、相关编写专家队伍、编印发管绿色应急流程、应急出版质控体系、海内外传播宣传绿色通道等应急出版长效机制和体制，形成科学、规范、快速、务实、有效的重大疫情防控和公共卫生应对的应急出版体系。

自2003年抗击非典和2008年汶川地震救援以来，人卫社建立了紧急应对新发突发传染病疫情和重大灾害灾难事件的应急出版机制；新冠疫情考验了这一应急出版机制。总编辑要有应急出版的意识和准备，积极应对可能反弹的疫情和新发突发的传染病，通过进一步总结完善出版社总动员、科学策划总动员、编印发管总动员、专家团队总动员、应急质量总动员、社会力量总动员、融合传播总动员、国际传播总动员等八大总动员的应急出版机制，科学构建完善的公共卫生应急出版体系，形成立足出版全体动员、知识护航全民抗疫、纸数融合联防联控、科学诊治救死扶伤的应急出版模式。

（三）提升免疫力，构建健康科普知识服务新体系

健康是人全面发展的基础，人民健康是国家健康的基石。人民安全关乎国家安全，健康知识、健康素养、健康理念和健康生活方式是决定全民健康的基础，是构建预防疾病和防控疫情免疫力的重要保障。总编辑的重要职责是弘扬科学精神、普及健康知识、促进健康科普、加强健康教育，构建人民群众对疾病和疫情的心理、生理和生活方式的免疫力。这就需要整体策划增强和提升全民免疫力的选题计划，坚持预防为主，创新爱国卫生运动的方式方法，推进城乡环境整治，完善公共卫生设施，大力开展健康知识普及，提倡文明健康、绿色环保的生活方式等，因此目前和今后选题出版的方向与重点应包括弘扬科学精神、普及健康知识、促进健康教育、加强环境保护、重视生态安全、杜绝捕食野生动物、提倡健康文明生活方式等。

总编辑必须有战略思维和科学思想，遵循科学和科普的规律，推出大众生理免疫、心理免疫、疾病免疫、环境免疫和生活免疫等免疫

力提升的系列科普读物，包括防止疫情反弹和新发突发传染病预防的权威科普教育，健康促进、健康素养和健康中国行动方案的普及读物，食品安全、动物安全和生态安全的教育读本，禁捕禁食野生动物、爱护自然、和谐共处的大众读物，加大健康科普知识尤其是防控新发突发传染病知识的传播力度，创新传播形式和路径，构建增强全民免疫力的科普平台，提升人民群众免疫力。并以提升免疫力为重点的知识服务体系建设，构筑起维护人民生命安全和健康安全的健康长城，助力人类卫生健康共同体建设。

（四）提升胜任力，培养卫生健康人才新队伍

反思疫情防控，我们经受住了疫情的大考，但也暴露出不足，尤其是医学教育和人才培养的短板。如何通过反思和创新，构建“后疫情”时代的教材体系，培养具有胜任力的创新人才，这是总编辑必须思考和实施的战略。作为国家医学教材建设和出版主阵地，我们必须紧密依靠全国院校专家学者共同携手打造以提升胜任力为核心的新教材体系。

历经百年未遇之大疫情，我们进一步清醒地认识了病毒和疾病、环境和生态、健康和人类、医学和世界的关系，我们必须加速人类卫生健康和人类命运共同体的有机契合，加快临床医学和公共卫生的裂痕弥合，加深治疗和预防的全程联合，加大医学和人文的深入融合。反思此次疫情，让我们进一步明确医疗和健康、健康和教育、教育和教材、教材和人才的关系，必须建设一支具有科学知识、人文精神、勇于担当、甘于奉献的医学人才队伍，必须以人民为中心、以病人为本、以提升学生胜任力为重点，推动国家医学教育改

革和医教协同创新发展，创新教育教材体系新格局，培养具有胜任力的医学人才。

（五）提升创新力，构建科技强国创新出版新体系

面对新发突发传染病，必须以科学的精神和科学的知识来认知，以循证的理论、技术和方法来防控，以实践经验、大数据样本和临床规律来诊治，这需要学术创新驱动和科技创新发展作为基础。因此，我们须以提升科技创新力为重点的学术创新出版为支撑，构建强大的公共卫生体系、完善预警应急响应机制、提升疾病防控和救治能力，织密防护网、筑牢隔离墙，促进人类卫生健康共同体建设。用总编辑的思想、战略和远见，为中国科技工作者把科技论文书写在中国大地上、把科技成果应用到祖国的建设中提供阵地和舞台，为中国自主知识产权、科技原创成果、中国共识规范和指南、中国标准和方案的出版与传播贡献载体和平台。

以学术创新出版驱动科技创新发展，以学术创新传播推动学术创新人才培养。尤其是在基础学科、前沿学科、边缘学科和交叉学科领域前瞻布局，在科技成果转化、新型学科融合、尖端技术应用和实用技术推广等领域全面策划，在医学大数据、信息技术、人工智能、医学区块链等领域战略选题。同时，加强“后疫情”时代的反思和思考，加强公共卫生和预防医学的学科体系建设和重大选题规划，加强预警应急响应机制体制建设和学术选题科学规划，加强传染病防控和疾病救治能力体系建设和选题布局。以创新的学术出版推动学术创新发展、科技创新发明和科技成果创新转化，提升中国学术自主知识产权、中国原创学术版权和中国科技出版学术话语权。

（六）提升融合力，推动传统出版和新兴出版深度融合

反思疫情时期，为防控疫情蔓延、隔断传染途径和防止人群扩散实施了最严格的“封城”防控、社区防控、居家隔离、联防联控等措施，此时互联网、物联网、信息技术、网络空间从后台跑到前台，构建疫情防控时期的网络社会，线上学习、线上工作、线上物流等成为主要的社交方式，直接重构了社会关系和社会功能。

进入“后疫情”时代，移动互联网将继续改变世界格局，改变社会形态和生活方式，虚拟世界重构现实世界、网络空间重塑现实空间、数据化生存演绎现实生态、信息化技术再现社会生态圈，网络生产力重构了现实的生产关系，影响着社会发展和历史进程，也必将对出版业产生根本性影响和革命性的变革，必将重构科技出版内容、形态和空间。人卫社在此次应急抗疫出版中，充分发挥数字融合出版的资源、产品和平台的优势，利用移动互联网和物联网重构网上人卫社，选题、组稿、三审三校、生产印制、营销发行、市场推广等各环节实现网络化运营和信息化管理，全面实现纸数同步出版、电子版优先发布、纸质版精准推送、国内外同步传播的“互联网＋抗疫出版”的深度融合发展格局，形成慕课、网课、直播教学开启“互联网＋出版＋科普＋学术＋教育”的纵深融合发展态势。

总编辑须以提升融合力为重点写好媒体融合发展这篇大文章。面对全球一张网，需要全社一盘棋，推动传统出版和新兴出版的融合发展，实现从分离运行到常态融合、从一般融合到深度融合、从深度融合向纵深融合的跨越发展。首先，须以内容为王，建立出版社独具特色的优质内容资源，并尽快实现纸质资源向数字资源的转化，建立数字出版传播必需的素材库、资源库和数据库。其次，须策划出版具有

鲜明行业特色的数字产品，实现传统出版和新兴出版的初步融合；持续推动慕课课程、慕课平台建设，推动 AR/VR/MR 应用；整合平台资源、建立大数据平台和网络商城，实现传统出版和新兴出版的深度融合。最后，须充分利用人工智能技术促进智能出版和出版智能产品，同时充分利用大数据、云计算、5G、区块链、物联网和人工智能的新理念和新技术，促进传统出版和新兴出版的纵深融合发展。通过总编辑融合能力提升战略，构建以内容建设为根本、先进技术为支撑、创新管理为保障的全媒体出版传播体系。同时，总编辑要进一步引领和推进出版供给侧结构性改革，推动新媒体深度融合的体制机制建设，加大全媒体人才培养力度，要在出版社内形成全程媒体、全息媒体、全员媒体、全效媒体深度融合发展格局，进一步建设信息无处不在、无所不及、无人不用、纵深发展的出版生态、媒体格局和传播方式，促进出版传播媒体进入纵深融合、快速发展新时代。

（七）提升传播力，构建国内国际传播体系

总编辑的重要职责是打造一批具有强大传播力、引导力、影响力、公信力的科技文化精品。战略目标是通过构建线上线下一体、内宣外宣联动的主流出版传播格局，牢牢占据舆论引导、思想引领、文化传承、服务人民的出版传播主阵地和制高点，实现社会效益首位、两个效益有机结合的高质量发展。传播力是引导力、影响力、公信力的基础。提升出版传播力是做大做强出版传媒的必要条件，亦是总编辑的重要工作。其关键是创新传播的内容、形式、载体、渠道和路径。只有通过传统出版和新兴出版深度融合，线上线下有机互动，大力提升国内国际传播力，才能推动中国科技的引领力和中国文化的影

响力，彰显中国出版所承载的国家意志和文化实力，增强中国出版的国际话语权。

此次影响全球的新冠疫情对各国是一次国家制度、综合国力、国家治理和国家体制的大考，我们充分发挥中国特色社会主义制度优势、举全国之力量取得疫情防控人民战争、总体战、阻击战的胜利，形成抗击新冠疫情的中国经验、中国模式、中国方案，国际社会和世界各国高度关注、积极评价，并希望学习、借鉴和分享。总结抗疫出版的经验和启示，总编辑要充分利用移动互联网和信息技术构建网络传播渠道，充分发挥专家的学术影响力和名人效应，从而增强渠道传播关注度和影响力，充分利用视频宣传和直播互动加大传播流量和带货力度，充分利用线上科普、线上学术、线上教育、线上培训的模式促进传播力提升。同时，总编辑要有世界眼光和全球视野，胸怀全局、全球规划，加大国际传播力建设和提升，走出一条国际出版传播的创新拓展之路。最具中国特色的就是最有国际性的。因此，总编辑须积极推动能够传承创新中国历史文化经典、传统科学文化瑰宝、人类命运共同体思想的出版物“走出去”。

（八）提升编辑力，打造卫生科技出版传媒国家队

科技创新推动出版发展，出版创新助力科技发展，这一良性循环需要作者—编辑—读者的良性互动，科技编辑在中间发挥桥梁、纽带和驱动的重要作用，这就是编辑力量。总编辑需要进一步反思、总结和加强编辑队伍建设，进一步凝聚、历练和提升编辑力，形成代表国家卫生科技出版传媒水准的国家队编辑力，时刻准备着将国家队编辑力转换为国家科学技术硬实力和科技文化软实力，不忘出版初心、牢

记文化使命，为党和国家“立心”、为人民健康“立命”、为科技发展“立力”、为民族复兴“立信”、为健康中国“立人”、为儿童青少年“立志”。

出版社不仅要出书，还要出编辑人才；不仅要出精神产品，还要出编辑学术思想成果；不仅要推动科技硬实力和文化软实力的结合，更要产出具有创新意识和创造能力的编辑力。总编辑要以培养编辑出版人才为重要历史使命和神圣职责，以提升编辑力为重点，打造高质量出版传媒团队。总编辑要在编辑的预判力、政策力、策划力、组织力、协调力、审读力、质控力、融合力、宣传力、传播力和影响力等方面着重要求和重点培育，并不断汇聚、凝练、升华各出版单位的整体编辑力。总编辑要建立起编辑出版人才发现、培养、使用、提高和激励的长效机制搭建多种形式学习、多种通道成才、多种方式激励的人才成长、成才平台。总编辑要主抓编辑规范化培训工作，建立适合出版社实际的培训课程体系和考核评估机制，逐步建立起行业或专业出版社编辑培训标准，形成考核标准和编辑执业标准对接、学习过程与编辑流程对接、编辑培训和职业教育对接、传统出版课程和数字网络出版技术对接、人才培养和出版社实现效益对接。总编辑通过对编印发管全员全程的学习引领和系统培养，营造出版社学习、进取、向上的文化环境和学术氛围，建设一支学习型、思想型、创新型编辑出版队伍、推动人才强企战略的有力实施和成果转化，实现出版社既出精品图书又出精英编辑、既出精神产品又出精英人才、既出社会效益又出经济效益、既出强大硬实力又出创新编辑力的国家卫生科技大社强社发展格局。

（九）提升管理力，建设高质量发展出版集团

只有高质量的管理才能锤炼高质量的企业，只有一流的管理才能催生一流的品牌企业。出版传媒企业更需要高质量的管理，只有全面提升出版传媒管理力，才能生产高质量的产品，打造高质量的品牌，构筑高原上的高峰，实现高质量的效益。提升科技出版管理力，是总编辑的重要出版战略。总编辑必须科学谋篇布局，在危机中育新机、于变局中开新局。结合当前、总结反思、规划未来，以提升管理力为重点全面加强出版社能力建设，包括作者队伍管理、编辑人才培养管理、选题资源建设管理、大数据资源库管理、编印发管协调管理、宣传传播渠道管理、读者对象客户管理、出版主业和集团化建设管理等，以管理赋能、以管理提效、以管理促变、以管理促进，全面提升出版管理力。

总编辑应该清醒认识到，当今的出版传媒企业已不同于以往传统意义上的出版社，正在形成从传统的编辑、出版、发行的产业链内涵式拓展向外延式扩张进行延伸，从编辑出版主业向多元化发展转变，从传统的内容提供商向新型的内容服务商转换，从传统媒体向新兴媒体深度融合纵深发展的出版传媒新格局；同时，由于受到新冠疫情影响，作为新质生产力的数字出版在劳动资料、劳动对象、劳动者 3 个方面都表现出结构性的变化，这必然对出版单位内部的专业分工产生直接触动，数字出版作为独立力量的组织形式将被进一步巩固或者加强，传统出版单位组织机构变革势必受此影响。总编辑要根据不断发展变化的大出版格局、新媒体态势、大数据资源和数字化趋势，在全面提升管理力基础上重构编辑出版机制、完善编辑出版流程，建立健全策划、组稿、审稿、编辑、校对、设计、生产、营销和质控等一系

列管理机制和管理制度，确保编印发业务流程各环节有机衔接、畅通有序、管理有力，确保大数据、虚拟仿真、人工智能等新技术、新业态、新手段在编辑出版业务中的融合运用，确保编辑出版主业全程全员全媒的质量管控和管理能力的提升。决定出版社核心竞争力的不是出版物的数量和规模，而是出版物的质量和品牌。不断提升质量管理力、提升出版物质量、打造出版社精品品牌，是出版社总编辑的重要职责和文化使命。因此，不断提升管理力，不仅是总编辑的重要战略，也是总编辑的重要职责，更是以质量立业、精品立社、品牌强社的高质量发展之路，建设国内一流国际知名出版集团之基。

三、新时代总编辑的定位和作用

新时代出版单位总编辑必须坚持以习近平新时代中国特色社会主义思想为指引，坚持中国特色社会主义出版方向，肩负把握出版导向、落实出版制度、保证出版质量、培养编辑队伍等重要使命。正确认识新时代出版单位总编辑的政治定位、历史定位、学术定位、文化定位和战略定位，充分发挥总编辑的重要作用，是出版单位坚守主阵地、弘扬主旋律、传播正能量，引领出版高质量发展的根本保证。新时代出版社总编辑的定位和作用可以概括为以下 12 个方面。

（一）政治责任的担当者

意识形态工作是党的一项极端重要的工作。在新时代，总编辑须首先提高政治站位，担当政治责任，牢牢把握意识形态工作主导权，履行出版使命。总编辑应带领全体出版人员学懂弄通习近平新时代中国特色社会主义思想，深入贯彻落实习近平文化思想，增强“四个意识”、坚定“四个自信”、做到“两个维护”；须坚定不移地贯彻落实党的十八大以来各项路线方针政策，全面落实党对出版意识形态的领导权，落实出版管理的各项要求；须认真学习并贯彻落实中央加强文化体制改革创新、促进文化大发展大繁荣的一系列文化强国战略，推动出版事业改革创新发展；须按照2011年新闻出版总署发布的《关于进一步加强出版单位总编辑工作的意见》精神，自觉担负起总编辑的政治责任，坚持政治家办社办刊办报的思想和理念，确保坚定的政治立场和正确的政治观点，坚持主流媒体的政治敏锐性和敢于亮剑的政治自觉，坚守正确舆论的主战场和科学理论的主阵地。

出版物作为精神文化产品，是构建社会主义核心价值观的重要组成部分。总编辑应带领全体员工弘扬新时代先进的主旋律和健康科学向上的正能量，应统领出版全局、把握出版方向，把社会主义核心价值观通过文字、图片、影视等贯穿全媒体出版传播之中，渗透到精神文化产品创作生产之中，努力使其内化为人们的价值追求，外化为人们的自觉行动，实现“举旗帜、聚民心、育新人、兴文化、展形象”文化目标。总编辑须从全球发展趋势和中国发展大局的角度进行战略思考，尤其是在传承历史文明、传播文化精粹、传授知识成果和传递科学资讯等方面，以及宣传思想理论、推广先进技术、推动文化交流和引进来“走出去”等领域，总编辑须支持原创、辨别真伪、推陈出新、去粗存精，以精品力作为载体，践行社会主义核心价值观，奏响时代主旋律。

（二）社会效益的先行者

新时代文化出版企业迎来了大发展大繁荣的大格局。国有文化出版企业是文化建设的重镇、意识形态的重要阵地、精神产品的生产基地。总编辑的重要责任，就是赋予出版物更大更多的道德力量、文化力量、精神力量和意识形态力量，体现更多的科学价值、学术价值和精神价值，凝聚更多的时代正能量、科技正能量和人文正能量。总编辑应从政治责任、出版导向、战略布局上坚定出版方向，坚持高标准严要求，严格把握作者资质，严格流程管理，严抓图书产品的宣传推广，从选题源头上严控内容质量，最终实现更大更多的社会效益，并坚持社会效益首位原则，实现社会效益和经济效益有机结合。

（三）科学规律的践行者

总编辑须遵循科学规律、践行科学思想、坚持科学导向，遵循出版业学科或专业的发展规律严把选题关，遵循社科出版、科技出版和大众出版的运行规律推动出版生产，遵循市场规律、阅读形态的变化和读者用户的特点创新传播方式。充分把握科技创新推动出版发展、出版创新促进科技发展的规律，并充分利用这一良性循环，推进作者—编辑—读者的良性互动，发挥桥梁、纽带和驱动的重要作用，凝聚形成出版单位的预测力、策划力、组织力、协调力、审读力、质控力、融合力、宣传力、传播力和影响力，最后汇集凝聚成的总编辑力量，推动形成代表行业水准的编辑力，并时刻准备着将这种编辑力转换为科技文化软实力和科学技术硬实力。

作为总编辑尤其是科技出版单位的总编辑，只有成为熟知相关学科专业基本知识和科技发展规律的“博学家”，才能成为科技出版的专家，才能胜任总编辑工作。只有具备了科学知识，才能做到科学策划；只有认识了科学规律，才能形成科学决策；只有把握了科学方向，才能整体规划、全局谋篇；只有遵循科学的规律，才能科学实施出版规划。

（四）出版规划的设计者

出版规划是指导出版工作依规、有序、高效、务实运行的纲领性文件。出版规划一般包括出版社中长期发展规划及重点选题规划，如“十四五”发展规划及“十四五”重点选题规划；年度出版规划及重点产品规划；专题出版规划，如主题出版规划等。年度出版规划是中长期出版规划的组成部分，是实现中长期规划的必要支撑；专题出版规划是突出各出版社出版工作重点和特色的主要抓手，是社会效益和经济效益的主要来源。总编辑是出版规划的设计者，在各出版社战略决策中应发挥关键作用，要亲自抓主题出版选题、经典传承选题、重大双效益选题、科技原创选题、重要成果转化选题，统筹规划顶层设计、整体策划、工程立项、战略实施和宣传推广工作。

总编辑要根据国家方针政策、国内外形势变化、行业发展情况和企业总体目标，带领团队科学、清晰、精准制定出版规划，并分解目标和任务，通过建立项目责任制、团队负责制，逐级逐层负责，确保规划落实。同时，总编辑要统揽全局、把握大势、统领大事、谋篇布局，发现问题找差距、结果倒逼补短板、效益分析调结构、稳中求进谋创新、实践探索出思想、经验升华成理论，汇聚而成总编辑思想规划和发展战略。

（五）精品战略的实施者

一个出版社竞争力的强弱取决于为国家和社会创造了多少精品力作，这是文化精品的文化力量，更是文化自信的重要源泉。出版物水平决定于出版社水平，出版社产品决定着出版社品牌，总编辑是提升出版品位、保证出版质量、打造文化精品的第一责任人，他的工作能力和水平直接影响出版社的核心竞争力和品牌影响力。总编辑要加强自我修养和品牌领导力，带领出版社实施精品战略，策划出版一批政治性、思想性、科学性、导向性、引领性、时代性俱佳的优秀出版物，打造一批思想精深、内容精准、技术精湛、文图精美、新媒精彩、制作精良的“六精”作品，塑造社会效益和经济效益双效统一的出版品牌。

（六）主题出版与原创出版的策划者

主题出版体现出版单位的使命与责任，成为衡量编辑出版人本职工作优劣的重要标志，更是考核总编辑责任担当的重要指标。原创出版是对中国政治、经济、文化、历史、科技等领域原始创新成果的总结和传播，能很好地体现出版单位核心竞争力的精品品牌。因此，总编辑必须把主题出版和原创出版作为自己的主阵地，提前谋划、部署、组织，亲自策划、引领、落实，出版不负党和国家重任、不负人民期待、不负时代召唤、不负历史使命的主题精品和原创精品。

时代是思想之母，实践是理论之源。伟大时代必将诞生伟大之思想，伟大实践必将催生伟大之理论。因此，必须盛世修典出传世之典、盛世立说出主题著作、盛世撰书出高峰之作。总编辑必须胸怀全局融入伟大时代、谋划大局深耕伟大实践、策划主题打造高峰著作、促进原创推出创新经典。总编辑必须以习近平新时代中国特色社会主义思想为指导，首抓主题出版和原创出版，坚持主题引领方向，坚持原创守正创新，坚持经典打造高峰；做强做亮主题出版和原创出版，打造更多主题鲜明、影响广泛、创新原创的出版精品，为强国建设、民族复兴伟业提供强大制度保障和强大精神动力。

（七）质量品牌的责任者

质量是出版物的生命，也是出版社赖以生存的基础，是决定出版社生死存亡的关键所在。总编辑是出版社质量第一责任人，必须坚持质量生命线原则，通过对内容质量、编校质量、装帧设计质量和印制质量的严格质量监管确保出版物质量。首先，确保出版物内容质量，坚持正确的政治导向，坚守内容科学、正确、准确和规范；其次，建立健全编校流程和质控管理，严格实施三审三校制度，对编校人员严格实施资质准入、执证上岗、重点培训、阶段考核、监督把关、一票否决的质量严控制度，保证全程全员全面全媒质量控制；最后，确保出版物装帧设计质量和出版物印制质量，实施图书生产全程监控、全程负责。出版质控的关键在内容，内容质控的关键在人，实现质量控制的关键是责任到人。所以，总编辑的重要职责是高质量履行并监督落实责任策划制、责任编辑制、责任校对制、责任设计制、责任印制制、责任营销制六大责任制，实现图书质量的全流程质量管理和全人员质量控制。

（八）出版生态的探索者

当今的出版传媒企业正在从传统的编印发产业链内涵式拓展向外延式扩张延伸发展，从编辑出版主业向多元化发展转变，从传统内容提供商向新型内容服务商转换，形成传统媒体出版与新兴媒体出版深度融合并纵深发展的现代出版生态新格局。随着信息和网络技术的不断发展，出版传媒将进入加速发展新阶段，形成全媒体出版传媒新生态。总编辑要探索全程媒体、全息媒体、全员媒体、全效媒体的全媒体出版传播新生态，主动适应舆论生态、媒体格局、传播方式发生的新变化和新挑战。总编辑要不断探索出版生态大变局和大趋势，不断创新完善编辑出版流程和机制，根据市场竞争需要和业务发展适时调整和完善规章制度，创新和完善编辑出版体制，促进编印发业务流程各环节有机衔接、高效运转，促进新媒体、新技术、新手段在传统出版流程机制中的融合应用。

在出版生态的重构与优化过程中，总编辑须把握如下关键节点：第一，出版导向问题，始终坚持正确的政治方向、舆论导向、价值取向；第二，不断探索全媒体编辑出版流程机制和内容质量保障体系，通过创新实践探索与时俱进的全媒体出版运营制度和管理措施，提升新媒体技术研发、应用、创新和传播的层次和水平，提高全媒体内容、编校、形式和制作质量；第三，严格履行全媒体出版责任编辑制和责任校对制，严格履行全媒体内容初审、复审、终审的“三审制”和“三校一读”制度，确保全媒体出版传播质量。通过建章立制、规范流程、程序管理、质量控制，建立健全“全程、全息、全员、全效”的全媒体策划体系、编校体系、制作体系、营销体系和质控体系，促进全媒体出版生态高质量创新发展。

（九）融合发展的推动者

当前，在推动出版转型升级融合发展中，总编辑的地位和作用显得更加重要。总编辑除了须加强这方面的学习之外，还应分析研判新形势，作好数字化顶层设计和战略规划，务实地推进传统媒体出版和新兴媒体出版的深度融合纵深发展。在融合出版行动上，总编辑要带领编辑团队对已有的传统资源深度挖掘，构建自有的素材库和数据库，建设数字化平台，逐步实现网络增值服务、APP、数字教材、网络课程、慕课、AR/VR/MR、3D 虚拟仿真、人工智能等新技术、新业态、新媒体的融合应用，从局部整合走向全局融合，从逐步融合走向深度融合。

总编辑应充分发挥深度融合的数字化力量，在互联网、物联网、数字化、智能化领域重构出版机制，从选题、组稿、田间管理、编写会议、三审三校、生产印制、营销发行、市场推广等各环节实现网络化运营和管理，力争实现“互联网 + 出版”的深度融合发展格局。

（十）品牌营销的策划者

出版物品牌竞争是出版业市场竞争的重要抓手和制胜高地。总编辑的政治站位、学术思想、品牌意识、经营理念和管理能力都是出版社综合实力和品牌影响力的重要组成部分。总编辑除了对出版企业的主业和多元化拓展有战略思考外，还应考虑出版企业的整体发展和品牌建设。总编辑须坚持实施全程全员的营销战略，强调编辑是源头、生产是保障、发行是关键，从选题策划抓起、从编辑源头做起、按市场需要生产、以市场导向营销，实现编印发全程联动，开展全社生产经营活动，以学术营销推动市场销售工作。

（十一）国际战略的推进者

总编辑须具有世界视野、全球眼光和战略定力，从建设人类命运共同体的高度，创新实施“引进来、走进去”国际化战略，积极响应“一带一路”倡议，大力推动产品、品牌、投资、影响和人员“走出去”；要以总编辑的情怀、担当、示范和引领作用，讲好中国故事，发出中国声音，分享中国经验，提供中国方案，宣传中国精神，传播中国正能量。

总编辑要认真分析国内外两种资源（作者）、两个市场（读者）的差异和优劣，采取差异化战略、优势互补战略、“借船下海”战略、兼并收购战略、合作出版战略和版权贸易战略，推动国际化出版战略实施。最具中国特色的就是最有国际性的。因此，总编辑必须积极推进中国历史文化经典、国家治理能力和方略、人类命运共同体思想、传统科学文化瑰宝、传承创新国粹精品的出版物产品“走出去”，并积极争取融入国际主流社会实现“走进去”。同时，要引进国外“高、精、尖、新、深、实”的出版物，供国内学习借鉴。总编辑要积极通过版权贸易把出版社版权推向国际，尤其对具有中国自主知识产权、中国原创经验、中国原创技术和中国原创思想的科学技术文化成果，通过开展积极的版权交易，推动版权贸易，让国外专家翻译、国外公司出版讲述中国故事、分享中国经验、传播中国方案的出版物。总编辑要积极寻找国外战略合作者，合作出版外文版出版物，并在海外发行销售，实现出版社品牌“走出去、走进去”。通过构建国际出版新格局，培养具有国际视野、全球眼光、使命担当、开拓进取的国际化编辑新人才。

（十二）出版人才的培养者

编辑出版的过程也是人才培养、成长、成才的过程，培养编辑出版人才是总编辑的重要职责。第一，对新编辑开展入职教育，对在职编辑开展传帮带岗位培训的继续教育，对全体编辑定期开展系列专题讲座的职业教育。第二，以编辑为核心，发挥思想、变革、创新、示范和引领作用，以编辑工作会议推动出版主业创新发展。第三，通过选题论证审批、图书印数定价、市场营销策略，言传身教地培养编辑的选题思想、策划理念、市场意识和营销观念。第四，通过书稿的终审终签、抽查抽审和重点书稿审稿，以问题为导向开展编辑业务传帮带工作。第五，通过带队开展专家走访、会议座谈和市场调研，以身作则培养编辑市场调研、组稿约稿、选题策划和市场营销的能力。第六，通过会议策划组织、产品宣传报道、学术品牌营销等方面的综合实训，历练一批有思想、有思路、有创意、有能力的复合型编辑人才。总编辑通过创新编辑理念、诠释编辑思想、传授编辑方法、解惑编辑问题，师承口授地培养编辑思想和编辑素质；通过培养锻炼编辑队伍，建立和完善编辑规范化培训制度和质量提升管理模式，形成培养人才、发现人才、使用人才和激励成才的学术氛围和长效机制。通过学习引领和系统培养，最终培养一批优秀的编辑出版人才，通过打造双效突出的图书产品推动企业和行业发展，为建设出版强国作出应有的贡献。

每一个时代都有每个时代的使命，每一代人都有每代人的担当。新时代有新使命，必须有新担当，更要有新作为。新时代总编辑的12个定位，是总编辑践行习近平文化思想、担当新时代新的文化使命、建设社会主义文化强国的重要职责和历史重任。总编辑作为出版单位编辑出版主业的重要决策者、领导者和责任者，必须发挥研究、制定和实施编辑出版工作方针，组织领导编辑出版日常业务工作的重要作用，成为出版思想代表者、文化精神引领者、出版战略设计者、选题规划实施者、编辑业务掌控者、质量监控责任者、编辑人才培育者，自觉担当新时代总编辑的政治责任、文化重任和社会责任。

四、传承中华民族古代文明，发展中华民族现代文明

（一）盛世修典，担当传承守正创新之文化新使命

党的十八大以来，以习近平同志为核心的党中央高度重视历史自信和文化自信。中华优秀传统文化以其突出的连续性、创新性、统一性、包容性、和平性构建起最基础、最广泛、最深厚的自信，凝聚成更基本、更深沉、更持久的力量，并以前提彼此契合、结果相互成就、筑牢道路根基、打开创新空间、巩固文化主体的“两个结合”，传承文明、创新文化、创造发展，尤其是“第二个结合”的又一次思想解放，从而以历史自信和文化自信构建起了道路自信、理论自信和制度自信的重要基石、重要基础和重要支撑。

2023 年 6 月 2 日，习近平总书记视察了中国国家版本馆，高度评价典藏在中国国家版本馆里的 1 600 万种国家版本图书，承载着中华民族文明的五千年历史和文化，赓续着中华民族的文化血脉和精神力量。中华五千年的典籍，以甲骨、竹简、帛书、纸书或电子书等形式典藏在国家版本馆，传承了中华民族的古代文明，发展了中华民族的现代文明，使中华民族、中华历史、中华文明、中华文化五千年血脉赓续、世代传承，成为世界历史上文明唯一没有中断的中华民族文明的重要的史记、重要的标志、重要的载体、重要的图腾和重要的自

信……泱泱中华，历史何其悠久，文明何其博大，这是我们的自信之基和力量之源。人卫社有近 4 万种重要的版本典藏在国家版本馆里，成为传承中华民族古代文明、发展中华民族现代文明的重要标志和重要组成。

一个国家生生不息的历史文脉，如何传承赓续？一个民族绵延不绝的悠久文明，如何发扬光大？国家之魂，文以化之，文以铸之。对历史最好的继承，就是创造新的历史；对人类文明最高的礼赞，就是创造人类文明新形态。盛世修典、传承精华、守正创新，是新时代赋予我们铸牢中华民族共同体意识、建设中华民族共有精神家园的历史重任和新的文化使命。

人卫社作为国家出版平台和国家文化建设平台，如何来传承、守正、创新民族的文明、文化和经典？习近平总书记在视察国家版本馆时指出："中华民族的一些典籍在岁月侵蚀中已失去了不少，留下来的这些瑰宝一定要千方百计呵护好、珍惜好，把我们这个世界上唯一没有中断的文明继续传承下去。"人卫社启动《马王堆汉墓出土医书十六种》，就是要呵护、挖掘和整理马王堆汉墓的医书，传承、发展和创新马王堆汉墓医书的精华，赓续两千多年马王堆医学的文化，从而通过中医药文化的传承和创新来赓续中华优秀传统文化血脉，赓续历史之根、弘扬文化之魂，这是我们重要的历史性文化传承工程。希望通过今天和未来的努力，打造出的《马王堆汉墓出土医书十六种》能够在出版之日，即典藏在中国国家版本馆。这是历史赋予我们的使命，也是时代赋予我们的重任，也是我们这一代人在中华民族伟大复兴的新时代中应该作出的历史贡献。

（二）以文载道，传承和发展中医药文明之新形态

中医药文化是中华优秀传统文化的优秀代表，是中华民族文明的核心精髓。习近平总书记高度重视中医药文明和中医药文化，指出“中医药学凝聚着深邃的哲学智慧和中华民族几千年的健康养生理念及其实践经验，是中国古代科学的瑰宝，也是打开中华文明宝库的钥匙”。中医药对中华民族的繁衍生息作出了巨大贡献，对世界文明进步产生了积极影响，我们要传承精华、守正创新。

习近平总书记关于中医药的系列重要论述精神，时刻都在激励和引领着人卫社团结全国中医药专家共同研讨：如何利用人卫社的平台以中医药经典传承创新中医药文化，展示中医药是中华民族的伟大创造？中医药历史最早的根脉在哪儿？中医药作为中国古代科学的瑰宝具体体现在哪儿？打开中华文明宝库的钥匙在哪儿？是以什么样的载体和形式存在于世？对中华民族作出了哪些伟大贡献？又对世界人民作出了哪些重大贡献……

因此，我们通过古籍整理、探源挖掘、专著研讨、学术探索、教材建设和文化传播，不断地推动传承、发展和创新。人卫社启动《马王堆汉墓出土医书十六种》编写出版工作，就是里程碑式的标志性成果，通过对中医药古籍、中医药文化、中医药历史、中医药文明、中医药方剂的重要整理、历史溯源、文化探源、标引注释、尊重原文、精准译文、古为今用、中为洋用，传承了中华民族古代文明，发展了中华民族现代文明。

一是《马王堆汉墓出土医书十六种》经过此次传承创新发展，必将成为中华优秀传统文化之瑰宝。以《五十二病方》为代表的 16 种系列典籍，包括《五十二病方》《养生方》《杂疗方》《杂禁方》《胎产

书》《足臂十一脉灸经》《阴阳十一脉灸经》（甲乙本）以及《天下至道谈》等，涉及中医药内科、外科、妇产科、儿科、皮肤科、烧伤等相关学科，关键是蕴含在医书中的历史观、价值观、哲学观、天地观、人文观、养生观、生命观等，通过挖掘、整理、探源、研究、编著、出版、宣传、传播、发行，必将迸发出医学瑰宝的光芒，成为中华优秀传统文化之瑰宝。

二是以《马王堆汉墓出土医书十六种》为代表的中医药古籍历经两千多年的发展、传承和创新，是打开中华文明宝库的钥匙。中医药古籍凝聚了天人合一的宇宙观、道法自然的生命观、形神兼顾的健康观、整体平衡的思维观、大医精诚的道德观和辨证论治的诊疗观，“六观合一”凝练而成一把融哲学、思想、文化、智慧、道德、知行为一体的钥匙。这把钥匙同时从医界到学界、政界到社会相互影响、有机交叉、深度融合，影响到哲学社会科学、自然科学、人文地理、生态环境、治国理政等诸多领域，形成了打开中华文明宝库的钥匙。

三是如何挖掘、展现和发展中医药对中华民族生生不息、绵延不绝的巨大作用。针对百年未遇的新冠疫情，中医药发挥了举世瞩目、全球公认的防疫抗疫作用，以此我们溯源中华五千年中医药防疫抗疫历史，解读中医药为中华民族繁衍生息发挥的巨大历史作用，从而坚定历史自信、文化自信和中医药自信。因此，人卫社邀请“人民英雄”张伯礼院士撰写《中医疫病学》，请他总览中华民族五千年历史中历经的三百多次重大瘟疫，着重阐释这三百多次瘟疫分别发生的年代、产生的危害、波及多少民众、是哪位名医大医采用何方何剂悬壶济世多少民众、对当时朝代产生的影响、对历史发展有何意义，之后形成了什么中医药方剂、经验和思想，流传至今的理论、学派和著作。正如东汉末年的医圣张仲景，时遇大疫十有八九死，作为长沙太守医，坐堂长沙悬壶济世，医治疾患、挽救民众、帮扶众生，让中华大地安度大疫、岁月安澜，中华民族绵延不绝、生生不息，并著就了旷世名篇《伤寒杂病论》，成为中华民族防疫抗疫经典名著和人类医学文化典籍。

《马王堆汉墓出土医书十六种》中的《五十二病方》是我国现已发现最早的方剂古籍，其中的中医药理论和中医药的记载早于《黄帝内经》，更早于《伤寒杂病论》。全书描述病症 103 种，涉及内科、外科、妇科、儿科、五官科、皮科等，方剂总数 283 个，药物 247 种。全书对中医学、中药学、方剂学的起源、传承和发展贡献巨大，对中华民族的繁衍生息产生了巨大引领和推动作用，更待我们深入挖掘、整理、研究、传承、创新和发展。

更重要的是，中医药还为世界人民的健康保障和人类健康命运共同体建设作出了伟大贡献。荣获诺贝尔生理学或医学奖的屠呦呦研究员对人类的重大贡献就是研究和发现青蒿素治疗疟疾，这一发现是基于对中医药古籍《肘后备急方》中“青蒿一握，以水二升渍，绞取汁，尽服之”15 个字的解读和升华。以屠呦呦为代表的中国科学家团队秉承中医药之典、举全国科技之力、聚中西医药之智，研究青蒿素对疟疾的作用，解决抗疟治疗世界难题。《马王堆汉墓出土医书十六种》共约 30 000 字，能确切考证的是 23 000 字。这 23 000 字要为认识人类疾病、救治人类疾患、解决疑难杂病，尤其是在防未病、治已病、治疑难杂病方面，探索思路、寻找方剂、研究良方、研制新药。还有约 7 000 字没确定，也许未来的方向和更多成果就在这等待发现研究完善的 7 000 字里面，需要我们尊重原文、精准解读、科学注释、准确译文、古为今用地把这 7 000 字一个个填补上去，这就是研究性挖掘、整理、出版的最重要原创成就。在此基础上，我们盛世修典、传承精华、守正创新、以典藏之、传示后人，传承中华民族古代文明、发展中华民族现代文明、创造中华民族文明新形态，为建设人类健康共同体作出《马王堆汉墓出土医书十六种》的重大贡献。

（三）精心打造，发展中华民族现代文明之经典力作

人卫社与湖南省中医药研究院、湖南博物院和全国中医药专家教授团结在一起，共同致力于《马王堆汉墓出土医书十六种》的挖掘、整理、传承、创新，在以下 6 个方面共同努力：

一是打造传世经典。我们要共同努力，把《马王堆汉墓出土医书十六种》打造成传承创新的传世经典。比如第 1 版马王堆汉墓出土医书 16 种，是基于长沙马王堆汉墓考古挖掘整理 50 年研究成果确定的 23 000 字，还有约 7 000 字等待我们去研究发现完善。随着研究的深入，内容的逐步补全，新的研究成果出现，我们再修订形成第 2 版、第 3 版……纸质版每 5 年修订再版一次，而基于古籍原文和研究数据形成的视频版、数字版可以不断挖掘、不断整理、不断更新，形成新形态的典籍体系，所有原文、注释、解析、译文、数字、数据汇聚形成一个大的数据库，就是《马王堆汉墓出土医书十六种》数据库，实现线上线下展现古籍、解读经典、弘扬中医药文化的经典出版新形态。

二是传承发展文明。我们要通过《马王堆汉墓出土医书十六种》专著来挖掘中医药之文明、医学之文明、湖湘之文明，以及中医药相

关的哲学社会科学、自然科学、思想文化、政治经济、治国理政之文明，通过古籍整理出版，传承中华民族古代文明，发展中华民族现代文明。湖南长沙，是一个非常奇特的地域，是中医药文化和中医药文明的源头和高地。西汉早期的长沙有世界考古十大奇观、中医药文化流芳百世的马王堆汉墓，东汉末年的长沙有太守张仲景坐堂行医、悬壶济世，中华文明最早的中医药古籍《马王堆汉墓出土医书十六种》和中国传统医学的医圣张仲景结合起来，长沙必将构成中医药文化之源头和鼻祖。通过古籍溯源感悟到传承精华的历史自信，通过古籍挖掘整理出版感受到守正创新的文化自信，从而践行传继历史、传承文明、传播文化、传授知识、传扬科技、传递信息的六传使命，这正是新的历史起点上我们担负的新的文化使命。

三是讲好“马王堆故事”。我们要通过《马王堆汉墓出土医书十六种》构建起六观融合的“中医药+”的文化体系和健康体系，就必须讲好马王堆的故事，讲好《五十二病方》的故事，讲好长沙太守医的故事，讲好《马王堆汉墓出土医书十六种》《伤寒杂病论》的故事，讲好湖湘中医药文化现代化的故事，从而探索中医药文明之源、溯源中医药文化之头、挖掘中医药经典之史、传承经方经典之据、打造中医药发展之高地，构建中医药文化的结构性、系统性、学理性的理论体系和实践体系。

四是推出高质量精品。《马王堆汉墓出土医书十六种》出版须经得起历史的考验、现代的考验和未来的考验，经得起现代中医药实践、中西医结合实践和现代西医学实践的考验。所以，这部医书一定要精心打造，推出高质量的精品。必须精心组织、精心整理、精心研学、精心编撰、精心编辑、精心出版，按照人卫社“六精”原则：思想精深、内容精准、技术精湛、图文精美、新媒精彩，制作精良，结合本套书实际情况提出“五化”要求：结构化、体系化、影像化、数字化和国际化。利用《马王堆汉墓出土医书十六种》构建马王堆中医药文化结构，形成马王堆中医药文化体系；尤其是原文、原图和导引图，一定要进行优化处理，最后形成真正的源于原图、高于原图的图谱化写实效果；对原图、原文、注释、解析、译文进行数字化挖掘、数字库建设和新形态出版，实现影视化、数字化，线上线下融合。坚持以“六精”“五化”的要求，打造传世、经典、典藏的《马王堆汉墓出土医书十六种》。

五是实现古籍“活”“动”“用”“火”起来。习近平总书记指出：“让收藏在博物馆里的文物，陈列在广阔大地上的遗产，书写在古籍里的文字都活起来。”《马王堆汉墓出土医书十六种》就是要把封藏两千多年前马王堆汉墓里的16种竹简、帛书古籍里的约30 000个汉字活起来，成为传世经典、变成文明标识、形成文化史载，让经典古籍“活”起来；通过影视化、数字化让《马王堆汉墓出土医书十六种》里的约30 000个汉字变成视频、动漫，演绎故事，让经典古籍“动”起来；通过《马王堆汉墓出土医书十六种》注释、解析和译文，构建马王堆中医药文化体系、学科体系、学术体系和话语体系，应用到现代中医药实践和中西医结合实践，服务人民健康、服务人类健康共同体建设，让经典古籍“用”起来；通过《马王堆汉墓出土医书十六种》的文化传承、文化解读和文创设计，打造读经典、学原理、育悟性、跟大医、做临床、成名医的中医药人才培养之路，打造文明探源、文化寻根、传承精华、守正创新的中医药文创之旅，打造讲述长沙故事、讲好湖南故事、讲好中国故事的人文景观，让经典古籍

“火”起来。从而实现把历史文物文字真正地活起来、动起来、用起来、火起来，最后形成新时代新的文化载体、新的文明形态。

六是实现“马王堆”文化国际化。“两个结合”是将人类优秀文化成果和中华优秀传统文化相结合，形成中国化时代化的创新创造成果，推动中国的发展，促进世界的进步，构建人类命运共同体。同时，还应辩证地看，我们中华民族的优秀传统文化也是世界人类文明成果，应该为人类所共享。因此，作为世界上唯一没有中断的人类优秀传统文化成果——中华民族古代文明和现代文明，也必将和世界各国的优秀传统文化结合，形成世界领域的“两个结合”。应该说第二个结合更加展现了中华文化的博大精深，中华文明的源远流长，中华文化将为构建人类文明新形态、建设人类命运共同体作出重大贡献。《马王堆汉墓出土医书十六种》必将是传承中华民族古代文明和发展中华民族现代文明的重要载体，必将担负起文以化人厚德、文以格物致知、文以载道自信、文以载舟强国之历史重任，也必将作为人类优秀传统文化为世界各国分享，也必将对世界医学繁荣和现代医学进步产生重要的推动作用。因此，我们出版《马王堆汉墓出土医书十六种》中文版后，还要翻译出版英文版、法语版、德语版等多语种版本，让“马王堆故事”“走出去、走进去”，讲好中国故事、发好中国声音、树好中国形象，从而构建起中医药的中国学科体系、学术体系和话语体系。

五、以新思想为指引，创新探索出版深度融合发展之路

（一）深刻理解新思想对推动出版融合的要求

党的十八大以来，以习近平同志为核心的党中央高度重视媒体融合发展。2014年8月18日，习近平总书记主持召开中央全面深化改革领导小组第四次会议就推动媒体融合发展作出重要指示，会议审议通过《关于推动传统媒体和新兴媒体融合发展的指导意见》。2016年2月19日，习近平总书记在党的新闻舆论工作座谈会上再次强调传统媒体和新兴媒体融合发展。2019年1月25日，中共中央政治局第十二次集体学习把“课堂”设在了媒体融合发展的第一线。2020年6月30日，中央全面深化改革委员会第十四次会议审议通过了《关于加快推进媒体深度融合发展的指导意见》，强调“推动媒体融合向纵深发展”。2021年10月18日，习近平总书记在中共中央政治局第三十四次集体学习时强调，要站在统筹中华民族伟大复兴战略全局和世界百年未有之大变局的高度，统筹国内国际两个大局、发展安全两件大事，充分发挥海量数据和丰富应用场景优势，促进数字技术与实体经济深度融合，赋能传统产业转型升级，催生新产业新业态新模式，不断做强做优做大我国数字经济，加快建设高速泛在、天地一体、云网融合、智能敏捷、绿色低碳、安全可控的智能化综合性数字信息基础设施，打通经济社会发展的信息“大动脉”。

1. 深刻认识领悟新思想的核心要义

新闻出版是意识形态工作的重要领域，事关党的前途命运和国家的长治久安。我们深刻认识到，推动媒体深度融合是发展马克思主义新闻理论的重要内容，是巩固和加强党的领导、坚定共产主义理想信

念的必然要求，是推进文化强国建设的重要抓手，也是培养新时代创新融合人才的内在要求。为此，必须加快媒体融合发展步伐，打造一批在国内外具有强大影响力、竞争力的新型主流媒体，牢牢占据舆论引导、思想引领、文化传承、服务人民的传播制高点，建设具有强大凝聚力和引领力的社会主义意识形态，为更好巩固国家政权、实现国家长治久安提供有力思想保证、舆论支持、精神动力和文化条件。

2. 准确把握传媒变革发展的历史方向

信息技术的快速发展为媒体融合创造了有利条件，互联网的舆论传播力和社会动员力日益凸显。从横向看，当今世界不同国家已将推动新兴媒体发展作为优先发展的重要领域，且社会思潮复杂多变，社会治理面临新的挑战；从纵向看，以人工智能、大数据等为代表的新技术推动第四次工业革命，新技术催生新产品、新应用、新模式对传统媒体产生了较大冲击，实现深度融合发展，已是新闻出版行业的必然趋势。出版行业要从推动人类社会发展的高度来认识媒体变革的重要作用，勇于自我革命与创新，准确把握发展的历史方位。

3. 全面增强深度融合发展的历史责任

如何推动媒体融合向纵深发展，是摆在出版行业面前的重大课题。70余年来，人卫社准确把握发展的历史定位，不忘文化初心、坚定文化自信，始终牢记传继历史、传承文明、传播文化、传授知识、传扬科技、传递信息的“六传使命”；坚持“双为”和“双百”方针，坚持融合发展的科学导向，打造了一大批引导增强政治意识、彰显家国情怀、体现质量品牌、生命至上、以人为本、关注民生、实用务实的卫生健康融合精品出版物，用实际行动践行了文化出版单位的政治责任、使命担当。

（二）以新思想为指引，构建“互联网＋出版”深度融合新格局

1.“互联网＋观念”融合总动员，擘画全局促进转型升级大发展

人卫社始终坚持“根植卫生健康，服务健康中国”的发展理念，坚持以人民为中心，通过全媒体、全方位、全周期服务人民健康，擘画全局，面向全球，驱动主业发展，引领多元拓展，从如下10个维度创新开展工作，带动人卫社、人卫集团改革创新：创新精品教材建设，“立社之基”再创新高；创新学术品牌建设，“强社之本”再创辉煌；创新健康科普建设，“大社之责”担当使命；创新医学考试建设，“医教协同”做强教考培训；创新期刊出版模式，集群式发展强刊强社；创新药学精品体系，增强药学出版竞争实力；创新中医精品体系，夯实中医药竞争力；创新童书出版体系，拓展全生命周期健康传播体系；创新国际出版模式，打造“走出去”品牌；创新数字出版业态，加速融合发展迭代升级。同时，人卫社通过顶层设计，建章立制，协同推进，“全社一盘棋”，构建起立体的融合体制机制，在集团层面实现了思想观念的深度融合。

2.“互联网＋资源”融合总动员，统筹协调各方资源

随着数字出版转型升级的持续深入，对资源融合的要求和形式也不断升级。在内容资源层面，人卫社通过对现有内容资源的版权清理、数字化转换、多样化产品生产等，探索全媒体、全版权内容资源挖掘利用，建立“内容为王”的新载体和转化平台，实现内容资源价值最大化。

3. 以“互联网＋”七大业务板块为抓手，构建卫生健康智能服务体系

作为传统出版强企，人卫社在各业务领域已积累了丰富的资源，

建立了用户认可的品牌价值基础。人卫社以“互联网 + 教育”为载体抓手，构建医学教育智能服务体系；以“互联网 + 学术”为载体抓手，构建医学学术创新服务体系；以“互联网 + 健康”为载体抓手，实现医疗出版向健康出版转变；以“互联网 + 考试”为载体抓手，构建国家级考核评价智能服务体系；以“互联网 + 国际”为载体抓手，构建全球健康智能服务体系；以“互联网 + 出版”为载体抓手，构建人类卫生健康共同体智能服务体系；以“互联网 + 主题出版”为载体抓手，开创融合出版新格局。在推动出版融合向正确、深入的方向发展的同时，也要进行供给侧结构性改革。不仅要坚持以选题为源头、编印发管联动，全员、全程、全媒、全面推进，更要以服务卫生人才培养、驱动医学创新发展，促进全民健康素养等需求为目标。

4. 创新实施“人卫品牌 +”战略，探索建设数字出版规范和标准

新媒体的质量是融合效率和融合效益的重要基础，出版行业必须坚持高质量融合发展。人卫社将成立 70 余年来形成的“九三一”质量控制体系全面复制到数字出版体系中，从选题源头开始推动数字出版的供给侧结构性改革，优化融合选题、培养融合作者、整合融合资源、精编融合内容、优选融合技术、遴选融合平台，坚持内容为王、严格三审三校、严格质控质检、严把质量关口，确保打造思想精深、内容精准、技术精湛、图文精美、新媒精彩、制作精良的“六精”新媒体融合品牌。同时，参照国家数字出版管理规定标准，总结人卫社数字转型的丰富成果，形成了一整套数字出版质量控制体系和质控标准，不断加强数字产品内容、流程和新兴业态的质量控制，力争提炼并升华为行业标准，打造“人卫品牌 +”数字出版规范和标准，实现融合发展的全面服务、全面转型、全面效益。

5. 未来已来、以史为鉴，融合引领、开创未来

面向未来，人卫社将以提升融合力为重点，因势而谋、应势而动、顺势而为，持续推进研发“人卫智能编校助手”，服务重构数字化编校流程；持续推进研发“人卫系列”助手，服务 1 000 多万专业医务工作者；持续推进研发构建健康医疗大数据平台，服务 14 亿人民群众；坚持“出版 + 人工智能”，先行先试，构建大数据、区块链、人工智能和 5G 背景下的现代出版体系，提升现代出版治理能力，共同为数字中国战略、教育强国战略、文化强国战略和健康中国建设作出出版行业应有之贡献。

未来时代是数字时代，是大数据、人工智能和人类智慧交互融合、创新创造的时代，更是媒体全程全员全效全息深度融合纵深发展的时代。出版人要以新思想为引领，紧紧抓住中华民族伟大复兴之战略全局和世界百年未有之大变局的新机遇，以媒体融合发展拥抱未来，下好新时代创新融合发展之先手棋，创新发展出版新质生产力，继续写好深度融合纵深发展这篇大文章。

参考文献：

［1］ 习近平．在文化传承发展座谈会上的讲话［J］．求是，2023（17）：4–11.

［2］ 习近平在文化传承发展座谈会上强调 担负起新的文化使命 努力建设中华民族现代文明［N］.

人民日报，2023-06-03（01）.

［3］ 杜贤.传承中华民族古代文明，发展中华民族现代文明——在《马王堆汉墓出土医书十六种》编写研讨会上的讲话［J］.湖南中医杂志，2024，40（01）：1-5.

［4］ 杜贤.执笔出征 出版上阵 知识服务 科学战“疫”——新冠疫情防控出版实践和创新探索［J］.中国出版，2020（13）：14-21.

［5］ 杜贤.新时期出版社总编辑的地位和作用［J］.科技与出版，2015（02）：35-39.

［6］ 杜贤.“后疫情”时代的总编辑出版战略［J］.中国编辑，2020（10）：34-38.

［7］ 习近平主持召开中央全面深化改革委员会第十四次会议强调 依靠改革应对变局开拓新局 扭住关键鼓励探索突出实效［J］.思想政治工作研究，2020（07）：6-7.

［8］ 杜贤.创新推动出版供给侧结构性改革——兼析人民卫生出版社有限公司的实践探索［J］.科技与出版，2016（09）：19-24.

［9］ 杜贤.探索深度融合发展之路——以人卫社创新融合为例［J］.出版参考，2020（02）：9-12.

第五篇

铁肩担道义
妙手著文章

第十五章

出版家小传——记杜贤[1]

① 本文内容来自线装书局于2021年出版的图书《迈入出版家行列——韬奋出版奖获奖者小传丛书之三》，略有改动。

他本可以成为一名优秀的医学专家，却与医学出版终身结缘，大学毕业便投身卫生健康出版事业，37 年耕耘不辍，砥砺前行，一路攀登，孜孜不倦于出版医学精品图书，成为传授医学知识、传递医学信息、传扬医学科技、传播医学文化、传承医学文明和传继医学历史的文化传播使者。他追求社会责任与文化情怀完美担当、医学初心与出版使命深度融合、文化繁荣与健康促进有机统一的职业境界，在出版理论探索、编辑实践、融合创新、出版管理、人才培养、行业发展方面都有突出贡献。

追逐梦想——立志卫生健康出版事业

1981 年，胸怀“不为良相，则为良医”的抱负，年仅 17 岁的杜贤以优异的成绩考入我国著名医学高等学校——华西医科大学，就读六年制临床医学专业。在校期间，他学习勤勉、待人诚挚、品学兼优，先后担任过班长、团支部书记，学生党支部组织委员、宣传委员，校学生会宣传部长，直至校学生会主席，他出色的组织管理能力得到了老师、同学们的高度认可。6 年大学生活，他不仅学业优秀奠定了扎实的医学功底，而且通过带领同学积极创办文学社团、策划大学生社会实践、参加社会公益活动、创办杂志诗刊等各项活动，锻炼了策划组织协调能力。尤其让他自豪骄傲的是，他亲自发起并策划组织全校同学捐款，组织设计制作象征华西医科大学百年医学历史传承、现代医学创新精神和献身革命奉献精神融为一体的毛英才烈士雕塑，至今仍屹立在华西坝校园中央，成为他母校的地标建筑、人文景观和思政教育场所……正是学生干部的这段经历，让他的思想境界、观念意识、组织能力、管理水平得到了很大提升，也充分认识到宣传工作“以人化文，以文化人，以文载道，以文载舟”的重要性。

在他大学第六年华西医院实习期间，所在实习科室眼科有一个双眼受伤却无法进一步医治的农村孩子，父母双亡，无人照料，需要护送孩子回几百公里外四川省筠连县农村的姐姐（也是残疾人）家。面对接近失明、孤独无援的孩子，强烈的同情心和责任感让作为眼科实习组长的他主动向老师请缨，顶着压力、代表医院把这个孩子护送回家。从成都市到宜宾市的绿皮火车、从宜宾市到筠连县的公共汽车、从县城到乡里的拖拉机、从乡里到孩子姐姐家的盘山路，几经辗转终于在当天深夜把孩子安全送到了孩子姐姐家里。第二天一早天还没有亮，他便被房门外嘈杂的声音吵醒。开门一看，原来孩子姐姐家邻居和周围十几里的乡亲，知道山里来了一位华西医院的医生（其实是没有处方权的实习医生），周边有眼病甚至其他疾病的村民们都连夜赶山路来找他看病。十里八乡的乡亲们紧紧围着年轻的他，期待的眼神注视着他，渴望的语气询问着他。这时的他感悟到了生命相托、健康所系的神圣之医，感受到了基层老百姓缺医少药的切肤之痛，体会到了最需要医疗健康关爱的人民之需。老乡们的热情、淳朴、耿直感染着他，老乡们的无助、无奈和期许激励着他，于是他静静坐下来，以6年扎实的医学知识和实习医生的临床经验，以实习医生身份“看”起病来。一个接一个看病、答疑和咨询，一直忙到中午必须离开时才和老乡们依依惜别。

这次非常的经历，对杜贤的一生产生了深远影响，也影响着他的职业选择。他想今后如果自己仅仅作为一名专科医师，无论多么优秀也只能救治部分病人，难以实现挽救更多生命的梦想。而宣传科学健康知识、培养更多优秀医生、救治更多生命和促进大众健康成了他对未来职业的规划和理想。

临近毕业时，命运之神敲响了他的大门，人民卫生出版社需要华西医科大学输送一名优秀毕业生的召唤，让他如愿选择了卫生科技出版的职业。因此，1987 年 7 月毕业时，他放弃了到大医院工作的机会，选择了在国内医药卫生出版领域排名第一的人民卫生出版社，希望通过这个更加广阔的平台，以健康文化传播的方式，实现自己广施仁术、惠及众生、治病救人的理想和抱负。

1987 年 7 月 12 日来人卫社报到后，杜贤被分配到医学编辑部，从事西医参考书的编辑出版工作。他永远难以忘记出版生涯中第一次担当责任编辑负责编辑加工的第一部书稿，那是一部全国各大医院骨科经典病例汇聚并由专家点评解析的临床实用专著，编委会审定书名为《骨林改错》，主编希望通过案例解析指导临床医生改正临床实践的失误以提高骨科诊疗水平和医疗质量。在老编审指导下，杜贤非常认真地审读全稿内容，认真修改文字语法，仔细审核术语词汇，细心审校单位符号，并认真写下初审小结和意见，自以为满意地完成初审，然后报送复审和终审。没几天，他突然接到时任人卫社社长兼总编辑董绵国编审电话，让他到办公室面谈《骨林改错》书稿问题。董社长一边翻着办公桌上厚厚的书稿，一边和蔼地说："我终审了书稿，你的初审很认真。但你知道'酒池肉林'的典故吗？《骨林改错》书名易引起歧义，科技著作必须严谨，经得起考证和推敲。"老社长一席话振聋发聩，他没有想到老社长如此重视刚刚入职的年轻新人，百忙中如此认真仔细地审读修改新编辑加工的第一部书稿，更没有想到老社长如此一针见血地指出了本书的硬伤。他紧张而忐忑地接受了老社长的教诲，立即和主编商议并得到编委会高度认可，一致同意将书名更改为《骨科正误》。本书出版后，深得读者欢迎，成为临床骨科医生学习提升、修正勘误的实用专著，并多次重印。这一件事情给杜贤留下了深刻烙印，使他深刻认识到了历史和现实、政治和科学的关系，并奠定了他 37 年编辑生涯中始终坚守的“坚持正确的政治方向、坚持科学的出版导向”的编辑出版准则。

从此，他勤奋学习、兢兢业业，辛勤耕耘，练就了扎实的编辑基本功，拥有了优秀的选题策划能力、文字加工能力和组织管理能力，1994 年晋升为编辑，同时担任医学编辑部副主任，走向了管理岗位。1996 年，出任人卫社总编室主任兼医学编辑部主任。

1997 年，他因工作业绩特别突出被破格晋升为副编审。由他担任责编的《黄家驷外科学》《现代创伤学》《实用放射学》《中华内科学》等多部图书，获得了国家图书奖、国家科学技术进步奖等多项国家级大奖。

2001 年，年仅 37 岁的他再次被破格聘为编审，并开始担任人民卫生出版社副总编辑、党委常委，成为人卫社历史上也是原卫生部系统最年轻的副局级领导。他先后分管人卫编辑出版各个板块，躬身力行，从制定规划、优化机制、提升管理、打造精品、强化品牌、推动融合、培养人才等多维度发力。在他扎扎实实、大量出版实践与创新工作的依托下，人卫社医学教育、学术及期刊、科普、考试、国际和数字等六大业务板块蓬勃发展，为推动人卫社整体改革发展作出了突出贡献。

2011年，人卫社转企改制后，杜贤担任人卫社副总编辑兼副总经理，2013年升任总编辑。他深感责任重大，如何做好总编辑工作，如何发挥总编辑的作用，如何推动人卫社编辑业务创新发展，成为他更大的使命、责任和担当。他的办公室里挂着一幅书法作品，上面写着十个苍劲有力的大字“铁肩担道义，妙手著文章”，他把这幅名联作为自己的座右铭，并且在行动上一以贯之、坚持践行。

他勇于创新，开拓进取，为推动人卫社坚持社会效益首位、实现社会效益和经济效益有机统一，综合实力和影响力位居国内出版单位前列作出了重要贡献。在人卫社党委和董事会的领导下，在杜贤总编辑的分管带领下，人卫社的编辑出版主业近十年来走出了一条坚实、创新的高质量发展之路，打造了人卫教材、考试、学术、科普、数字出版、国际出版系列精品力作，着力构建起国家级的医学教育教材平台和医药卫生人才培养基地、医学学术创新平台和学术创新驱动基地、健康科普出版平台和全民健康促进基地、数字出版平台和转型升级融合发展基地、期刊集约发展平台和强社强刊基地、卫生人才考核评估平台和考试培训基地、国际医学出版传媒平台和医学交流合作基地。

在这期间，人卫社获得了全国百佳图书出版单位、全国精神文明单位、“全国文化企业30强”提名企业等诸多荣誉奖励，特别是在首届中国出版政府奖评选中，人民卫生出版社摘得先进出版单位奖、优秀出版个人奖、图书奖、装帧设计奖、音像电子网络奖提名奖，在所有6类奖项中有5项获奖。是全国数字出版转型示范单位，WHO卫生信息和出版全球唯一合作中心。主要发展指标连续多年保持健康稳定增长，综合实力在全国出版社中位居前列，在医药卫生出版社中排名第一。

也正是因为他的突出成绩和对人卫社、对行业的重要贡献，杜贤先后荣获了北京市新闻出版行业领军人才、全国新闻出版行业领军人才、中宣部文化名家暨“四个一批”人才、国务院“政府特殊津贴”等多项荣誉。2019 年，又荣获第十三届韬奋出版奖，成为一名行业公认的出版大家。而面对这些荣誉，他却保有一颗平常心和朴实的话语，“人卫社的发展与成绩，是几代人努力的结果，我个人微不足道，是出版社的平台培养、成就了我”。

中国科学院院士、华中科技大学同济医学院附属同济医院的陈孝平教授与杜贤相交多年，正如陈院士所说，“杜贤总编辑怀着高度的文化和历史使命感，选择了医学出版这一行业，自觉担负起传播医学文化的职责，秉承精雕细琢、精益求精、追求卓越的工匠精神，推动着我国医学教育和医学学术出版工作的发展，以另一种方式呵护着广大人民群众的健康”。

探索前行——与中国医学教材建设激情相伴

以一套教材推动中国医学八年制教育发展

杜贤常说，出版的初心是传授知识、传递信息、传扬科技，出版的使命就是传播文化、传承文明、传继历史，这“六传”就是我们出版人的初心、使命和担当！而以呵护人民健康、维护生命安全为己任的卫生出版更有“为天地立心，为生民立命，为往圣继绝学，为万世开太平”的重任和职责！

他常说，知识改变命运，而作为知识载体的图书就是担当改变命运的载体和武器。一本书不仅可以改变一个人、一个家庭的命运，也可以改变一个民族、一个国家的命运，甚至可改变世界和人类的命运，如马克思的《资本论》、爱因斯坦的《相对论》、孔子的《论语》、李时珍的《本草纲目》，以及祖国医学经典《黄帝内经》。所以，我们要提倡一本书主义，倾注毕生精力打造一部精品力作，成为改变读者命运和人生的经典著作。这就是他一生的最大追求！

教材是传道、授业、解惑的重要载体，体现了党和国家的意志，决定着培养什么人和如何培养人的重要工具，更是人卫社的立社之基，是人卫品牌的核心组成部分。人卫社历来把教材建设当作一项崇高事业，始终坚持以教材的创新建设，服务国家医药卫生体制改革和医学教育改革，推动卫生人才培养。经过 70 余年的发展和几代人卫人的努力，人卫社形成了具有中国特色的医药学教材建设模式、路径和标准。

杜贤为教材建设倾注了大量心血，并在前人基础上凝练提升、创新提出中国医药学教材建设模式，明确人卫社教材建设要站在国家的高度，发挥“立德树人”的作用，助力国家医教协同、推进医学教育综合改革，构建了以“5+3”为主体、“3+2”为补充，涵盖医学教育各阶段、各层次、各专业的全方位、立体化的医药卫生教材体系，带领人卫社为培养合格医药卫生人才作出了突出贡献。

2003 年，国家考虑开始尝试推动医学教育长学制教育模式，当时没有成功的模式，没有成功经验，也没有相应的教材。人卫社决定以长学制的教材体系创新建设为抓手，推动长学制教育建设。受领导委托，杜贤组织人卫社医学教育中心开始调研论证。在一个深夜，教材编辑团队探讨争论得面红耳赤：现在启动教材建设是不是成熟？长学制教材的定位是什么？有没有足够的使用人群？教材应该怎么编写？……对于新教育层次的教材建设，有很多亟待回答的问题，不确定因素很多，困难很大。杜贤秉持“愈难愈勇”的工作作风，冷静地告诉编辑团队，教材的编写要结合教育的培养目标和行业的用人要求，从国家医学教育的全局和发展来思考教材建设，既不能盲目上马，也不能贻误战机。

他带领编辑们走进开办八年制医学教育的院校深入调研，组织召开专家论证会，争取到吴阶平院士、裘法祖院士、陈灏珠院士、刘德培院士等一大批专家的大力支持。无数次思想碰撞后，长学制的目标和教材定位逐渐清晰明朗，就是八年制！2004 年 4 月，全国高等学校八年制临床医学专业规划教材主编人会议在北京召开，确定了“新、精、深”的编写目标，明确了长学制教材定位与创品牌创精品的奋斗目标。

2004 年 5 月，教育部正式发文确定全国医学长学制教育为 8 年，开启了“5+3”中国特色长学制医学教育创新模式。他常说：“兵马未动，粮草先行。教材就是教育的粮草，必须预先策划、先行到位、提前入校。”八年制教材就是提前谋划、科学策划、先行先动的经典范例，推动了长学制论证和科学决策，促进了医学长学制教育的创新发展。

截至 2020 年，这套教材历经 3 轮近 20 年的建设，成为中国医学教材的又一个里程碑，以教材为载体集中了全国医学教育专家的力量，推动了中国医学教育改革及八年制教育的发展。新一轮长学制教材建设也将延续着这种创新思想和探索模式，继续修订完善、创新再版。

专注严谨——您是中医专业毕业的吧？

中医药教育是我国高等教育的重要组成部分。在20世纪50年代，北京、上海、广州、成都4所中医药院校由周恩来总理亲自命名成立，标志着我国高等中医药教育制度已经确立。当时，人卫社出版了第一批高等中医药院校18种试用教材。

2011年，人卫社再次大规模启动中医药本科教材建设。为了做好教材建设，杜贤带领编辑团队深入到每一所中医药院校进行调研。在调研前，他带领编辑团队梳理了古代、近现代和当代中医药发展史，系统研究了我国的中医药教育历史。调研中，他从《五十二病方》讲到《医宗金鉴》，从魏晋南北朝的中医临床分科讲到太医署太医院官办中医教育，以及家传、师承口授的传统中医人才培养模式等，并提出了"读经典、做临床、跟名师、成大家"的教材编写和学术出版理念。每一次座谈讲话都鞭辟入里，发人深省，无不体现了他对中医药教育的传承规律、人才培养规律、经典与临床的专注与思考。一次调研结束，在从广州中医药大学返回白云机场的途中，大学教材科林亮老师问："您是学中医专业的吧？讲得太专业了，很多我们也没听过。"杜贤说："我是华西毕业的，正宗的西医，不过现在因工作需要要学习和研究中医，非常热爱中医。"随行的编辑们笑谈，"杜总是西医学习中医，西学东渐、中西贯通了"，引得大家捧腹大笑。

为了推出高质量中医学教材，他主张传承历史、创新经典、专家掌舵、权威引领，仿照中医历史上"中医八老"的权威顾问和指导模式，敬请邓铁涛老、任继学老、路志正老等八位国医大师和院士为新时代中医教材顾问把关，为教材建设举旗，引领教材建设方向，史称人卫中医教材建设“老八老”；同时，敬请张伯礼院士、王琦院士等八位国医大师和院士为新时代教材主审，为教材建设指导护航，保障教材建设质量，史称人卫中医教材建设“新八老”。他主动拜师学艺，勤学好思，向邓铁涛老学习他“五诊十纲”中医创新思想和理论体系。传统“四诊”即“望、问、闻、切”，再加上现代医学检查技术即“查”，构成“五诊”思想；传统“八纲”即“阴、阳、表、里、寒、热、虚、实”，再加上已生之疾病的“病”和未来之疾病的“未”，构成“十纲”体系，从而创新提出“五诊十纲”的中医理论体系。他深入各个院系座谈宣讲，参加各种会议主动讲解，并引入教材阐述弘扬，真正发挥了融合中医西医、传承国粹经典、弘扬大家思想的传播人的作用。因此，他也深得邓铁涛老、张伯礼院士等中医名家大家的肯定和赞扬。

“人民英雄”荣誉称号获得者张伯礼院士称赞他：“医学知识宝库的掌门人！精心组织策划，热情帮助服务。既是医生们的知心朋友，又是医药工作者的辛勤园丁！”

承继创新——以传承弘扬医学学术经典为己任

《黄家驷外科学》是人卫社出版的最具权威性、代表性、经典性、原创性和实用性的学术专著之一，是我国外科学领域代表性巨著，更是我国医学学术发展史上的一座丰碑，可以与世界学术名著《克氏外科学》媲美。《黄家驷外科学》自1960年第1版出版至今60余年，共计修订8版，发行近80万套，见证了国家医疗卫生事业的发展、外科学的发展和学科人才的培养。在该书60余年的编写出版历程中，八届编委会里诞生了中国外科学界30余位院士，培养了中国医学界杰出的外科学各专科学术鼻祖和领军人才，汇聚了国内外科顶尖专家力量和学术力量，构筑了国家外科学术出版的核心阵营与学科脊梁。

杜贤参加人卫社工作后担当的第一部学术经典巨著传承工作即是1989年《黄家驷外科学》第5版的修订，随后的30余年里，他便与《黄家驷外科学》及其主编吴阶平、裘法祖、吴孟超、吴在德、陈孝平、刘允怡等院士大家，以及全国300多位编委结下了终身编辑之缘、学术之缘和文化之缘，同时影响和造就了他出版生涯的非凡经历。

在第5版修订时，该书第一主编吴阶平院士以全球视野观医学科技发展和外科学术进步，以弘扬中华文化精神和传播民族原创成果为己任，提出邀请中国台湾和香港地区优秀医学专家参加编委队伍和编写工作，杜贤非常支持并积极推动此项工作。第5版出版后，被业内赞誉为《黄家驷外科学》率先实现了外科学领域的“祖国统一、民族团结”。这对培养他的大局意识、全局观念、政治担当、学术融合和协调能力发挥了重要作用。

在第5~6版修订时，已经担当全国人大常务委员会副委员长的吴阶平院士因为国务辛苦、政务繁忙，多次主动提出不再担当第一主编，请比他年长的第二主编裘法祖院士担当第一主编。但敬重吴老的裘老坚决不同意，每当吴老提出换位，裘老每次都诚恳推辞，坚决敬请吴老继续担任第一主编。在吴老的“紧逼”下，裘老最后不得不以

第二主编、副主编、分编主编和全体院士、编委共同签字的“上书”形式，恳请吴老继续担当第一主编，成就了一段“吴老裘老相敬互让，淡泊名利奉献经典”的历史典故和传奇佳话。杜贤亲身经历了这个令我们后人敬佩敬仰的历史过程，也亲眼见证了老一辈科学家的博大胸襟和天地胸怀，这对他自己的人生观、价值观、荣誉感是一次重大的洗礼，更对他养成淡泊名利、宁静致远、谦和低调的工作作风是一次深刻的历练并影响深远。

2011 年 2 月，《黄家驷外科学》第 8 版启动修订工作。年近九十高龄的吴孟超院士、吴在德教授两位主编带领 30 多位院士、近 300 位编委开展编写工作，全书近 700 万字，编写任务重，组织难度大。为了高效务实、顺利开展编委会组织协调服务工作，2017 年 2 月，在杜贤的倡导下，参照裘法祖院士曾经创立的模式，在华中科技大学同济医学院专门成立了《黄家驷外科学》编辑部，全权负责编委会组织、学术联络、稿件管理等工作，解决了审稿工作的燃眉之急。正是在这种“敢啃硬骨头，善于啃硬骨头”的精神感召下，终于使得这部传世巨著，历时十年的精心编写，于 2020 年 10 月付梓出版。

十年磨一剑，在这十年间，杜贤几乎每年都要去武汉、上海拜访两位主编，汇报进展，聆听教诲，感悟大师的思想和风范，适时推动全书编写工作的开展。正式交稿后，在他的指导下，编辑部门制订了详细的编辑出版方案和审稿要求，组织所有编审力量集中审稿、集体把关，并特邀老编审加入审稿队伍，凝聚力量和智慧提升，显著提高了《黄家驷外科学》书稿质量。

作为总编辑，杜贤事务非常繁忙，但是对于终审工作，他始终没有放松。自《黄家驷外科学》第 8 版交稿后，他多次强调，不管多忙都要腾出时间终审稿件。当责任编辑收到长达 13 页、1 万余字的终审意见，内容涵盖科学问题、历史问题、伦理问题、敏感问题、语法问题、逻辑问题等多个方面，忍不住惊叹杜贤总编辑的审稿功底是多么深厚，发现问题的目光是多么犀利。本书责任编辑看到杜贤总编辑考据梳理的《黄家驷外科学》60 余年的出版历史，忍不住为自己作为责编却没有认真研究这本经典的历史而汗颜。

在考据梳理《黄家驷外科学》出版历史时，杜贤发现了《黄家驷外科学》第 3 版修订工作是在敬爱的周恩来总理关心支持下才能得以修订再版的重要历史史料！他认真查阅历史档案、拜访老专家，查证当时正好是 1975 年“文革”时期，周恩来总理询问作为他保健医生的吴阶平院士关于医学发展和人才培养问题，吴阶平院士提到了《黄家驷外科学》自 1964 年第 2 版出版以来 10 年没有修订、内容陈旧难以满足为人民健康服务所需，周总理非常关心人民健康并指示尽快组织专家修订第 3 版《黄家驷外科学》。吴阶平院士马上向有关方面传达总理指示，让已“靠边站”、下放干校劳动的黄家驷、曾宪九、裘法祖等院士专家教授“解放”出来，并请黄家驷院士、吴阶平院士共同领衔组织全国专家修订出版《黄家驷外科学》第 3 版。正是因为敬爱的周恩来总理心系人民健康安危、关心呵护知识分子，才能使这一部巨著在“文革”时期获得解放和新生。当发掘到这一珍贵的历史宝藏，杜贤忍不住拍案而起，并将这段历史记载入第 8 版出版说明，加以传播弘扬。《黄家驷外科学》第 8 版副主编陈孝平院士在阅读完他所写的《黄家驷外科学》出版历史时，赞不绝口地说：“这么久远历史，只有像杜贤这样具有情怀、敬业担当、科学严谨的总编辑才能挖掘出如此伟大的经历和神圣的史料，才能把《黄家驷外科学》辉煌历史讲得如此透彻清楚！”

《实用内科学》是比人卫社历史还悠久的我国具有科学性、权威性、代表性、原创性和实用性的学术经典巨著，谋划于抗日战争时期的上海医学院，第1版诞生于1952年人卫社前身华东医务生活社。经过16版的修订，《实用内科学》已成为我国医学领域扛鼎之巨作，是我国公认的内科学经典名著，并和享誉全球的学术经典《希氏内科学》媲美。

《实用内科学》是原上海医学院、原上海医科大学和复旦大学上海医学院几代全国知名专家教授和人卫社几代编辑共同打造的世纪经典，是几代上医人和几代人卫人联袂打造的学术盛典和文化成果。该书的传承与创新同样凝结了杜贤的大量心血和努力。他积极参与第10~16版《实用内科学》的修订工作，参加每一版的全局谋划、编委遴选、全书策划、审稿把关、出版规划、整体营销和综合宣介，并发挥了全局主导、积极推进和出版引领的重要作用。他善于团结各年龄各层次院士专家教授，整合院校学会协会各方资源，调动发挥团队的力量，为共同目标来谋事干事并成事。几十年积累和沉淀，与陈灏珠院士、林果为教授、潘孝彰教授、葛均波院士、张文宏教授、邹和建教授等几代上医院士专家教授结下了深厚的友谊，缔结了作者—编辑、学生—老师、战友—朋友的特殊关系和忘年之交的感情，形成了上医—人卫的《实用内科学》战斗联盟。

2002年，上海医科大学并入复旦大学，正值院校调整的关键时期，上海医科大学与《实用内科学》都面临着在新时期背景下如何传承重要节点。杜贤多次带队到上海，与院校调整后的复旦大学校领导、医学院院系领导以及陈灏珠院士、潘孝彰教授等共同研讨、推动《实用内科学》传承出版工作。他提出《实用内科学》是上医人的历史发展、学术传承、精神家园、文化宝库、科技硬实力、文化软实力的具体体现和品牌象征。在院校合并入复旦大学后，《实用内科学》应该成为原上海医学院、原上海医科大学的核心品牌和核心竞争力，成为上医人最为璀璨的学术名片，并成为继续凝聚上医人医学文明、医学文化、医学思想、医学人脉和学术学科的核心力量。他从文化传承、思想承继、精神弘扬、学科发展、学术创新和人才培养等方面提出，打造代表原上海医学院、原上海医科大学和复旦大学上海医学院一脉相承、代代相传、传承创新的上医人的名片——《实用内科学》，继承、发扬、传承、创新老一辈上医人的思想和精神，追求学术精深、求实创新、医道极致、人文情怀、注重实践、指导实用的学术品格。同时，杜贤以《实用内科学》为典范标杆，相继推动上医《实用外科学》《实用妇产科学》等实用系列品牌的精品图书打造，团结了上医人的医学大家，凝聚了著书立传的优良学术氛围，打造了上医医学成果传承不息、经久弥精的经典学术书籍，更构筑了上医人团结、协作、创新、创造、坚韧、奉献的精神家园。

据《实用内科学》副主编潘孝彰教授回忆，2002 年 9 月，潘孝彰教授与原上海医学院同班同学、时任卫生部部长张文康聊起医学出版。潘教授说："人民卫生出版社有一位杜贤，看来事业心很强，除了千方百计地保证传统的《实用内科学》和《黄家驷外科学》顺利出版外，还出版了许多反映新技术的书籍，这将有助于繁荣我国的医学事业。他的人脉关系极好，组织能力非常强，人才难得呀。"张文康立即表示赞同并回应说："对，裘法祖院士老人家也是这样说的。"《实用内科学》主编、中国科学院院士葛均波教授的夫人曾在某兄弟出版社工作，她建议能否让她所在社参与《实用内科学》一些工作，葛均波院士断然拒绝，让人卫人十分感动。有人问葛均波院士为什么如此坚决，他坦然回答因为他坚信人卫社，坚信杜贤总编辑！葛院士是这样评价杜贤的："杜贤同志在 30 多年的医学教材出版生涯中，推动了医学教育的发展，把握了医学出版的真谛。党性强，有担当；永创新，肯奉献。可谓医学出版界的巨匠。"

情系基层——关心普通患者，铁汉也柔情

时隔多年，杜贤想起当年作为实习医生为乡亲们看病的那个清晨，还是忍不住热泪盈眶。当他看到习近平总书记关于"推动医疗卫生工作重心下移、医疗卫生资源下沉，推动城乡基本公共服务均等化，为群众提供安全有效方便价廉的公共卫生和基本医疗服务"指示时，立即启动人卫社出版工作重心下移、出版资源下沉的提升基层医疗服务能力、服务基层百姓健康的出版工程，亲自策划了全国县级医院能力提升出版工程，组织全国省市级三级医院和部分县级二级医院共 166 家医院的千余位专家编写出版《全国县级医院系列实用手册》，共 28 种，以实现全面提升基层医生综合素养、业务能力和临床诊疗水平的健康扶贫目标。同时，成立了以促进县域卫生健康服务能力提升为宗旨的全国县级医院发展联盟，全面落实服务基层、服务百姓、关爱生命、关爱健康的新时代卫生工作和出版工作方针。

杜贤常说"郡县治，天下安"，我们人卫社要请省市级大医院专家教授为县域中小医院、乡镇卫生院和村卫生室的基层医师编写教

材、指导实践，以省市大医院帮扶县级医院构建医联体形式实现县域卫生健康服务水平能力提升，以县级医院帮扶乡卫生院村卫生室构建起医共体提高基层医务人员水平能力，形成覆盖基层9亿县乡村人民健康医疗保健网底，解决基层医疗技术水平、综合管理能力的不足和短板，从而实现县域健康则全民健康，全民健康则全面小康。他是这样想的，也是这样做的，体现了他的人民情怀、人文理念和思想境界。

2017年7月，《全国县级医院系列实用手册——外科医生手册》出版，定于7月7日在革命老区洪湖市举办新书首发式。7月6日，北京普降大到暴雨，航班大范围取消，杜贤的航班也在取消之列。他冒着倾盆大雨从机场迅速赶往北京西站改乘高铁，大雨造成的交通拥堵，在邻近车站时越发严重，他便果断拎起行李下车冒雨步行，终于在开车前登上前往武汉市的高铁。由于全国多地大到暴雨，列车在行进途中不断晚点，抵达武汉车站时已将近深夜11点。再经过两个多小时的汽车车程，终于在第二天凌晨1点多抵达洪湖。主编王国斌教授依然等候在会场驻地迎接，他不禁感叹："没想到在这么恶劣的天气下，杜贤总编辑为了推动县级医院的发展，依然排除万难来到洪湖，无论多晚，我都要在这里等！"第二天早上8点，杜贤准时出现在新书发布会会场，依旧神采奕奕，为县级医院的发展贡献人卫社的力量。

同样，杜贤积极地投身于中国罕见病防治事业中。罕见病是众多患病率极低的疾病的统称，中国约有超过2 000万罕见病患者，庞大的患者群体和复杂的医疗需求对我国罕见病诊疗和保障工作提出了极大挑战。2018年5月，国家五部委联合发布的第一批121种罕见病目录填补了我国罕见病病种认定的空白。杜贤全程高度关注《中国第一批罕见病目录释义》的出版工作，多次对编印发团队进行精准细致的工作部署，并主动请缨进行书稿终审。为保证出版时间，他放弃了中午和晚上的休息时间，最终形成了写满 5 页纸的终审记录，从文前到正文，从文字到表格，都是超乎想象的精益求精，字里行间充分展示了扎实的编辑功力、严谨的职业素养和高端的出版水准，也展现了他关怀罕见病患者、关心群众疾苦、关爱生命健康的精神和情怀。

随着中国罕见病联盟成立和《中国第一批罕见病目录释义》的成功出版，杜贤的目光从一本书延展到更广阔的出版领域。他坚定地指出，人卫社要在学术拓展、教材编写、规范制定、指南修订中增加罕见病内容，形成罕见病系列出版工程，以让广大医学生和医生更早、更广泛地掌握罕见病相关知识，改变“能诊治罕见病的医生比罕见病更罕见”的局面。只有心系国家，情系患者，才会有如此敏锐的战略思维。他谈到要重视罕见病科普图书的出版，打造患者需求和喜爱的科普图书，以让社会各界对罕见病群体给予更多的关注、支持、理解和尊重。谈到这些，能感受到他的声音颤抖，几乎哽咽，可谓铁汉柔情。只有扎根于基层需求，体恤到患者痛楚，才会流露出如此朴实无华的情感。在普通编辑眼里，这只是完成一本书；但在杜贤心中，已经在部署一项利国利民的健康出版工程。

正如中国医学科学院 北京协和医学院院校长、中国工程院副院长王辰院士对他的评价：“作者的知音，专家的金石之交，学者的良师益友！读者的知己，心系医学之发展，情系百姓之健康！以穿越时空的翰墨芬芳，记录中国历史，书写中国故事，传颂中国声音！可谓，中国医学的文化使者！中国出版的时代楷模！”

铁肩担当——以应急出版体系和成果构筑卫生健康长城

2020年初，一场突发的新冠疫情成为中华人民共和国成立以来发生的传播速度最快、感染范围最广、防控难度最大的一次重大突发公共卫生事件。在这场全民战“疫”中，杜贤提出人卫社要紧密结合全国战“疫”和全球战“疫”的知识需求，遵循新发突发传染病发生、发展、防控、诊治、转归、常态、总结和反思的规律，充分发挥人卫社作为国家卫生健康委员会直属医药卫生专业出版社的引领、示范作用。

在杜贤的带领下，人卫社紧急开展针对疫情防控全流程的整体策划和全方位的选题布局，作者编辑读者全链条动员、线上线下全媒体宣传、海内外多语种版本全球传播策划。在6个多月艰苦抗疫的日子里，人卫社紧紧抓住新冠肺炎防控和诊疗的时效性、权威性和科学性，并根据疫情防控取得阶段性成果及时调整选题思路和出版方向，紧密团结并依靠一线抗疫专家，汇聚一线实战经验，及时推出了一大批优秀的战“疫”出版物。

面向公众防护，人卫社于2020年1月24日启动《新型冠状病毒感染的肺炎公众防护指南》应急出版。杜贤审阅全稿，精心把关，协调编印发全流程给予该书应急出版全程高质量的保障。2020年1月30日，仅1周时间，一本权威、科学，带着人卫人满腔抗疫热血和第一线疾病防控工作者智慧和经验的疾控科普图书纸电同步出版。2月1日，第一批1万册图书送达武汉。紧接着，出版了系列《新型冠状病毒肺炎公众问题答疑》《新型冠状病毒肺炎健康教育手册》等权威科普读物。

面向临床救治，为满足前线医护人员诊疗护理患者之需、抢救危重症病人之急，杜贤组织策划了《实用新型冠状病毒肺炎诊疗手册》《实用新型冠状病毒肺炎护理手册》，并邀请始终战斗在抗击疫情前线的领军专家王辰院士、王行环教授、张定宇教授和吴欣娟教授等领衔主编，武汉金银潭医院、武汉火神山医院、武汉雷神山医院、方舱医院及全国各地驰援武汉的医疗护理团队参加编写。这两本书紧急出版后，13 万册纸质版图书紧急送往武汉、湖北和全国抗疫前线，满足了前线白衣战士的紧急所需，深得前线白衣战士们的赞扬和好评。

面向心理健康，为大众心理调节干预提供必要科学读本；面向社区，推出社区防控出版物，指导社区做好群防群控；面向一线，用专业出版指导医护工作者做好自身防护；面向行业，及时总结中医药抗击新冠肺炎的重要作用；面向全局，及时总结出版新冠肺炎防控的中国经验和中国方案；面向全球，及时输出多语种版本，全球共享中国抗疫经验和方案；面向教育，紧急上线人卫数字化教学资源，助力在线学习教育抗疫；面对疫情反弹，策划出版《复工复课后新型冠状病毒肺炎自我防护读本》等，教育和引导群众防控疫情进入常态化状态；面对抗疫精神弘扬，策划组织医学人文选题“白衣执甲、逆行出征——致敬最美战‘疫’医务工作者”丛书，讴歌抗疫前线医生、护士和疾控人员临危不惧、视死如归、大医精诚抗击疫情的感人事迹……

杜贤带领人卫社出版业务团队，打赢了一场科技和出版应急出征、科技和科普协同抗疫、医学和人文共同防控、纸媒和新媒融合传播的疫情防控阻击战。

然而，来不及休整，杜贤便开始战略规划未来时期的出版工作。

他提出人卫社要及时在医学教材、学术专著、期刊杂志、科普读物、数字出版、新媒体资源、大数据平台建设等领域，融入预防医学和公共卫生相关知识和体系，实现初步的学科交叉、整合和融合，进一步完善相关内容的选题体系、出版体系、应急资源体系和新媒体传播体系，为国家应急出版体系进一步完善和公共卫生出版体制机制的构建奠定基础。

正如《中华输血学》主编杨成民老教授的评价："我深刻地感到他在编辑出版界是一位高瞻远瞩、人民至上，善于引领方向、激情鼓舞斗志、热诚呼唤创建未来的出色领军者。"

融合发展——引领人卫社数字出版转型升级

2017 年 5 月，第十三届中国（深圳）国际文化产业博览交易会在深圳举行。原国家新闻出版广电总局选派人卫社作为行业数字出版转型典型参展，希望人卫社能向世界展示中国出版企业传统媒体与新兴媒体融合的水平和成果。人卫社是出版领域大小展会、论坛的常客，但代表出版行业和腾讯、阿里、索尼、EA 等国际级互联网公司和全球文化创意公司同台展示尚属首次，挑战与机遇并存。

人卫社董事会将这副沉甸甸的担子交给了杜贤。如何在有限的时间和空间里，把人卫社数字出版转型升级的战略、路径、产品、探索展出实力、特色、亮点，成了他反复思考的问题，且这种不断深入、不断调整，又随机应变并付诸行动的思考，一直持续到时任中共中央政治局委员、中宣部部长刘奇葆等领导一行视察展览、莅临人卫社展台前的最后几秒。

人卫社基于70余年医药卫生专业出版的深厚积淀，在传统出版和新兴出版全面融合、深度融合向纵深融合发展领域，探索出了创新发展的人卫模式和人卫之路。杜贤提出全程全媒推进理念、内容、载体、形式、方法、手段、业态、体制、机制的“九大创新”，全员全面推动观念、机制、体制、人才、服务、内容、技术、平台、资源、资本的“十大融合”，通过数字教材、慕课课程、人卫开放大学、数字平台、AR/VR/MR/3D、大数据工程、人工智能、5G万物互联的“三步跨越、四步迈进、九步发展”的数字化创新实践，逐步形成了深度融合、纵深发展的“互联网+医学+教育+健康+出版”的“人卫”模式，数字出版转型升级融合发展居于国内领先地位。

为了充分展示人卫社数字化创新发展成就，经过反复研究，杜贤将展示主题定为“健康中国 数字人卫”，从教育、学术、科普3个板块综合展示人卫社近年来融合发展的新平台、新产品、新技术及新业态，并将人卫智慧服务平台、人卫开放大学、人卫3D人体解剖学作为亮点、重点，放在了最显著位置。

5月9日深夜，杜贤率队到达深圳；10日一早，便出现在展馆布展现场。“咱们先在展馆走走。”他边说边带着几位同事在整个场馆走了一圈，了解行走路线，看看兄弟参展单位位置、特色，估算领导可能行程和人流最大路线。“这个Pad放在那边比较合适。”回到展台后，大到展示器材布置，小到每一个道具，他亲自把关每一个细节。不知不觉一天过去了。

当天晚上传来消息，11日开幕式，中央领导将到现场视察，但在这个展馆只留了20分钟。如何将领导请到人卫社展位来，如何在有限的时间内能够向领导汇报？杜贤陷入了沉思。

11日一早，他早早到餐厅开始了早餐外交。“请问领导的视察行程安排可有人卫社？人卫社可是数字出版转型的典型啊！”老朋友般的问候后，杜贤开门见山地向总局一位司长问道。一阵犹豫后，这位司长有些遗憾地说：“时间太紧了，这次领导只安排了两家以主题出版为主的出版社。”“我知道人卫社做得很好，你们的材料领导也都看过，但这次有点遗憾啊！”稍微一顿后，他补充道。

整个展馆的布置图瞬间出现在杜贤的脑海里，这两家被视察的出版社与人卫社的位置浮现心头，“如果领导从这个门进入，去那两个展位必将经过人卫社！”杜贤心里默念。“领导从哪个门进入啊？”他问题随口而出，司长的答案正好是这个门！一个新的方案马上出现在他的脑海里。

“一定要将最显眼的产品展示在领导的必经之路上！”回到展台，杜贤边说边指着人卫3D人体解剖学的展示大屏，“这个大屏摆在那里，然后，你站在这个角度准备讲解。”“这里腾出个小路，把那几个Pad摆在这个桌子上，如果领导感兴趣想进一步了解，可以引导着这么走。”“如果领导路过，直接说话请领导指导有点没有礼貌啊？”“对，需要有人帮忙说一句话！”杜贤在思考每一个细节。杜贤马上找到了总局这位司长朋友，司长对人卫社的数字出版工作非常了解和认可。“拜托您在领导路过人卫社展台时，说一句人卫社数字出版做得不错！剩下的事情交给我！”司长郑重点了点头说：“放心吧，为优秀出版社提供帮助是我的职责。”

时间一分一秒地过去，领导一行进入了展厅，开始了第一家单位的视察。杜贤突然看着人卫 3D 人体解剖学的显示屏幕说：“骨架的展示不够生动，换成肌肉和神经的那个画面。”精益求精的做事风格，让他在最后一刻还在追求完美。终于，在领导到达展台前一刻，一切准备就绪！随着随行司长的一句“人卫社数字出版做得不错”，杜贤立刻又顺其自然地接口说：“领导好，欢迎莅临人卫社展台。”领导的注意力随着他的话语和手势看向人卫 3D 人体解剖学的显示屏幕，马上被吸引，一切都是刚刚好！

随即，杜贤结合产品开始了汇报，领导饶有兴致地听着，并不时交流给予人卫社高度评价。直到随行人员第二次提醒，领导才离开人卫社展台。这时大家一看表，两分钟过去了。经过他的精心布置和随机应变的处置，领导将宝贵的时间用在了一个未在视察计划的展台上。

除了领导的肯定，人卫社的展台还吸引了众多专业人士和观众驻足参观、体验，交流互动，成为公众关注的焦点。文博会结束后不久，人卫社两次受邀参加中宣部组织的关于数字出版转型升级的座谈会，并进一步加大了对人卫社的支持力度。

他较早就在出版领域提出 5G 来临对出版的影响和我们的应对措施，较早就提出 ipv6 建设对医学出版和医学学术创新的启示和意义。中国音像与数字出版协会常务副理事长兼秘书长敖然在听了他的报告后说：“您是我在出版圈里见到探索 ipv6 和出版的第一人，也是把 5G、ipv6 医学创新联系在一起思索的第一人。”

敬重专家——时刻把专家作者放在心里

在 30 多年的出版工作生涯中，杜贤与吴阶平院士、裘法祖院士、吴孟超院士、钟南山院士、张伯礼院士、赵玉沛院士、王辰院士、吴在德教授等一大批专家作者结下了深厚友谊，他们的关系从作者与编辑，到师生与朋友，从相敬如宾的同事，到不是亲人胜似亲人。

全国高等医药教材建设研究会暨人民卫生出版社专家咨询委员会“两会”年会，是人卫社通过 20 多年打造和培育的我国医学界、教育界、出版界、文化界共同参与、高度评价、影响极大的一个国家级品牌活动，为推动医学教育改革、卫生事业发展及高质量、高水平、高素质的卓越医药卫生人才培育作出了重要贡献。作为人卫社“两会”年会的发起者、组织者和主要负责人，每一年的年会都倾注了杜贤的大量心血。

杜贤提出，把专家放在心里，专家是人卫社最重要的资源，更是人卫社的良师益友，会议的服务一切以与会专家的需求为标准，这就是人卫社“两会”年会能持续举办 20 余年的最重要的吸引力。裘法祖院士是年会的倡导者，生前几乎参加了他能来的每一次年会。杜贤总会到机场去迎接他，搀着老人，他们就像是家人。裘老生前把每年参加人卫社“两会”年会作为他老人家每年最重要的活动，也成为老人家每年和吴阶平院士、吴孟超院士等老朋友见面相聚、共议医学教育大事的重要机会，十分珍惜，而每次来到人卫社“两会”年会老人家们就如同回到老家一样快乐和欣慰。

杜贤和他的人卫社同仁们就是通过他们的精心策划、精心设计、精心组织、精心服务、精心照料、精心主题报告和精心会议内容安排，把国家四部三局领导、中国科学院中国工程院两院医药学院士、中华医学会中国医师协会等学会协会主委、各医药院校科研院所医院的院校长、各学科学术代表学科领袖齐聚在人卫社“两会”年会的平台上。尤其是近几年人卫社“两会”年会已呈上千人的大会规模。通过每年一届的“两会”年会，经过20余年驰而不息的平台建设，经过院士专家教授和人卫社共同努力，在我国医药学教材建设理论研究、机制创新、模式创新、顶层设计、质量把关、编辑出版、评优荐优、扶助贫困大学生、医学学术精品、优秀科普读物、数字融合、“互联网+”等众多方面开展了大量富有成效的工作，成为凝聚医学教育、学术、科普工作者的重要学术平台，为我国医学教育改革、医药学事业发展和医学人才创新培养奠定了坚实的思想基础、学术平台和文化支撑。

每次和老人家们相处，他都当成熏陶自我、修身养性和品格提升的良机。老人家们的言传身教、金玉良言和严格鞭策让他铭记在心、受益终身，并常常以老人家的话语来激励其他年轻学者专家。在一次社内编辑培训会议上，他正在以亲身经历传授年轻编辑如何处理与院士、专家的关系时，裘法祖老院士的学生陈孝平院士来电咨询如何处理两位院士编写书稿质量问题，杜贤说：“裘老给我托梦了，稿件质量不好的话，裘老亲自去找他们……”这当然是一句玩笑话，可问题迎刃而解，也反映出了他与专家们的心心相印、互相支持的信任。

老人家们的健康他时刻挂怀。2020年6月，杜贤听说正在审校清样阶段的《黄家驷外科学》第8版主编98岁高龄的吴孟超院士病危住院，他紧急组织总编辑总经理办公室、编辑部、生产调度中心的同事们加急赶制了一套第8版《黄家驷外科学》样书送到吴老病床前。在与疾病艰难抗争中的吴老顿时眼睛为之一亮。精神的振作对于老人家病体的恢复起到了很大的帮助。听到这个消息，参与这项工作的编辑们都非常感动，感动于老人家对《黄家驷外科学》的牵挂，并第一次亲身体会到了出版的力量和编辑奉献的价值。

2001年，杜贤收到一封用颤颤巍巍的繁体笔迹手写的投稿信，经查是中国医科大学退休老教授林兆谦老人的亲笔信。他介绍自己下放基层卫生院工作20多年，实践不断学习不止，阅读了医学杂志期刊1 400多种，收集了4 000多例发热疾病案例，自己进行了案例分析、正误判断和诊疗措施解读，编著成了一部关于发热疾病分析解读的实用性专著，找了几家出版社都需要经费支持才考虑出版，他走投无路，最后希望寄托在人卫社，希望在人卫社出版。杜贤阅读了书稿，了解到这是林兆谦老人家下放劳动期间的精神寄托，也是老人毕生心血完成的一件终身大事，更是老知识分子对医学事业的最大贡献，对基层医生和年轻医生认识发热并正确处理疾病有极大参考价值和实用意义。杜贤通过调研了解了写作背景和学术价值后，果断地选题立项，列入出版计划，并通过书信和老人家沟通书稿内容细节，修改完善书名，最后以《发热疾病的诊断与病例分析》的书名正式出版。

林兆谦教授没有想到，他和杜贤素昧平生、素不相识，就受到杜贤的热情接待、耐心沟通，仅仅书信或电话往来就仿佛似曾相识而成忘年之交，从未谋面就以文会友促进他毕生心血的力作不需要任何费用得以在人卫社出版。

林兆谦教授没有想到，本书一经出版，就受到了读者的好评和欢迎，第1版4 000册很快售罄，实现了杜贤多次对他讲的“坚持社会效益首位，实现两个效益最佳结合”的人卫出版宗旨。

林兆谦教授也没有想到，2003年春夏的SARS流行，“发热”成为敏感词汇，“发热疾病”成为社会关注重点，《发热疾病的诊断与病例分析》一印再印，为抗击SARS作出了贡献。

林兆谦教授更没有想到，在成功防控SARS后，杜贤又敬请他收集SARS流行以来的新发突发发热疾病病例，遴选经典病例收集入册，修订出版第2版《发热疾病的诊断与病例分析》，他十分感动，欣然应允。经过半年多的努力，80多岁高龄的林老教授交上了他亲笔修订的第2版书稿。

林兆谦教授绝对没有想到，2005年《发热疾病的诊断与病例分析》第2版成功出版后，发行6 000多册，本书已成为人卫社关于发热疾病防控领域的经典专著，在2020年对防控新冠疫情也起到了重要的指导和借鉴作用。

一直到了2006年，杜贤带队去沈阳中国医科大学调研时，他向校领导讲述了这个故事，并表示要拜见林兆谦老教授时，才实现了和林老教授见面的夙愿。当杜贤手提果篮手捧鲜花见到白发苍苍、步态蹒跚的从未谋面的林老时，他激动地放下手中的东西，跑上前紧紧握住了老人家的双手。多年才相见，专著已两版，相拥话真情，以文聚相知，多么富于传奇的故事和感人的经历。

沈阳一别，林兆谦老教授给杜贤来了一封真挚感人的信，他说：“君子之交淡如水，君子之交清如水；食君水果口感甜，口甜没有心里甜。”这正是杜贤把专家放在心上，把担当放在肩上，敬专家如亲人，交专家如清水，融专家似蜜甜的真实写照。

创新为翼——引领行业标准体系建设

杜贤常说，医学是生命相托、健康所系的神圣事业，医学图书是传医学之道、授生命之业、解疾病之惑的神圣载体，因此医学图书质量事关性命、人命关天。如果我们的图书存在内容、数据、符号、单位、剂量的问题，就可能危及人民健康和生命安全。因此，人卫社图书质量重于泰山，我们必须像重视生命一样重视图书的质量。

在国家新闻出版主管部门从2014年开始提出“质量专项年”“质量提升年”“质量管理年”后，他作为人卫社质量守门人和责任人，提出了人卫“质量专项年”“质量提升年”“质量效益年”“质量品牌年”“质量精品年”等系列质量年活动和具体质量提升措施。他结合人卫社70余年编辑出版历史经验和质量管理成果，总结出了“九三一”质量控制体系，从选题策划到成书出版的图书编辑出版流程细分为26各环节，总结归纳为选题“三次策划”，选题“三次论证”，作者“三次遴选”，主编会、编写会、定稿会“三个会议”，交稿、发稿、付型“三个齐清定”，初审、复审、终审“三个审次”、书籍设计“三级审核”，清样“三校一读”，清样、样书和成书“三段质检”，共27个质量管理关口，再加上编辑和校对在清样层面的“一对一审核互扣”，共28个环节和关口进行质量监控把关。他常说，人体最基本单位是基因，图书最基本单位是标点符号，我们将图书编辑出版流程细分为26个环节，用28个关口的规章制度来进行质量控制管理，实现了从书稿基因水平的质量监控把关，像精准治疗疾病一样精准查找图书的质量问题，像敬畏生命一样来确保书稿质量。

2016年开始，人卫社开始持续深入推动出版供给侧结构性改革。如何突破编辑出版主业发展的天花板，又成为杜贤日思夜想的重要问题。他提出要着重从编辑、选题、产品、生产、业态、市场、产业、营销8个方面推动出版社结构性调整，主攻方向是提高供给质量、提升经济效率，主要途径是深化改革，主要目的是满足读者的需求，创新提出以选题为源头、以编辑为重点、编印发管联动的出版供给侧结构性改革。

在杜贤的带领下，人卫社编辑出版主业不断打破自身舒适生态圈，实现了全员全程全面全媒立体的质量管理，出版供给侧结构性改革取得了经验和成效，推动了人卫社的高质量发展。

在去产能方面，杜贤创新建立“九三一”质量控制体系和“三三一一”选题论证体系，开展选题质量评估，避免重复性选题、减少低质低效产能；不断提升编辑策划能力，提高选题的质量、优化选题的结构，提高优质产能的供给，实现从数量规模向质量效益的转变。

在去库存方面，提高库存的周转速度，明确库存的统计口径，提高印数的科学决策水平，开展库存的考核。杜贤提出在工作中要求编辑学会做减、除、加、乘四法，全面提升编辑营销能力，实现有效去库存。通过系列举措，人卫社解决了长期以来关于库存的争议，各部门重视更为科学地决策产品印数，注重与市场营销部门协同，努力提高库存周转率。

在去杠杆方面，不断优化管理制度，完善管理机制，通过一系列岗位竞聘，建立双创工作室，开展融合试点，建设纸数融合业务团队，激发业务人员的积极性和创造性，优化资源的使用率和共享率，推动出版供给侧结构性改革发展。同时，人卫社对重点产品进行梳理和分级分层管理，推出系列举措保障重点产品把社会效益放在首位，实现社会效益与经济效益有机结合。

在降成本方面，开展年度预算管理和成本费用执行情况考核。经过中期评估调整以及年终结算考核，形成倒逼机制，培养业务人员的成本意识、市场思维、效益理念，同时也培养自觉控制成本、节约开支、提高利润的意识和习惯，全方位提升效益。

在补短板方面，以各板块的市场占有率为基础，制定年度工作计划和主题年活动，强优势、补短板；每月选题委员会逐一板块找短板，及时调整策略。通过选题论证过程，主动发现选题短板和不足之处，通过选题申报与审批过程，提升编辑优质产能的生产力，积极推动从“短板”向“跳板”的转变。

2001 年，中国加入世界贸易组织，如何放眼全球，利用信息化手段，让人卫社向国际一流出版企业看齐，成为杜贤开始深入思考的问题。这一年，人卫社启动了两件事情：一是启动 ERP 建设工作，二是启动了计算机审稿工作。这不是简单地把纸质发稿单改成电子发稿单，以前看纸质书稿，现在在电脑上看稿子这么简单。“人”方面，涉及全员计算机能力提升和工作习惯转变，特别是怎么通过“新人新办法、老人老办法”“过渡期一帮一、一带一”等方法让老编辑们尽快上手；“事”方面，涉及工作流程的变化，新的质控标准制定，校对模式的变化等；“物”方面，涉及电脑硬软件，互联网、局域网部署，电子文件管理、传输、存储，新形式的清样管理等。

杜贤带领着总编办的同事们一块一块地啃骨头，经过一年多的努力，终于初见成效；经过持续的迭代发展，直至今日，一直为人卫社高速发展起着重要的作用。其中积累的经验也一直在帮助着兄弟出版单位进行相关的改革和尝试，甚至直至近几年依然有出版社来人卫社学习“如何从审纸质稿向审电子稿转变”。

“人工智能，是人工加智能。”时隔18年，2019年6月，杜贤在一次数字出版论坛上讲，“未来，不是李世石与Alpha Go的对弈，而是李世石和Alpha Go一起，与另外一位棋手和另外一个Alpha Go对弈，是人工‘HI’加智能‘AI’后的对弈。而且，在这个时代，人工智能一定会为我们的选题策划、审稿加工提供实质性的帮助。”杜贤开始快速推进人卫社人工智能辅助审稿工作。很快，组建成立项目小组，启动“人卫智能编校助手”研究工作；加速构建人卫医药专业词库；与科技公司开展深入合作，不断推动智能校对软件在编校工作全流程的创新应用、经验总结和机制重构，推进“人卫智能编校助手”的研发。

妙手著文——助力出版行业人才培养

熟悉杜贤的人都知道，他在各种场合中的讲话几乎都是全程脱稿，并且逻辑严密、激情澎湃。他的这种自信和感染力，正是源于心中“有数”，得益于他在实际工作中善于总结经验，理论联系实际，并基于实践提升理论。

他总说，总编辑不仅要做好出版工作，更要产出编辑思想，为整个出版业的发展作出贡献。在医学学术出版中，他要求遵循立言、立论、立行、立规、立人和立德的“六立原则”著书立说，编写出思想精深、内容精准、技术精湛、图文精美、文字精彩、制作精良的“六精”传世学术精品。这都是他37年出版思想、学术高度、学术精神的一个缩影，从中对他的出版理论可以略见一二。

杜贤乐于将自己的探索和思考凝炼成文字、汇总成报告与行业交流分享。他应邀长期在多家出版社和多个全国学术会议上做学术报告，公开发表了多篇高水平出版专业学术论文，编写出版了多种学术著作，内容涉及出版与管理各个方面，得到了业内的认可和高度评价，为出版行业创新发展提供了理论思考和实践经验。其中，《坚持“九三一”质量控制体系，全程全员全面提升图书出版质量》荣获第五届中华优秀出版物奖出版科研论文奖，《“后疫情”时代的总编辑出版战略》荣获第八届中华优秀出版物奖出版科研论文奖，《中国医学出版数字化转型之路的实践与探索》等论文被行业专业期刊评为高影响力论文。

在抗击疫情取得阶段性成果后，他撰写的《执笔出征 出版上阵 知识服务 科学战“疫”——新冠疫情防控出版实践和创新探索》一文，全面记录了人卫社在抗疫期间所做的大量工作，阐述了“八大总动员”的疫情应急出版机制，并提出了“八大能力”的提升，体现了他对后疫情时期卫生健康出版的深入思考和理性谋划。《“后疫情”时代的总编辑出版战略》一文，也吸引了业界的广泛关注和对后疫情时代出版工作的进一步思考。他说，这样一段历史应该铭记，需要反思，希望我们这一代人的努力在人卫社出版历史上留下浓墨重彩的一笔，能够激励人卫人以出版为阵地，以知识为武器，为了人民健康不懈奋斗。

这些文字和报告，都是来源于实践又高于实践，既有思想者的厚度，又有管理者的温度，更有行动者的力度。中国编辑学会会长郝振省评价道："他是一个既重实践、又善总结，还能出思想的出版家。他在为推动文化与科技融合、出版创新发展和人才创新培养作出了积极贡献。"

37 年后的今天，杜贤成为"铁肩担道义，妙手著文章"的成功践行者——铁肩背负起使命，笔尖渗透着辉煌。正如他尊敬的师长和忘年之交、"共和国勋章"获得者、人卫社教材和专著主编钟南山院士对他的评价，"融医学文学、汇历史人文、贯中西内外、聚思想智慧、赋真诚情怀、勇担当奉献、助科技出版、促传承创新"。而悬挂在他办公室的这副名联，则依旧提醒他不忘医学初心，践行出版使命，奋斗永不停止。

附

作者获得的主要荣誉

（一）个人奖项

1998 年，荣获“北京市优秀共产党员”称号。

1999 年，被评为“北京市卫生系统先进个人”。

2010 年，被评为“北京市新闻出版行业领军人才”。

2010 年，被评为“北京市新闻出版系统先进个人”“北京市卫生系统先进个人”。

2010 年，被评为“全国新闻出版行业领军人才”。

2012 年，被评为“北京市新闻出版系统先进个人”。

2012 年，荣获“2010—2012 年度新闻出版（版权）系统先进个人称号。”

2015 年，入选中宣部文化名家暨“四个一批”人才工程。

2018 年，荣获国务院“政府特殊津贴”。

2019 年，荣获第十三届韬奋出版奖。

（二）出版物奖项

1994 年，担任责编的《黄家驷外科学》一书荣获第一届国家图书奖。

1998 年，担任责编的《现代创伤学》一书荣获第十一届中国图书奖。

1998 年，担任责编的《黄家驷外科学》一书荣获国家科学技术进步奖三等奖。

1999 年，担任责编的《实用放射学》一书荣获全国优秀科技图书奖暨科技进步奖（科技著作）三等奖。

2001 年，担任责编的《中华内科学》一书荣获第五届国家图书奖。

2003 年，担任责编的《内分泌学（上、下）》一书荣获第十一届全国优秀科技图书奖三等奖。

2003 年，担任责编的《冠心病》一书荣获第六届国家图书奖提名奖。

2019 年，担任主要负责人的《人卫慕课》荣获第七届中华优秀出版物奖。

2020 年，担任策划编辑的"白衣执甲 逆行出征——致敬最美战'疫'医务工作者"丛书荣获 2020 年度"中国好书"、第五届中国出版政府奖图书奖提名奖、向全国老年人推荐的优秀出版物、第五届全国党员教育培训教材展示交流活动创新教材奖。

2020 年，担任策划编辑的《学习网课如何科学用眼防控近视》荣获 2020 年度全国优秀科普作品。

2023 年，担任策划编辑的《健康护卫队》入选 2023 年度"中国好书"六一专榜。

2023 年，担任策划编辑的《中国科技之路——健康中国》荣获第八届中华优秀出版物奖图书奖。

（三）文章奖项

2015 年，《坚持"九三一"质量控制体系，全程全员全面提升图书出版质量》荣获第五届中华优秀出版物奖出版科研论文奖。

2015 年，《中国医学出版数字化转型之路的实践与探索》被《科技与出版》杂志评为 2014—2015 年高被引用文章（TOP7）。

2017 年，《“互联网 +”时代的选题策划》被《科技与出版》杂志评为“2017 年度高影响力论文”（TOP4）。

2020 年，《“后疫情”时代的总编辑出版战略》荣获中国编辑学会第二十一届年会征文一等奖。

2022 年，《以习近平新时代中国特色社会主义思想为指引，创新探索出版深度融合发展之路》荣获中国编辑学会科技读物编辑专业委员会“科技编辑融合出版研讨会”优秀论文。

2023 年，《“后疫情”时代的总编辑出版战略》荣获第八届中华优秀出版物奖出版科研论文奖。

48